U0929627

国家“十一五”重点图书出版规划项目

当代中国图书馆学研究文库(第四辑)

数字图书馆资源建设与服务

Digital Library Resource Development and User Service

肖 珑 著

國家圖書館出版社
National Library of China Publishing House

图书在版编目(CIP)数据

数字图书馆资源建设与服务/肖珑著. --北京:国家图书馆出版社,2015.12

(当代中国图书馆学研究文库/吴慰慈,陈源蒸主编.第4辑)

ISBN 978-7-5013-5694-2

Ⅰ.①数… Ⅱ.①肖… Ⅲ.①数字图书馆—信息资源—资源建设—研究 ②数字图书馆—情报服务—研究 Ⅳ.①G250.76

中国版本图书馆CIP数据核字(2015)第242874号

书　　名　数字图书馆资源建设与服务
著　　者　肖　珑　著
责任编辑　金丽萍　王炳乾

出　　版　国家图书馆出版社(100034　北京市西城区文津街7号)
(原书目文献出版社　北京图书馆出版社)
发　　行　010-66114536　66126153　66151313　66175620
66121706(传真),66126156(门市部)
E-mail　nlcpress@nlc.cn(邮购)
Website　www.nlcpress.com ——→投稿中心
经　　销　新华书店
印　　装　北京玥实印刷有限公司
版　　次　2015年12月第1版　2015年12月第1次印刷

开　　本　710×1000(毫米)　1/16
印　　张　24.75
字　　数　360千字

书　　号　ISBN 978-7-5013-5694-2
定　　价　70.00元

序　言

无论在图书馆界还是在图书馆学界，肖珑都是很有知名度的。一位女性，年纪轻轻就当了北京大学图书馆的副馆长，这本身就有吸引眼球的效果。不过，一经真正地接触、交谈，或听她的讲座，其厚实的专业素养、对图书馆业务的深刻理解、高屋建瓴的学术视野，不经意间就流露了出来，这不由得会让你对肖珑心生佩服。

在肖珑文集出版之前，有幸提前拜读她的大作，让我从学术上更加深了对她的感知。由于经常评审课题项目、学术论文、职称材料，每次总被要求写几点意见或列几条评语，因此，循积习也对肖珑的文章抽象出了几点看法，按照程式化说辞，也就是她的学术研究有以下几个特点：

一、理论与实践结合得紧密、自然

肖珑的文章大多是结合自身实际工作经历撰写出来的，以《国外网络数据库的引进与使用》（2000 年）为例，这篇文章就是根据她总结自己在 CALIS（中国高等教育文献保障系统）和北京大学图书馆电子资源建设工作中积累的经验而写就的。她在文中提出了引进国外网络数据库的 4 个原则：是否在国外有较大影响并切合学科建设的需要，是否有利于充分利用现有的文献资源和补充紧缺的重要文献资源，是否能方便地提供一次文献服务，是否时效性强、价格合理、性能优越。这4个原则不仅切合实际，而且还有诸多支撑案例给予说明，对国内其他大学图书馆引进国外网络数据库，具有宝贵的参考、借鉴价值。

再以《电子资源评价指标体系的建立初探》(2002年)为例，该文结合国内外大学图书馆数字资源发展的实际状况，将数字资源的评价指标归纳到电子资源内容、检索系统及功能、数据库使用情况、价值与成本核算、出版商/数据库商的服务、数据存档方式等6个方面，有论者称其"首次把价值与成本概念以及内涵、对数据提供商的服务要求等必须考虑的重要因素引入到电子资源评价指标中"①。后来国内研究数字资源评估体系的论著，几乎都在引用这篇文章。目前该文的引用率已经超过了两百篇，不仅成为肖珑现有刊发论文中引用率最高的一篇，也成为电子资源评估体系研究领域的奠基之作。肖珑为图书馆学开辟新前沿研究领域的努力得到了学界的认可，功不可没。

二、研究领域与方向明确并有延伸空间

从1986年本科毕业进入北京大学图书馆工作，二十多年来，肖珑做过采访、编目、行政、参考咨询等工作，专门参与过世界银行贷款项目、CALIS、CASHL(中国高校人文社会科学文献中心)项目。作为一名著名大学图书馆的副馆长，她负责的业务较多，但是她有自己的研究重心。从1998年年底教育部启动CALIS项目以来，肖珑亲身参与了该项目的建设与领导工作。她投身实践、总结实践，写出了《CALIS与中国高校数字图书馆的发展》(2005年)、《CALIS数字资源评估指标体系及其应用指南》(2008年)等系列文章，而且大多发表于重要学术期刊上。尤其是近几年，国内高校数字图书馆建设在资源、服务和基础环境等方面有了快速发展，CALIS在其中发挥了重要的引领作

① 陈晋．我国电子资源的评估研究综述[J]．国家图书馆馆刊，2008(2)

用,所以肖珑的这些文章在学术界产生了广泛的影响,成为大学图书馆数字图书馆研究的重要参考文献。

目前肖珑的研究方向主要集中于数字图书馆建设、文献资源建设与共享、信息咨询与用户服务 3 个方面。在数字图书馆建设方向,她主要的成果集中在数字图书馆原理、元数据研究、数字资源评价、CALIS与 CASHL 建设、数字图书馆发展战略等方面;在文献资源建设与共享方向,她的主要成果集中在电子资源集团采购、古文献数字资源库开发、信息资源共建共享等方面;在信息咨询与用户服务方向,她的主要成果集中在信息检索与利用、虚拟参考咨询服务等方面。这些研究领域都是信息技术强劲推进下,在图书馆学研究中形成的前沿领域,它们或处于开发、探索阶段,或处于建构、发展阶段,未来延伸的研究空间还很大。如在元数据研究中,元数据标准就是一个重大的课题;而元数据标准中,元数据的扩展规则又是十分重要的课题,它是元数据标准的核心和基础,很有不断深入研究的价值。

三、研究视野宏观、开阔

肖珑学术研究的这一特点展现得较早,在《我国图书进口工作现状述略》(1990 年)一文中就初露端倪。当时国外出版物数量大、品种多,国内理工科原刊文献需求量激增,图书馆购书经费连年下滑。如何在这种情况下改善图书进口工作,肖珑提出了争取价格优惠、改变运货方式、根据读者需求扩大书源范围、加强书目信息揭示、改进内部管理等措施。她甚至要求改变单纯经营性图书进口工作模式,使之变为学术性、服务性、经营性三位一体,这样才能让图书进口体系得到飞跃性发展。这个观点反映出她对图书进口工作性质的深刻认识。

肖珑研究视野开阔,但又不蹈空论。往往从问题出发,对问题的症结看得准,解决对策也有的放矢。如她研究外文电子资源集团采购,发现集团采购模式与价格模式,是图书馆最关心以及集团能否组成的决定性因素。因此，她在《我国图书馆电子资源集团采购模式研究》(2004 年)一文中分析了各种集团的构成模式、采购模式、谈价模式、资源共享模式、数据库访问模式，指出这些模式的优劣，建议各图书馆根据自身情况来选择合适的模式参与集团采购。这种不力推某一模式或排斥某一模式的探讨与评析，显示出了肖珑务实的态度。当然，她也明确指出，在国外电子学术资源价格不断攀升的情况下，多馆合作是资源建设的发展方向，图书馆之间加强合作才能实现更大范围、更高效益的资源共建共享。

肖珑经常参与一些图书馆战略发展规划工作。她的某些论文就是在战略规划完成后写成的，这些文章常常能给人以高屋建瓴的感觉，如其《高校图书馆战略发展规划制定的案例研究》(2011 年)一文，就是她参与“北大图书馆中长期战略规划”和“CASHL 中长期战略规划”之后形成的。该文认为，制定图书馆战略发展规划，一定要考量外部宏观环境、把握行业发展特征、审视内部微观条件。考虑了这 3 个因素，才能使战略发展规划反映并符合现实的发展要求。

四、有客观、理性的学术预见力

当互联网技术在发达国家广泛应用之际，肖珑敏锐地意识到这将引起图书馆发生革命性变革。为了适应这种变革，她撰文《美国国家数字图书馆项目的进展》(1998 年)，及时地向国内介绍了美国国家数字图书馆“美国记忆”(American Memory)的启动、建设、发展状况。这篇文章成为早期研究国外数字图书馆的主要文献之一，引起了国内图书馆学界的关注。又如在《转型中的大学图书馆:传统图书馆和数字图书馆的发展与融合》(2002 年)一文中，肖珑归纳出了大学图书馆在转型时期的以下特点:信息资源种类在不断扩展，知识组织系统在网络化翻新，用户需求和服务出现多元化，“整合”在多种平台并存的技术支撑系统中逐步成为主流需求，新业务职能对馆员知识素养提出了挑战等，这些预测正在被我国大学图书馆的发展逐步实现与验证着。她说：传统图书馆和数字图书馆的成功的融合，意味着大学图书馆一个新时代的开始。现在看来，这是多好的一个判断啊。

当然，肖珑也有误判的时候，如她在《“信息高速公路”与图书馆的未来》（1994 年）文章里说未来的图书馆是没有围墙的电子信息中心、不再拥有纸质资源（除了收藏一些有价值的纸质书籍外）、相当一部分馆员可以通过网络在家上班。我不知道这个“未来”指的是多少年，反正快 20 年了，这些迹象尚无踪影。不过，1994 年是肖珑刚进入学术研究的初期，她对新事物的热情远超过了其学术理性，况且学术理性也是在学术研究中逐步形成的。我想，她将这篇文章也选入文集，大概是想留下自己初学走路的足迹吧。展现自己的青涩，其实正是成熟的体现。

从肖珑自选的论文来看，她的文章整体上体现出的写作风格就是概念、段落都很明晰，体现了作者干净利落的性格，特别适合做成 PPT（Power Point 演示文稿）。其实她的许多文章可能就是到处演讲，把 PPT 的内容再经充实、加工而成的；或者写文章时，她潜意识里也有容易将其转化为 PPT、进行推广与传播的愿望。

在图书馆学研究中，肖珑作为出身图书馆学专业的大学图书馆副馆长，其专业素养、管理实践成为她学术研究的良好条件，也是她能够形成理论结合实际特点的坚实基础；她所处的北京大学图书馆，在全国的高校图书馆建设与发展中起着龙头作用，这也是她的学术研究具有开阔视野的重要原因。这些造就肖珑学术特点因素，对许多研究者来说可能难以具备。但是，肖珑善于凝练自己的研究方向，坚持管理与学术结合的职业规划理念，对于我们大多数图书馆员来说，却在方法论上有着积极的启示与示范意义。

由于工作单位同处北大，业务上也有一些联系（如我与她都是北京大学图书馆工作委员会副主任），我和肖珑经常有接触。肖珑还在我系承担教学任务，主讲“电子资源的检索与利用”通选课，她主编的教材《数字信息资源的检索与利用》(2003 年),获得过第四届中国高校人文社会科学研究优秀成果三等奖、北京市第八届哲学社会科学优秀成果二等奖、北京大学第九届人文社会科学研究优秀成果一等奖和中国图书馆学会第二届图书馆学情报学学术成果专著二等奖等。

我知道肖珑平时很忙,她属于被工作狂,晚上经常在馆里加班,平日还不断穿梭于国内各个城市进行学术活动。但肖珑还是有闲情雅致的,最近我从《博览群书》2011 年第 3 期上看到了她写的一篇书评《放飞金领的梦》,据说是她 2011 年春生病在家休养期间写的。行文简洁、流畅,其间透露出她想寻找一片自由天空、放飞自己梦想的期待。从这篇清丽的美文中,我们可以看到一个另类的肖珑。只不过,她的这类文字要到这部论文集之外如她的新浪博客"天空树木和沙洲"(又名"龙儿的百草园")里去找寻了。

王子舟

2011 年 6 月 29 日于燕北园

目　录

转型中的大学图书馆

——传统图书馆和数字图书馆的发展与融合

虽然我们在不断地谈论数字图书馆及其构建的方案，不断地在声称我们在建设数字图书馆，但这并不意味着数字图书馆将来能够取代和否定传统图书馆。未来的图书馆将是二者的最终融合，成为现代化的新型图书馆，它将吸取传统图书馆与数字图书馆的优点，发展出新的知识组织和服务的模式，亦有人称之为智能图书馆、虚拟图书馆。但无论何种称谓，都可以仍然称之为图书馆，因为它将成为图书馆发展的一个新时代。

从传统图书馆到未来的新型图书馆，要经历一个漫长的过程。我们可以称这个过程为转型时期。这个时期可以说是传统图书馆与数字图书馆并存、发展、最终融合的时代，可能会持续几十年甚至若干个世纪，这中间要经历无数的探索、研究与实践。

由于传统图书馆与数字图书馆的并存，转型时期图书馆的特点主要体现在资源、服务、基础设施和人力资源的多样化、多元化上，例如：

- 物理概念的、实体的图书馆馆舍和基础网络设施的共存；
- 印刷型资源和电子资源的并用；
- 传统的借阅、参考咨询服务和网络资源检索、虚拟咨询服务的同时存在；
- 基于不同类型元数据（如 MARC、DC）的不同知识组织方式的共同采用；
- 熟悉传统业务和掌握现代化技术的图书馆员协同工作。

与此同时，图书馆还面临着来自其他信息服务业的竞争与挑战，例如各种咨询机构、专业网站、搜索引擎等，图书馆已不再是独一无二的信息服务机构。

大学图书馆，作为曾经是校园中信息资源、信息系统和信息服务的唯一的管理中心，面临着同样的机遇和挑战、阵痛与变革，同样处在这种多元化的转型时期。

这种现实让人感到了来自于客观环境的压力，感到了一种混乱，或者说是困惑与思考，即：

转型时期大学图书馆的特点是什么？或者说，哪些方面正在发生变化？

如何根据这些特点和变化，调整大学图书馆的发展策略？

图书馆的工作重心是什么？如何构建图书馆未来的发展目标？

归根结底，这些疑问都可以成为一个问题：传统图书馆与数字图书馆如何共同发展，乃至融合成为最终的理想模式的大学图书馆？

一、转型时期大学图书馆的特点

首先要明确的是我们对数字图书馆的理解。到目前为止，各界对数字图书馆所下的定义非常之多，最贴切并普遍为公众所能接受的是美国国家自然科学基金会 1997 年提出的："数字图书馆是一个环境，它将收藏、服务和人带到一起以支持数据、信息乃至知识的全部流程，包括从创建、传播、使用以及保存的全过程。"这个概念将数字图书馆定义为"环境"，就使我们对数字图书馆的理解不再拘泥于"信息数字化、服务网络化、资源规模化"的狭义范围，似乎数字图书馆仅仅是传统图书馆的翻版，是"数字化图书馆"，而是对数字图书馆有了全方位的理解，它涉及资源、用户与服务、人力资源、管理模式等多方面。

从这个角度出发，我们可以归纳出大学图书馆在转型时期的特点。

1. 信息资源在不断扩展

传统图书馆的馆藏以书刊等印刷型资源为主，其特点是：多为正式出版物；介质单一；内容稳定，即出版后不会发生变化；各自呈松散独立状态，内部无连接；以采购和交换为主要发展形式，一旦采购进馆，即成为图书馆的永久资产。

数字图书馆则以数据库、电子书刊、各类网络信息等虚拟馆藏为主，其特点是：由正式出版物和网上各类免费信息构成，有文本、图像、多媒体等多种形式，网络版、光盘版等多种载体，内部呈网状结构，可以通过各种链接整合为有机整体；内容不稳定，会发生变化；有采购、租用、链接、数字化加工等多种发展形式，如果图书馆不刻意进行存档，不会成为图书馆的永久馆藏。

当今图书馆的馆藏即由上述两类资源构成，并且二者都在不断发展之中。以北大图书馆为例：1995 年，北大图书馆的印刷型馆藏为 450 万册藏书，数据库仅有 30 余种；2001 年，已达到印刷型书刊 530 万册，本地拥有的虚拟数字馆藏达到近 2TB（远程访问的资源未计）。

由此可见，虚拟馆藏的发展速度还是很快的，但并不影响印刷型馆藏持续稳定的增长，因此，如何使馆藏结构更为合理、如何使它们之间互为补充成为我们研究的新课题。

2. 知识组织系统的网络化更新

传统图书馆是采用标准的分类法、主题法、机读 MARC 格式来标引图书、期刊的，同时派生出了规范档等其他辅助方法，并构成了图书馆馆藏的知识组织系统，图书馆的集成自动化系统、馆藏排架、借阅服务等均以此为基础。这种知识组织系统是传统图书馆进行信息资源管理的核心，它可以使馆藏条理化、结构化，可以详尽、全面、清晰地揭示馆藏，但无法满足数字馆藏要求快速揭示和发现内容的要求；它以某个印刷文献作为整体揭示的对象，但缺少对内容的揭示，也很难满足不同于书刊的特色馆藏的特殊需求。

在数字馆藏快速发展的情况下，很多大学图书馆开始研究新的知识组织系统，并称之为网络知识组织系统（networked knowledge organization system，NKOS），而用于描述和揭示资源的元数据标准也开始采用与MARC不同的元数据格式，如Dublin Core。这些都可以弥补上述传统方法在揭示资源方面的缺陷，同时使知识真正做到内部的连接和网络化。

与此同时，许多图书馆外的信息服务体系，也在尝试各种新的知识组织体系，例如各类搜索引擎或者主题网关（subject gateway），都是以尽快、尽可能多地向用户揭示知识内容为目的。这些对传统图书馆的知识组织方式同样造成了冲击。

但这些新的方法并不是与传统的知识组织系统完全隔绝的，相反，有些非图书馆界人士在探索和实践的过程中，反而越来越多地发现传统的知识组织方法有很多长处，例如NKOS的发展，既有随着计算机技术的发展而产生的语义网络（semantic network）、概念分类体系（ontology），也有传统的分类法、叙词表（thesaurus）、主题词表（subject heading），这些将融合在一起，产生一个新型的基于网络和数字资源的知识组织系统。因此，我们实际上更多需要探讨的是，如何发挥传统知识组织系统与现代化技术各自的长处，并将它们有机地组织在一起。

3. 用户需求和服务的多元化

用户需求的变化是显而易见的，主要表现为多元化特点：

- 图书馆已不再是他们唯一或最主要的信息来源，很多时候，他们直接从网上获取各种信息。
- 在空间和时间上，早已打破了传统图书馆在建筑物和开馆时间内开展服务的局限，他们越来越多地要求从网上直接检索下载文献、预约图书或查询自己的借阅记录，而不一定到图书馆来；也越来越多地要求按照自己的时间来使用图书馆的服务，而不是限定在图书馆的开馆时间内。

• 资源类型，对传统资源和电子资源（包括各种多媒体资源）都有强烈需求，以北京大学图书馆为例，2001 年到图书馆来借阅书刊的读者近 200 万人次（自习人数未计入内），与此同时，在网上对电子资源的检索次数为 150 万次（部分统计）。

• 对服务内容的个性化需求逐渐增多，借阅服务、检索服务、馆际互借服务、培训服务、咨询服务仍然是现在大学图书馆服务的主流，但针对用户的个性化需求进行定制的因素在逐渐增多，专题查询服务、定题推送服务在逐步增加。

因此，可以说，图书馆的服务平台已经从出纳台和阅览室延伸到了基于网络的数字图书馆服务平台，服务形式、服务内容正在朝着多元化发展。

4. 技术支撑系统：多种平台并存，整合正逐步成为主流需求

传统图书馆是以图书馆集成自动化系统（LIS）作为后台支撑系统的，它以印刷型馆藏为基础，将图书馆的采访、编目、借阅、查询、管理分为不同模块，按工作流的形式结合在一起，科学地、合理地组织了图书馆的后台技术工作和前台读者服务。因此可以说，LIS 系统是传统图书馆基于网络提供服务的平台。但正如前面所述，它还缺乏对出版物内容的更多揭示（如期刊目次），无法管理数字资源（如多媒体）。

在这种情况下，逐渐产生了以数字资源和网络服务为基础的数字图书馆系统（DLS），它基本可以分为数据加工层、存档层、检索层、门户层等若干层次，可以管理包括电子图书、电子期刊、多媒体等各种数字资源，提供各类网络服务。

与此同时，还存在着与各种电子资源捆绑在一起的检索系统，我们称之为外部系统。

以北京大学图书馆为例，LIS 系统使用的是美国 Sirsi 公司的 Unicorn 系统，DLS 系统正在开发之中，同时使用的外部检索系统有几十个，如 Web of Knowledge、ProQuest、Science Server、EBSCOhost、FirstSearch、CALIS/Kluwer Online、IDEAL 等。

由此可见,图书馆的资源和服务被分散在不同的多个平台上,造成了用户在使用上的困难,图书馆还必须花费大量人力物力进行培训。因此,如何整合这些资源和服务、整合系统就逐步成为大学图书馆越来越迫切的需求。

5. 人力资源:职能和知识的变化

传统图书馆是按照图书馆的职能把图书馆员划分为不同的模块(具体体现为不同的部门),如采访、编目、流通、阅览、咨询等,每个模块职能明确,实行科学化管理,模块之间通常很少有跨系统的合作,模块内部对具体的岗位也很难做到细致划分。不同模块对知识的要求也不一样,例如编目员要熟悉分类法、主题法、规范档,咨询馆员要了解目录体系和各类工具书的使用等。

进入转型时期,在人力资源的管理上逐渐发生变化,具体体现为:

• 新岗位不断增加,职能进一步明确和细化。例如美国约翰·霍普金斯大学 Eisenhower 图书馆(总馆),近年来相应产生了下列职位:数字知识中心主任、数字产品专家、数字多媒体专家、研究生数字项目助教、数字存档专家、电子资源中心管理员、网络发展协调员、网络设计专家、电子和远程学习专家、微机/软件培训专家、网络支持工作人员、元数据/数字编目专家、数据库/服务器支持工作人员、图书馆管理系统协调员、电子参考专家、信息/网络文献专家、美术/数字图像专家、电子展示协调员、电子教学参考书协调员、基金/法人基金协调员,等等①,足以说明这方面的变化。

• 以职能或任务为核心的跨部门合作增加,要求馆员更多地具备团队合作精神,例如在香港科技大学图书馆,就成立了一系列跨部门的团队,包括:采访工作组,存档工作组,图书馆通讯编辑组,期刊工作组,网络工作组,馆员委员会,馆藏发展委员会,信息服务委员会,设

① 据该馆馆长 James G. Neal 博士原文,卢振波译。

备协调委员会，自动化委员会，编目委员会，等等①。这些团队多由不同部门的人组成，或共同决策某些方面的政策，或共同完成某项工作任务。

• 知识结构的变化，要求有大量的计算机应用和网络应用知识，以及熟悉软硬件、具备系统知识、了解网络资源的高技术人才。

因此，如何发挥熟悉传统图书馆业务人才和高技术人才各自在知识和职能上的强项，将他们融合在一起，科学划分岗位并确定职责，同样是我们要探索的中心内容。

二、调整发展策略，准确定位大学图书馆在校园信息服务体系中的作用和位置

上述特点和变化，说明大学图书馆在校园信息服务体系的定位开始发生变化，正在从传统的、以文献为核心的资源管理系统，发展成为以用户和信息活动为核心的服务和管理体系，其主要功能不仅是收集和管理信息，更多的是协调信息环境，组织信息活动，提供信息服务，而后者成为图书馆调整资源、技术的基础，这在目前，已逐步成为公认的大学图书馆的定位内涵。能否成功地调整发展策略，在校园信息服务体系中起到主导作用，这种定位是最重要的，是首先要明确的。

在这种定位下，相应调整的发展策略应该包括外部环境、基础工作和服务体系建设几个方面：

1. 外部环境

重新营造信息资源和信息服务共建共享的模式，这种模式体现为两个层次：第一层是在高校之间，建立大学图书馆联盟（library consor-

① 据香港科技大学图书馆馆长周敏民教授在北大图书馆所做报告，并未列全。

tia)；第二层是在校园内部，建立大学图书馆系统(library system)。这些都改变了大学图书馆传统的单馆发展模式，实现了多馆协作，形成了一个强大的信息管理与服务网络，构建了资源与服务发展的外部大环境，稳固了图书馆作为信息服务单位的地位。

2. 基础工作

• 馆藏资源：调整馆藏发展策略，以印刷型资源、商用电子资源、本馆数字化资源和网上各类学术信息为基础，调整合适比例和合理馆藏结构，共同构成新的信息资源体系，互为补充，互动发展。

• 系统平台：建立数字图书馆平台，整合各类基于传统文献和网络信息的资源、系统和服务，建立基于数字资源管理和服务的数字图书馆标准规范体系。

• 人力资源：调整职能部门结构，根据增减具体工作岗位，加强部门、工作人员之间的合作，调整人员知识结构和层次，以适应转型时期的发展变化。

3. 服务体系

以用户需求为核心，建立多元化、多层次的服务体系，发展、延伸、融合传统图书馆的服务，创建新型服务，针对不同用户群、不同需求、不同学科，深化服务，提高服务质量和服务效率。

归纳以上几个方面：首先，共建共享体系的建立，实现了图书馆之间的行业联合，为图书馆的发展营造了外部环境和共同发展的条件，巩固了图书馆在校园信息服务体系中的核心地位；馆藏资源、人力资源、系统平台的建设奠定了转型时期大学图书馆发展的基础，加强了图书馆的发展和竞争能力；新型服务体系的建设将是前面建设内容的最终体现，提高了图书馆的服务能力和服务水平。这几个方面的发展相辅相成，互补互动。

既然前文中我们将数字图书馆定义为“环境”，而不仅仅是一个系统、一个网站、一种服务，那么，同传统图书馆一致，它的发展也是综合性的。而上述发展策略的调整中,实际上都融合了对传统图书馆的发展和延伸,以及对数字图书馆的建设。

由此可以总结出,未来发展中,传统图书馆在各个方面的长处逐渐被数字图书馆吸取,大学图书馆的工作重心将逐步转变为以传统图书馆为基础的数字图书馆的建设,而建设的内容包含了管理模式、人力资源、信息资源、服务体系、技术支撑系统、评价体系等各个方面。

下文中我们将以北京大学图书馆的部分实践工作做上述理论的具体说明。

三、北京大学图书馆的探索与实践

近年来,北京大学图书馆一直"以研究为基础,以服务为主导"作为本馆的建设宗旨,其目标是建成研究型、开放式、数字化的新型大学图书馆,即具备丰富的学术馆藏、强大的服务能力和高素质的馆员,足以支持自己所在的北京大学进行高水平、多学科的科学研究、培养博士和博士以上水平的高层次人才,并具备一定的辅助研究能力。

北京大学图书馆 1998 年起开始参加"新西兰数字图书馆项目",进行数字图书馆领域的探索,1999 年开始进行研究和试验性建设,2000 年 9 月正式成立数字图书馆工作指导委员会和实施工作小组,开始数字图书馆的有组织、有步骤的建设工作。北京大学数字图书馆的总体建设目标是:以研究型大学数字图书馆作为发展目标,以教师、学生、科研人员为服务对象,构建一个完全基于网络环境的新型虚拟图书馆,即从信息资源、服务方式、服务质量和信息技术诸方面都能达到国际先进、国内领先水平的数字信息服务环境。

1. 通过 CALIS 项目的建设,构建了大学图书馆发展的共建共享环境

CALIS 的全称是中国高等教育文献保障系统(China Academic Library & Information System),是教育部"211 工程"的两大公共服务体

系之一，它与“中国教育科研网(CERNet)”一起，共同构成我国高等教育的公共基础设施。CALIS 实际上也是中国的大学图书馆联盟(academic library consortia)。

“九五”期间，CALIS 通过构建全国中心—地区中心—高校图书馆三级文献收藏与服务体系，形成互联网上高校图书馆资源共享环境。通过大规模联合引进国外优秀数据库产品，开发建立如中外文联合书刊书目数据库、中文现刊目次库、高校博硕士学位论文文摘数据库、高校国际会议论文文摘数据库等多个联合揭示高校图书馆丰富馆藏的二次文献数据库，以及重点学科网络信息导航库、反映高校特色馆藏的重点学科特色文献数据库，极大地丰富了高校的数字资源。同期构建的联机合作编目系统、馆际互借与文献传递系统等资源共享软件平台，把高校图书馆间的资源共建共享活动推进到一个崭新的阶段，促进了高校图书馆的现代化进程。

CALIS“十五”期间的主要发展目标是建设中国高等教育数字图书馆。为此，2002 年 5 月 16 日，CALIS 管理中心联合 22 家高校图书馆发起成立“中国高等学校数字图书馆联盟”，共同开展数字图书馆前瞻性研究和标准规范建设工作。

CALIS 的全国管理中心，作为项目建设的组织与管理机构，常设在北京大学图书馆。

北京大学图书馆是 CALIS 项目的主要策划者，也是 CALIS 项目的主要建设者和试验基地，同时承担了 CALIS 全国文理文献信息中心的建设任务，负责组织全国文理学科资源的建设和相应的最终保障服务。

与此同时，CALIS 的建设也为北京大学图书馆自身的发展形成了一个共建共享的外部环境，北京大学图书馆通过组织和参与 CALIS 引进数据库、自建数据库等项目，在数字资源、服务体系等各方面的建设都取得了相当大的成就，并培养了一批出色的专业人才。

北京大学数字图书馆，既是北京大学图书馆的建设目标，也是中国高等教育数字图书馆建设的一个重要组成部分。它体现了

CALIS的数字图书馆理念,不仅是单馆模式的数字图书馆系统在本地的实现,也将通过统一的标准规范建设,实现多馆模式下的资源共建共享。

2. 大学图书馆系统的发展,逐步稳固了图书馆在校园信息服务体系中的主导地位

除总图书馆外,北京大学原来共有院系资料室40余个,分别由各院系分散管理。随着信息化、网络化的发展,这种体制带来的资源浪费、管理和服务水平难以提高的弊端日益显现。

从2000年开始,北京大学开始致力于大学图书馆系统(library system)的建设,即按照中心图书馆和学院分馆两级建制的模式对全校文献资源实行统一规划、统一管理、统一布局,形成校园内文献信息资源的共建共享体系。目前已建成9个分馆。

建成后的大学图书馆系统,分馆在行政上仍隶属于各院系,在业务上属于中心馆领导。中心馆和分馆在资源建设(采购和数字化)及收藏上整体协调,互为补充,使用同一自动化系统进行编目和管理,统一借还文献,协作开展服务,由分馆收藏专业性较强的文献,针对教员、研究生开展深层次、个性化服务。

大学图书馆系统的建设,意味着校园内分散的信息服务单位的横向联合,即文献信息共建共享体系在校园内的发展,从整体上改善了服务水平,节省了人力物力,提高了服务效益和文献信息保障水平,为数字图书馆的建设奠定了基础,稳固了大学图书馆作为校园内信息服务体系的主导地位。

3. 馆藏资源的合理配置和发展,提高了图书馆的信息保障能力

传统印刷型馆藏与虚拟数字馆藏共同构成了北京大学图书馆馆藏资源体系。近年来,随着用户需求的变化,网络和计算机技术的发展,调整建设策略为:合理配置馆藏资源,拥有丰富的、可利用的各种载体的信息资源,在保证收藏印刷型核心期刊、重点学科外文图书的

基础上，大力发展电子出版物，扩大中文新书的入藏，同时要尽可能实现更大程度上的资源共享。

经过几年的发展，资源的数量、结构、建设和使用的形式、所有权等方面都发生了变化，文献满足率有了很大提高，中文核心文献的入藏量已达到90%左右，中外文电子文献的数量为国内第一。表1详细说明了当前馆藏资源的各方面情况。

表1　北京大学图书馆馆藏资源

		馆藏资源体系	
		印刷型馆藏	虚拟数字馆藏
数量	1995/96	图书年入藏量43 000多册，期刊4800余种，总馆藏量450万册	光盘数据库近30余种
	2001/02	图书年入藏量80 000册，期刊5800余种，总馆藏量530万册（期刊均为中文期刊和外文原版刊）	数据库260多个，电子图书近100 000种，电子报刊13 000种，总馆藏量近2TB（远程访问的资源未计）
结构		图书，期刊，特藏，视听，缩微	数据库，电子期刊，电子图书，网站，数字化特藏，多媒体
获取方式		采购，交换，赠送	采购，租用，链接，数字化加工
获取单位		单馆模式	单馆模式，集团采购，协作建设
使用方式		借阅	本地访问，远程访问
所有权		图书馆所有	必须经过存档，图书馆才会拥有

正在建设中的北京大学数字图书馆拥有下列数字馆藏：

基础资源。包括以下几部分：

- 外购和租用的商用电子资源，包括各类数据库、电子期刊、电子报纸、电子图书；
- 本馆书目数据库（OPAC）；
- 网络学术资源导航：按学科对网上免费的学术网站、网页进行介绍、分类和链接。

特色资源。以本馆自行数字化加工的资源为主，其中包括大量校园信息特藏。

• 北京大学学位论文文摘/全文数据库；

• 北京大学教学资源：教学参考书文摘/全文数据库、教学课件及相关平台；

• 北京大学古籍数字特藏：古籍、拓片、舆图、敦煌卷子等的元数据/图像数据库；

• 北大人物：北大名家名师的传记、照片、著作、录音录像等资料；

• 多媒体："视频点播"栏目，提供北大讲座、学术报告、精彩讲座和电视片段等多种形式的节目。

• 北大档案：收集、发布和保存大众媒体有关北大的报道和消息的"热点话题"栏目，有题录和部分全文；

• 北大图书馆新书：定期在网上推荐最近到馆新书的"新书导读"栏目，有摘要。

4. 服务体系的多元化结构，加强了图书馆的信息服务能力

近年来，以用户需求为核心，在上述馆藏资源体系上，逐步建立了多层次、多元化的服务体系（如图 1）。

服务体系由 3 个层次组成：

• 基于印刷型资源的传统图书馆手工式服务，如借阅服务、书目（卡片目录）服务、馆际互借、参考咨询、教学参考书、用户教育；

• 使用自动化系统管理，基于印刷型资源，或印刷型资源和数字资源结合而开展的网络化、自动化服务，如文献传递、查新查收查引、OPAC（机读目录）服务、网上预约续借、新书导读、热点话题、用户培训等；

• 基于数字资源的数字化服务，包括网上出版、电子教学参考书、检索服务、技术支持服务、虚拟参考咨询等。

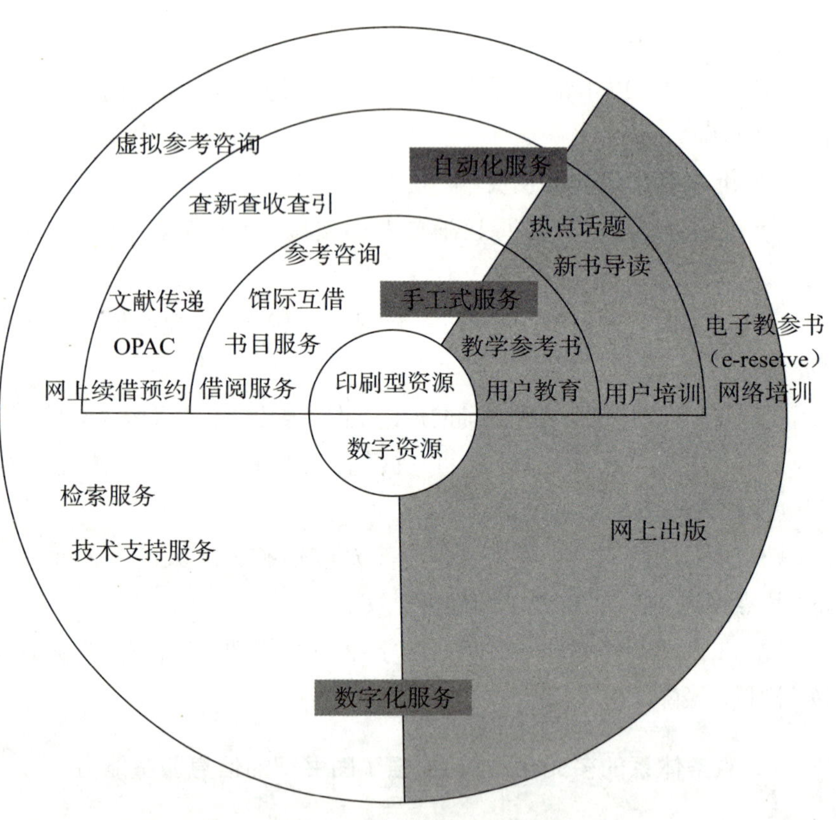

图 1　北京大学图书馆服务体系示意图

(白色部分为基础服务,阴影部分为特色服务)

每一个层次的服务中又包含了基础服务、特色服务两个部分。不同层次的服务之间不是割裂的、相互独立的,而是一层层包容,自动化服务、数字化服务中有很多内容是从传统服务中发展、延伸而来,与传统服务一起,共同构成了北京大学图书馆的服务体系。例如:

借阅服务:读者仍然需要到图书馆来借书,但可以借助自动化系统在网上续借、预约、查询自己的借阅记录、登记 E-mail 地址以得到到期催还通知。

馆际互借与文献传递:可以从网上直接发送馆际互借请求,索取自己所需图书或文章。

用户培训:北大图书馆的用户培训活动为“一小时讲座”,包含了为学生开设检索课、培训讲座、网络培训等各方面内容，每年培训4000人次左右。

新书导读：将传统的导读服务放到了网上，定期更新新书内容介绍。

热点话题：将传统的剪报服务网络化，读者可以在网上看到部分全文，也可以根据题录到图书馆来寻找印刷版全文。

咨询服务：由手工式查询服务、查新查收查引、虚拟参考咨询组成。

学位论文：学生可以在网上直接提交学位论文电子版，也可以查找北京大学学位论文题录/文摘，还可以下载、阅读部分全文。

5. 数字图书馆平台的开发，逐步整合了分散的资源和服务

数字图书馆的建设，从大的方面来讲，是信息服务环境的建设，具体则是由数字图书馆平台来体现各类资源和服务。建设中的"北京大学实验数字图书馆"进行了这方面的尝试，开始进行部分数字资源和服务的整合。

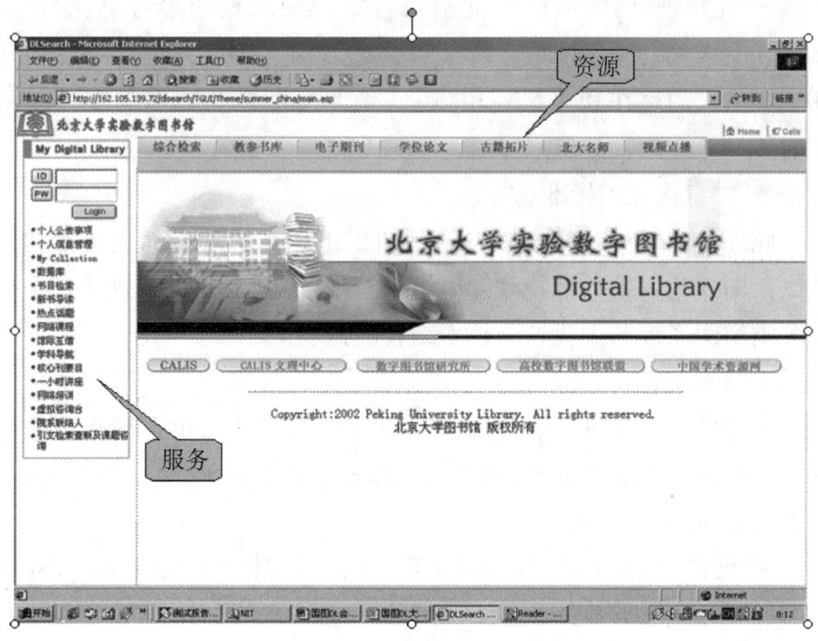

图2　北京大学实验数字图书馆

北京大学图书馆在数字图书馆平台建设上取得的成就包括以下几个方面：

整合：从裸数据、系统和服务3个层次对资源和服务在一个平台上进行整合，使用户尽可能得到"一站式服务"。

- 裸数据：已经整合的有书目、电子图书（教学参考书）、电子期刊、学位论文、古籍、拓片、多媒体、图像等多种文献类型。
- 系统：正在开发基于不同类型检索系统的跨库检索系统。
- 服务：对存在于不同检索系统、服务系统中的各类检索服务、一次文献链接服务、馆际互借服务、推送服务、培训服务、咨询服务等进行挂接。

标准规范体系的建设：标准规范是数字图书馆平台建设的基础和先行工作，北京大学图书馆2000年即开始这方面的工作，正在进行和已经有初步成果的有：

- 数字图书馆系统框架；
- 元数据：已完成标准框架及古籍、拓片、教学参考书、学位论文、舆图、人物、网络资源等若干具体数字对象的元数据标准；由于MARC格式的存在和大量使用，还试验性地做了元数据与MARC的映射。
- 数字化加工标准。

此外，在结果集整合排序规则、知识组织系统等方面进行了初步尝试。图3为古籍数字特藏知识组织系统的树状结构图，这是一个传统分类组织系统与现代检索技术结合的试验。

支撑系统：

- 软件：以韩国三宝公司（TriGem）的数字图书馆系统XMDL系统为底层进行试验性开发，旨在研究摸索，总结经验，为大规模的数字图书馆建设打下基础。
- 硬件：建立了由存储服务器、索引服务器、检索服务器、发布服务器、VOD服务器等多用途、多类型服务器构成的服务器群。

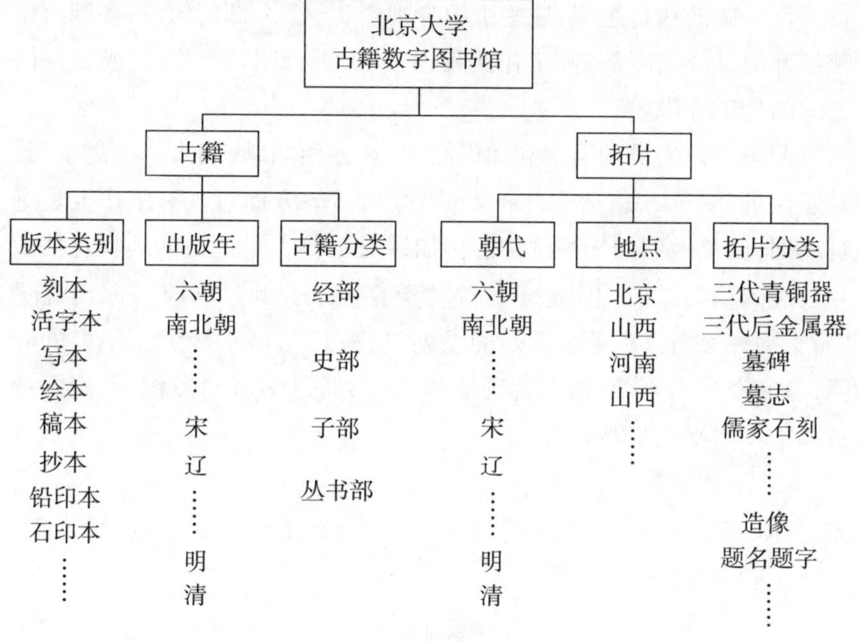

图 3　古籍数字特藏知识组织系统之一

6. 人力资源管理的新尝试

人力资源管理包括的因素很多，如人员结构、管理制度、机构设置、馆员继续教育等，在继续保持基于传统业务的人力资源管理制度外，北京大学图书馆尝试性地进行了一些新的模式探索。例如：

机构与岗位设置：增加了若干新岗位，以适应新的工作的增加。例如为本馆资源的数字化工作而建立了数字化实验室和数字化生产线，由专人负责古籍、拓片、教学参考书、学位论文等的数字化加工；为进行电子资源的采购、资源与服务的整合工作，又设置了电子资源建设、电子资源整合等若干新岗位等。

跨部门团队的合作：成立了馆学术委员会、馆藏建设指导委员会、读者工作委员会、数字图书馆建设指导委员会等跨部门的指导性组织，以及学科馆员工作组、数字资源加工组、数字图书馆标准规范工作组、数字图书馆软硬件系统组、数字资源与服务整合工作组等具体负责工作实施的执行组织，这些组织少则由2—3个部门组成，多则跨全馆各部门，以工作任务和工作流程为核心，进行团队合作，打破了部门之间的分工界限。

调整工作人员的层次和知识结构：一方面招聘、调入一些高学历、高层次的年轻人，以适应新技术的发展；另一方面对现有工作人员进行培训，调整他们的知识结构。例如针对工作人员进行的现代化技术和技能的培训，以"中文电子资源""英文电子资源""Office办公软件""常见应用软件"为主题开办的系列讲座，目前已坚持了一年半的时间，参加者多为40岁以上普通工作人员，通过学习和做作业，实际业务和工作水平均提高很多。

四、结语

转型时期的大学图书馆各方面都在发生着深刻的变化，传统图书馆和数字图书馆正在各个领域共同发展，走向融合，成功的融合意味着大学图书馆一个新时代的开始。

在若干年的探索与实践中，北京大学图书馆正在逐步摸索适合新的发展环境、适合用户需求、适合本校本馆特点的发展之路，这其中会有成功、有失败，具体的目标是在不断发生变化的(moving target)，但最终将会建成世界一流的研究型大学图书馆，建成为研究性大学提供不可或缺的支持和保障的数字化信息服务环境。

参考文献

1 James G Neal. Chaos breeds life：Finding opportunities for library advancement during a period of Collection Schizophrenia. //Sal H. Lee. Collection Development in a Digital Environment. New York：The Haworth Information Press，1999：3—17

2 Samson C Soong. Revitalizing academic libraries for the 21st Century. Proceedings of the International Conference on New Missions of Academic Libraries in the 21st Century. Beijing，China：Peking University Library，Oct. 25—28，1998. Beijing：Pe-

king University Press,1998:32—37
3 http://www.arl.org
4 曾蕾,张甲,杨宗英.数字图书馆:路在何方?.情报学报,2000,19(1)
5 戴龙基,陈凌.CALIS 数字图书馆理念与北京大学数字图书馆实践(会议论文).上海图书馆"知识导航与图书馆服务国际研讨会",上海,2002
6 孙坦.论数字图书馆与传统图书馆的关系.大学图书馆学报,2001,19(2)
7 张晓林.重塑面向 21 世纪的大学图书馆机制.大学图书馆学报,1999,17(1)
8 戴龙基.新世纪中国大学图书馆发展之我见.大学图书馆学报,2001,19(2)
9 高倬贤.北京大学图书馆的人事管理改革与岗位聘任——做法与思考.大学图书馆学报,2000,18(5)
10 北京大学图书馆分馆建设通讯,2002(1—3)

原载于《大学图书馆学报》,2002 年增刊

“信息高速公路”与图书馆的未来

1993年9月15日,美国总统克林顿公布了一项建设全国信息基础设施(National Information Infrastructure,简称NII)计划,即后来通称的“信息高速公路”(Information Highway)计划,并派副总统戈尔专门负责这项计划的实施。1994年1月25日,克林顿在《国情咨文》中,再次重申要争取在2000年以前,把“全国的每一个教室、每一个诊疗所、每一个图书馆、每一所医院都联系在一起,形成一个全国范围的信息高速公路”。

那么,究竟什么是“信息高速公路”?它有多大的重要性?“信息高速公路”建成之后,图书馆具有一个什么样的位置,又将如何发展呢?

“信息高速公路”的基础设施是多媒体和光缆。所谓多媒体(multimedia),就是融合现有的信息传播工具电话、电视、电脑的功能为一体而产生的新型传播工具;光缆是由一定数量的光导纤维组成的,它的通信容量极大,远远超过电缆。以光缆作为信息流通的主干线,把家庭和企业里的多媒体与全国范围内的企业、商店、银行、学校、医院、图书馆、电脑数据库、新闻机构、娱乐场所、电视台、议厅的多媒体连接起来,形成互相交叉的网络,这个网络就是“信息高速公路”。之所以称之为“高速公路”,是借用50年代美国修建了全国高速公路干线,对加速商品和劳务的流通,推动全国经济的发展起了巨大作用之意。

“信息高速公路”建成之后,人们的信息交流便不受时间、空间的限制,可以同时进行声音、图像和数据的交流。例如,人们可以一边通电话，一边在屏幕上看到对方；也可以坐在家里看着商场里的广告购物，用信用卡付款；还可以通过电脑终端直接查阅图书馆的资料，并与工作人员交谈，详细告诉对方自己的需要；甚至可以通过电脑参加议会的选举、投票；在家上班的人也会成倍地增加。与此同时，有些行业，如电视广告业（人们可以直接看到商场里的商品展示）、电影院、快递业、录像带出租业、音乐商店等也会逐渐衰落下去总而言之，信息高速公路的建成，将给人们的社会生活、经济生活带来巨大的变化。

在美国，建设“信息高速公路”的准备工作已经开始，如政府将通过立法手段放宽对电讯事业的控制，电话业与有线电视网大规模地兼并，进行铺设光纤网的规划等。到1995－1996年，将进行大规模的网络建设。信息高速公路建成后，美国信息产业将遥遥领先于欧洲、日本，正如克林顿总统所说，这个网络的建成是美国在未来世界的经济竞争中取得胜利的关键。正因为这一点，美国的“信息高速公路”建设计划公布后，在全世界引起了一连串的反响。一些发达国家立即加入了这个行列，如：日本首先提出了要在2015年以前建设日本式“信息高速公路”的设想；新加坡的“信息高速公路”则从计划阶段进入试验建设阶段；法国在2月23日发表了内阁会议公报，初步决定实施“信息高速公路”计划；英国则要在未来10年中投资380亿英镑建设“信息高速公路”；加拿大在这方面可以说是与美国并驾齐驱，它已开始进行“信息高速公路”的建设，并准备明年在魁北克首先进行小范围的试验；韩国3月23日公布了一项综合计划，到2015年止，投资44.8万亿韩元建设“信息高速公路”。一些发展中国家虽然在财力和技术上稍逊一筹，但也在进行这方面的研究和基础设施的建设工作。

“信息高速公路”的出现是新技术革命发展的必然结果之一，也是工业化社会向信息化社会过渡的一个具体体现。它的出现使图书馆面临着一种新的挑战，图书馆是像某些专家认为的那样行将衰落，还是继续发展，乃至兴旺发达？

在美国，一部分图书馆界人士认为，随着“信息高速公路”的建成，图书馆业将走向衰亡。的确，这种看法不无一定道理。我们现在的图书馆，某种程度上仅仅起了档案馆的作用，保存了大量印刷型出版物，空间无限的膨胀，图书馆员则像档案馆的看门人，每天坐等读者上门，帮他们找出他们所需要的图书或期刊，由他们自行查阅。据美国西蒙斯大学图书馆学教授陈钦智先生 1980 年调查，只有 18% 的人所获得的信息来自图书馆，82% 的人认为图书馆的信息传递不快、不完整、不适合自己的需要，查找使用也不方便。80 年代人们尚且如此认为，那么在“信息高速公路”建成之后，人们坐在家里，通过手指就可以从联网的计算机终端上及时得到各种信息，就更不需要再上图书馆来，花费很多时间等待图书馆员从大量的书刊中找寻那些不够及时的资料了。在这种情况下，图书馆也就会一步步走向没落，直至衰亡。

但是，上述所说的图书馆只是传统的图书馆，在未来的信息社会中，如果我们能逐步放弃传统的图书馆，而代之以现代化的图书馆，由被动等待变为主动出击，则“信息高速公路”这样的新技术革命的成果带给我们的就不是灾难，而是一个机会，一个图书馆得以改变方向、进而发展的机会，只要我们抓住并充分利用这个机会，我们的事业将会兴旺发达。从这个意义上讲，信息高速公路的修建对图书馆来说，是一种促进、一种鼓励。正如美国图书馆协会(ALA)的 Carol · Henderson 女士所说，当她听到“信息高速公路”的建设计划时，她比任何时候都受到鼓舞，她认为，图书馆在“信息高速公路”的建设中要抢占自己的位置，把自身建设成现代化的图书馆，从而成为“信息高速公路”必不可少的基础之一。

那么，我们究竟应该怎样做，怎样才能发展成为现代化的图书馆呢？未来的现代化的图书馆，实际上是一个综合信息中心，除了像保存珍宝一样保存一些印刷品外，它不再拥有任何纸张型出版物(旧的图书资料逐步输入计算机，成为电子出版物)，没有围墙，看上去规模不大，它所拥有的只是各种电子出版物和与各个信息中心联网的计算机终端，相当一部分图书馆员在家中上班，他们的任务除了收集、整理、储存各种信息资料外，主要是充当计算机系统与用户之间的媒介，为用户检索、开发各种数据库，找出他们所需要的各种信息，再通过

“信息高速公路”直接传递到用户的手中。

目前的传统图书馆，仍是以印刷型出版物为主，在今后相当长的时间内，印刷型出版物也将与电子出版物、计算机联网并存，这是一个从传统图书馆向现代化图书馆过渡的时期，它需要的时间比较长，至少要几十年的时间。在这个过渡时期中，图书馆应把握时机，逐步采取一些强有力的措施，使图书馆最终实现现代化。从这一点上来说，发达国家已远远走在了前面。

如果说发达国家正处于传统图书馆向现代化图书馆过渡阶段中期，那么我国的图书馆也就是刚刚迈入这个阶段。就中国目前的国情来看，经济发展尚大大落后于发达国家，十一亿人口的大国普及个人电脑就更是不易，因此短期内是不可能像发达国家一样提出“信息高速公路”的建设计划的。但在未来的21世纪内，我们一定会实现这个目标。从这个角度考虑，我们国家的图书馆要想在前面，走在前面，做在前面，以便在未来的中国“信息高速公路”建成之时，找到并占领图书馆的位置，发展壮大自己。具体说来，我们应该做到以下几点：

（1）更新我们的观念，从思想上做好准备，迎接新技术的挑战。有些人认为，信息高速公路的实现、信息社会对我们来说是很遥远的事情，目前尚不及过问，因此仍抱着传统图书馆的观念不放，只顾买书、藏书、借书，维持现状。思想的落后必然会阻碍图书馆向现代化发展，因为改革开放给我国经济的发展带来了一系列冲击，社会的需要、读者的需求都已经发生了很大的变化。与此同时，科技信息也正以年增40%的速度飞快增长，图书馆面临着无限膨胀、无法利用的危险。如果我们不及时进行调整以适应这些变化，我们就失去了把握未来的主动权，在信息社会到来之际，图书馆必将落后于时代。

（2）改变我国图书馆目前的技术落后状况，更新图书馆的技术和设备，普及计算机，逐步采用光纤通信、数字通信等新型通信手段，建立信息网络系统，图书馆与图书馆之间，图书馆与其他信息中心之间互相联网，并逐步与用户家中的个人电脑联网，最终达到信息存储量大、处理和传输速度快的要求，使图书馆真正成为综合信息中心。由于上述这些网络和先进通信手段的存在，图书馆今后在“信息高速公路”上占有一席之地也就是轻而易举之事了。

(3)实现多媒体光盘的收藏与利用。现在的图书馆，印刷型出版物占据了大量空间，其数量之大，使读者检索极为不便。空间的限制也使旧书无法剔除，新书不能进入流通，读者也就不能及时得到新的信息。缩微胶卷虽然能够大大缩小出版物的体积，但也同样存在着检索速度慢等缺点，因此只能用来保存一些珍本。近十几年来，光盘作为一种优秀的电子出版物逐步发展起来并为人们所应用，它不仅弥补了印刷型出版物与缩微胶卷的缺陷，最近几年发展起来的多媒体光盘还能够同时储存文字、声音和图像。“信息高速公路”建成之后，只需将大型的光盘驱动器与计算机网络相连，用户便可以在家庭电脑的终端上充分利用各种多媒体光盘。从这一点上来说，多媒体光盘很符合“信息高速公路”的要求，我们必须充分重视并发展之。目前我国一些大中型图书馆已开始使用光盘为读者进行咨询服务，这便是一个很好的开端。

(4)努力提高我国图书馆的咨询功能。现在传统的图书馆是坐等读者上门，读者提出什么问题就解答什么问题，读者需要什么书刊就提供什么书刊。有了“信息高速公路”以后，人们通过家中的电脑终端直接获得大量的外部信息，对图书馆的需求会有所降低，到图书馆来的读者也会逐步减少，何况，现在社会上已经开始有一些有偿信息服务公司为用户提供深层次的信息服务了。因此，提高图书馆的咨询功能这个任务迫在眉睫。图书馆的咨询不应该像现在这样仅限于回答读者一些简单问题，查找一些读者提出要用的资料，它应该一方面采取一种主动出击的方式，到用户中去了解他们的需要，主动为他们提供他们所需要的信息，使用户充分认识到图书馆的重要性，在很大程度上依赖于图书馆；另一方面则发展一些专业的咨询人员，提供深层次的对口服务。只有这样做，即使“信息高速公路”建成，图书馆也能保住现在的用户，同时发展新的用户。

(5)改变图书馆工作人员的知识结构。未来社会每天所产生的信息量都非常大，要整理、利用这些信息，对其进行深度加工，并将其迅速传递给用户，像现在我国许多图书馆这样，工作人员仅仅具备图书馆学方面的知识是远远不够的。随着图书馆咨询业的开展，工作人员应深入到某一专业中去，努力学习并熟悉这一专业，成为这一专业的信息咨询专家，这样，他才能迅速准确地收集、整理该专业的信息并提供给用户。因此，对现在的图书馆工作人员来说，图书馆学专业的培训与其他某一专业的培训是同等重要的，应同时进行。

以上简单介绍了一下“信息高速公路”，以及“信息高速公路”带给图书馆的挑战和我们面对挑战所应采取的措施。21 世纪即将到来，信息社会也将随之而来，我们面临着新的挑战，也面临着新的机遇，只要我们把握时机，面向 21 世纪、面向未来发展我们的图书馆，我们的事业必将在信息社会中如日中天，兴旺发达。

原载于《北京高校图书馆》，1994 年第 3 期

CALIS与中国高校数字图书馆的发展*

中国高等教育文献保障系统（CALIS）自1998年正式启动以来，已经经历了"九五""十五"两个发展阶段，即将进入"十一五"。七年来，一方面是各高校的数字图书馆发展从研究走向实际建设，取得了长足的进步；另一方面，CALIS努力致力于信息资源和信息服务共享环境的建设，致力于数字图书馆建设的基础保障工作，希望将全国高校数字图书馆融合在一个整体环境里，形成多层次的数字图书馆体系，进而具备多种资源类型、多种服务方式的学术资源保障能力。

这两个方面的发展已经开始形成了彼此的互动，使中国高校数字图书馆的建设从分散走向整合，从以资源为核心走向以服务为导向，从单馆的各自为政走向整体的标准化、规范化。本文将分几个方面综述这些情况。

一、数字图书馆组成要素

数字图书馆是一个环境，它将收藏、服务和人带到一起以支持数据、信息乃至知识的全部相关流程，包括从创造、传播、使用以及保存

* 本文与陈凌合写。

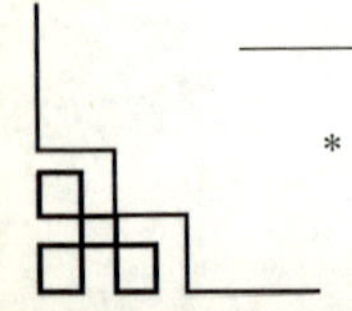

的全过程①。

从这个定义，以及多年来的实践出发，数字图书馆包含五大要素：收藏、服务、人、技术环境和管理。其关系概括起来为：以用户为中心，以服务为主导，资源（收藏）为基础，技术为支撑，管理为灵魂。

1. 收藏

数字图书馆的收藏（digital collection）就是以用户信息需求为依据，以数字图书馆的类型、目标和任务为基础，经过系统化、长期化采集加工而形成的具有不同学科内容、不同类型资源、不同级别收藏、不同媒介的数字信息资源的综合体系。

数字馆藏可以按照数字资源的性质和功能划分，分为一次文献（如电子图书、电子期刊）、二次文献（如文摘数据库、书目数据库等）、三次文献（如元搜索引擎）；也可以按照生产途径和发布范围划分，分为商业化资源（必须有使用许可的正式出版物）、公开资源（免费获取）和特色资源；还可以按照媒介划分，分为文本资源、图像资源、音频资源、视频资源、多媒体资源等。

在建立数字收藏体系时，同样要建立一套资源管理体系，即对数字资源进行采集、加工、整理、管理、存储、整合、评估的运行维护体系，以保证数字资源的高质量、系统化、可持续的发展，为数字化服务奠定基础。

2. 服务

数字化服务（digital service）是基于网络进行的多样化的用户服务，是数字图书馆中与用户进行交互、充分理解和满足用户需求、使数字收藏得到充分获取与利用的不可或缺的手段和途径，其目标就是为用户营造一个基于网络的虚拟图书馆环境，体现数字图书馆在互联网上存在的价值。

---

① 美国国家自然科学基金会（NSF）1997 年给出的关于数字图书馆的定义。

数字化服务主要包括:

前沿服务:即用户可以直接看到和利用的服务,包括信息检索服务、资源导航服务、虚拟咨询服务、基于网络开展的馆际互借与文献传递服务、信息素质教育(含用户培训)、个性化定制服务、教学科研辅助、数字图书馆门户。

传统图书馆的借阅服务由于也可以在数字化环境中进行(自动化系统与数字图书馆的衔接),被称为"服务的数字化",因而也包含在前沿服务中。

其他与前沿服务密不可分的支撑服务:用户统一认证,电子商务结算,资源调度。

数字化服务同样需要建立一套管理运行体系,用以支持每周7天、每天24小时的"全天候"服务,其中也包括服务评估机制。

3. 人

"人"这一要素,被称为是数字图书馆的核心,包括利用数字图书馆的用户和为用户提供服务的数字图书馆员。

用户是其中最主要和最重要的组成。与传统图书馆不同的是,传统图书馆的发展强调的是以收藏为核心,而数字图书馆强调的是"用户主导"(user-oriented),也就是说,用户的需求和信息行为引导着数字图书馆的发展方向。

不同类型的数字图书馆拥有各自不同的用户群,而不同用户群的需求又使得各种数字图书馆之间存在着差异。

数字图书馆员既包括传统的馆藏发展馆员、编目馆员、咨询馆员、系统馆员等,也包括技术专家、公共关系专家和版权问题专家。与传统图书馆中的精英人才大多集中在馆藏整理(如编目)方面不同的是,在数字图书馆中,他们的任务更多的是主动了解用户需求,帮助用户分析、查找、综合、加工用户所需的信息,并向用户推广数字图书馆的收藏和服务,"营销"自己。

4. 技术环境

早期的数字图书馆项目(如DLI)均以技术研究为主,这就足以说明技术对于数字图书馆来说是多么重要。技术支撑着整个数字图书馆的建设和运行。

一个完整的技术环境包括软件和硬件环境,具体为:服务器群及其操作系统,具备一定速率的网络环境,适合于不同应用的软件系统群,存储设备,微机。

5. 管理

与传统图书馆一样,数字图书馆的管理是指整体化管理,包括人员管理、行政管理、资金管理、业务与运行管理。管理是数字图书馆的灵魂所在。其目标就是保证数字图书馆科学、有效、顺畅无碍地运行和可持续发展,为用户提供高质量的信息、高效率的服务。

上述5个方面成为数字图书馆的组成要素,我们可以从此出发,分析和综述高校数字图书馆的发展以及CALIS的工作和贡献。

二、高校数字图书馆的发展

早在2000年以前,一些实力雄厚的高校图书馆就组织人力开展了数字图书馆的研究,探索数字图书馆建设的思路。近几年来,已经逐步从开始的研究工作向小规模实验发展,继而开始大规模的建设并取得了一定成就。当然,由于各校图书馆规模、经费、原有基础和人员情况各不相同,各馆的侧重点也有所不同。

1. 数字资源建设

这方面是各馆共同的出发点。通过购买各类网络数据库和自建一些具有馆藏特色的数据库,初步建立起一套与本校教学科研相适应的数字资源体系。以北京大学、清华大学图书馆为例，分布在几十个不同平台上的中外数据库就多达300多个，当然有的馆则只有部分中文数据库。根据CALIS工程中心（清华大学图书馆）和CALIS文理中心（北京大学图书馆）提供的资料统计，截止到2005年5月，已有600多个高校图书馆参加了CALIS组织的国外数据库的集团购买，若加上自行购买和购买国内数据库产品的图书馆，相信不低于800个高校馆。这个数字说明，高校对商业化学术资源的整体拥有量已经达到了相当规模。

在以购买商业化资源为主的同时，部分有实力的学校积极开展加工、收藏有本校或本地区特色的数字资源，如扫描学位论文、教学参考资料、古文献、民国图书、本校名人学者的手稿照片资料、收集视音频资料等，进而建设一些特色数据库，如北京大学图书馆的"秘籍琳琅——北京大学数字图书馆古文献资源库""北大讲座""北大文库"，清华大学图书馆的"中国科技史数字图书馆"，武汉大学图书馆的"长江资源数据库"等。

数字资源管理体系也是数字资源建设的另一个重要方面，随着数字资源的增加，进一步的发展要考虑的是如何管理庞大的数字资源体系，以提供更为稳定、可靠、高效的数字服务。这方面的建设在逐步提上日程。目前的进展主要体现在以下几个方面：

- 资源采集：即建立了对数字资源进行采购、数字化加工和链接的馆藏发展体系。

- 资源整理：建立了对资源进行描述、揭示、组织的数据加工体系，特别是开始应用了大量数据规范，如数字对象的逻辑模型、管理元数据、描述元数据、唯一标识符、数字对象的加工与发布标准、元数据命名规范、资源名称规范等。此外，一个重点研究的对象就是网络知识组织体系，如概念分类体系（ontology）等。

- 资源保存：重点解决：①存档（digital archive），即数字资源的永久使用权；②保存（digital preservation），即数字资源的长期保存；③存储（digital repository），即数字资源的存储系统等问题。这是处在高校图书馆发展最前沿的一些大馆目前最关注的问题。这方面的建设包括足够有效的存储体系和资源管理软件,一些大馆在尝试开放源代码的软件如 Fedora 和 DSpace 等。

• 资源整合:将分散的资源和服务按一定的知识管理规则和服务目的有机地组织在一起,包括书目级的整合(如资源导航)、内容级的整合(如采用相同的元数据规范体系、跨异构系统平台的统一检索等)、资源与服务的整合(例如从检索结果到文献传递的衔接)等,其目标是使信息顺畅、无碍地流动到用户,不重复,成本低,效率高。这在下面的服务发展还会谈到。

• 资源评估:逐步建立指标体系,对数字资源的数量和质量进行评估。

2. 数字服务体系

资源的增加促进了服务的开展,服务则越来越成为数字图书馆的主导,在近期来说这是数字图书馆建设者所追逐的最高目标。如上海交大图书馆就明确提出要建设"服务主导型"(service-oriented)图书馆,把服务放在最首要的位置上。

• 首先发展起来的是资源检索服务和资源导航服务,这方面已经日渐成熟,目前主要的图书馆——大约有 20 余所——都建有电子资源导航系统,如数据库导航、电子期刊导航、电子图书导航等,上海交大图书馆甚至把这些导航系统整合在一个系统里。这些都引导用户对图书馆提供的网上资源的利用不断增加,以北京大学图书馆为例,一个不完全的统计是,一年的检索次数已经从最初的百万次增长,突破了上千万次(毋庸说,点击率更是会高出数倍)。

• 虚拟咨询服务:这是随着资源的利用而开展起来的新型服务,目标是在互联网上提供随时随地的远程咨询服务。国内最早开展这类服务的是上海交大图书馆和北京大学图书馆,现在已经有 10 多所大学开展了实时咨询服务。

• 用户培训服务:除了传统的文献检索课之外,短小精悍、可以由用户定制的培训服务也在不断增加，其中以北大图书馆的“一小时讲座”开展得最早，专题也最为完善，一年的培训人次达到4000人次以上，全部课件也以“网络培训”的名义放到了网上，供读者查询使用。

- 传统服务，如馆际互借和文献传递服务，借阅及其相关的预约、续借等服务，都已经借助自动化系统和其他相关的数字图书馆系统放到了网上，读者因此可以远程使用。

- 支撑服务中，优先发展的是资源调度和用户统一认证，但目前尚处在试验和开发中。

上述服务的发展，使得“整合”再次成为一个重要的任务，没有整合，资源与服务只能处在一种零散的状态，不成一个完整的体系，用户就会“迷失”在其中。到目前为止，数字资源和服务都已经初具规模的图书馆会利用统一检索和资源调度等工具整合数字资源，这些工具中比较有代表性并得到应用的国产软件有CALIS组织开发的统一检索和资源调度等，国外软件则首推Exlibris公司的Metalib和SFX；在整合资源的同时，还整合诸如文献传递、虚拟参考咨询等服务，建立完整的数字化资源与服务体系，例如CALIS组织开发的馆际互借与文献传递系统和分布式联合虚拟参考咨询系统（CVRS）等，目前已有数十家高校馆使用这些软件。

数字资源和服务整合的最终体现是数字图书馆门户，包括用户统一认证、资源检索、学科导航、虚拟咨询、用户培训、文献传递、资源调度等诸多服务在内的数字图书馆门户已经逐步成为主要的高校图书馆的建设目标。此外，各校的数字化校园建设也给门户建设提出了新的课题，如和校园卡（一卡通）衔接的统一认证系统等。

“开放获取”（Open Access，简称OA）成为数字化服务的新热点。2005年6月22—24日，由中国科学院文献情报中心主办的“科学信息开放获取战略与政策国际研讨会”在北京召开，在高校图书馆界引起了对OA的热烈关注。

3. 软硬件支撑环境

数字图书馆依赖于运行良好的软硬件支撑环境。如果从经费来看国内数字图书馆建设的话，软硬件支撑环境仅次于数字资源的投入。

硬件方面，以北京大学、清华大学图书馆为例，已经形成了包括Unix和PC服务器在内的50台左右的服务器群；微机的数量庞大，主要高校图书馆都达到300台甚至更多，普通的中型图书馆也具备100—200台的规模。网络环境的发展更是日新月异，主要高校图书馆均已经达到了千兆以太网、桌面计算机出口百兆以上的条件。此外，大容量存储设备、区域存储网（SAN）的建设也都在进行中。

软件方面，传统图书馆以一个自动化集成系统（LIS）"一条龙"管理了图书馆的采、编、服务等诸多环节，而数字图书馆却是由多个系统组成的"系统群"概念。其特点一是重视各软件系统的个性化，以适合不同类型的资源和服务的需求，如咨询服务有咨询系统，馆际互借和文献传递又是另外的系统，存储有存储管理系统；二是系统的标准化规范化，以达到系统之间的整合和衔接。由于这两方面的因素，各高校在系统建设上都非常慎重，尽管清华同方、北大方正、TRS以及国外如ExLibris、Endeavor等公司推出了大量数字图书馆软件，包括从数字加工、数据加工，一直到认证、资源调度、统一检索、虚拟咨询等多个子系统，但高校普遍都在试用、考察、小规模引进的过程中，尚没有形成真正的、完整的数字图书馆"系统群"。

运行体系：随着软硬件的快速增加，如何保障其正常运行逐渐成为各高校图书馆的重要任务，目前普遍的做法：一是加强系统部（自动化部）的人力和环境的建设，强调服务的保障；二是加强制度的建设，例如控制停机时间、加强系统备份、加强数据管理与备份等。

4. 人文和管理环境

如果说资源、服务、支撑环境都算得上是数字图书馆"硬"环境的话，以人为本的人文环境的建设就可以说是"软"环境的建设了。

一是强调以用户为核心，重视用户的需求和信息行为，为用户开展各类更多的个性化服务。例如北大、清华、上海交大、武汉大学等图书馆都开展设立学科馆员、进行"用户满意度调查"、设计个性化服务网页等工作，努力为用户营造一个不仅是使用、而且是"享受"的图书馆服务环境。

二是在人力资源的建设上，根据新的发展形势调整岗位设置，将过去多年只说难做的"按需设岗、按岗定津"的聘任原则逐步变为现实，强调岗位和馆员之间的双向选择。

在管理环境上，主要是调整管理思路，尤其强调开放、强调单馆环境与共享大环境的结合，重视数字图书馆标准规范的研究和建设，例如北京大学图书馆、清华大学图书馆都成立有专门的数字图书馆研究所和研究室，从事这方面工作。此外，馆内跨部门团队的建立与合作也是一个很好的思路。

可以看出，在短短的五六年间，我国高校数字图书馆的发展规模和步伐非常之快，特别是随着我国"211 工程"把"中国高等教育数字图书馆"立为"十五"重点建设项目以来，各"211 工程"院校都在各校的"十五""211 工程"中，把数字图书馆建设列为一项重要内容，作为提升学校综合实力的一项重要举措，大大推动了我国高校数字图书馆的建设和发展。

三、CALIS 与中国高校数字图书馆的建设

数字图书馆的建设是一个漫长的过程，而从建设进入运行之后，还面临着可持续发展的问题，即如何长期生存、发展下去，保持数字图书馆的可靠性和强壮性。因此，数字图书馆的根本所在，不是单馆如何建设，而是多馆联合，使分布的数字图书馆个体与外部数字化大环境紧密结合、共建共享，共同发展壮大。

要实现这个目标，除了在建设中开展合作、避免重复、降低成本、实现互补、提高保障水平外，还要保持数字资源和服务的广泛可使用性、可互操作性和可持续性。其中，可使用性（accessibility）指资源或

服务能够在广泛的网络环境和复杂的技术条件下可以为用户方便地使用,互操作性(interoperability)指资源或服务能够在更大系统范围上能与其他资源或服务方便、有效地交换、转换、整合,从而为用户提供逻辑上集成的服务,可持续性(sustainability),指资源或服务能够在变化的技术与运行机制下长期保存和使用,能够被集成入未来的资源与服务环境。

一些省市自治区——例如江苏、上海、天津等——的教育主管部门认识到了这一点以及建立联合分布的数字图书馆体系对教育的巨大促进作用,都纷纷投资组织当地高校联合共建,把各个单馆的数字图书馆建设协同整合起来,增大了各馆建设成功的可能性,也提高了效益,成为高校图书馆数字图书馆建设的一大特色。

而在这方面发挥作用最大、在高校数字图书馆建设中最有引导力和影响力的当推教育部"十五""211 工程"建设的公共服务体系重点项目"中国高等教育数字图书馆"(China Academic Digital Library and Information System,简称 CADLIS)。

"十五"CADLIS 项目由两大部分组成,一是"九五""211 工程"开始建设的"中国高等教育文献保障系统"(简称 CALIS)的二期工程,二是基于"中美百万册图书计划"(简称 CADAL)的文献数字化工程。前者是 CADLIS 的主体工程,后者的主要任务是以扫描加工的方式给 CADLIS 提供百万册量级的扫描版中外文图书文献,丰富 CALIS 及其成员馆现有的数字资源体系。

在 CADLIS 项目中,CALIS 主要致力于:

(1)发展信息资源和信息服务共享环境,即联合各馆,共同开展资源和服务建设,从而提高资源数量,加强服务水平,这是 CALIS 的基本职能。如:

- 集团引进国外数据库,提高高校对国外文献的拥有率;
- 合作开展数据库建设,把高校分散的学术资源集中报道和服务,如联合书目数据库、高校学位论文数据库、高校教学参考信息数据库等;

• 集高校的人力资源和学术资源，联合开展服务，如馆际互借与文献传递、合作虚拟参考咨询等。

(2)数字图书馆建设的基础保障环境建设，以使高校数字图书馆的建设向着一个合理化、科学化、标准化的方向发展，最大限度地利用好政府投资和行业的人力投入，争取达到最高水平的优化，提高高校数字图书馆的可靠性和强壮性。这方面同样是 CALIS 不可或缺的重要职责，其工作内容主要包括：

• 数字图书馆标准规范体系的建设，以及向高校图书馆和合作的公司进行推广；

• 与国家数字图书馆、国家科学数字图书馆、国家科技图书文献中心以及一些地方政府投资的数字图书馆项目实现跨系统的联合，保证高校数字图书馆的建设能够与国家的数字图书馆体系融合、结合起来。

通过这两方面的努力，CALIS 发挥了积极的率领、引导和组织作用，提高了高校数字图书馆的建设水平，保障了其基本发展方向的正确性，促进了馆际之间的协作，真正达到数字资源共建共享、提升信息服务水平、推动数字图书馆事业可持续发展的建设目标，成为国家数字图书馆的重要组成部分，在国际数字图书馆领域中占有重要的一席之位。

四、CALIS 的建设现状与成就

如上文所说，为了能够提高高校基于网络的数字资源和服务的保障水平，率领、引导和组织高校数字图书馆的发展，CALIS 开展了诸多方面的建设工作，其中包括多个子项目和各类联合、协调工作。到目前为止，这些工作应该说是进展比较顺利，成果颇丰。

1. 数字资源体系

“九五”期间，在教育部的领导下，CALIS 率先以集团引进国外数据库的形式，打破了高校图书馆数字资源几乎为零的局面，并组织“211”院校图书馆建立了以“高校中外文书刊联合目录数据库”“高校博硕士学位论文文摘数据库”等为代表的集中揭示高校丰富馆藏的文献报道体系和以联机编目系统、文献传递系统等为代表的共享服务平台，建设了由4个全国中心、7个地区中心和“211”院校图书馆组成的“三级文献保障体系”，促进了高校图书馆的发展，为“十五”进行CADLIS建设打下了基础。

与“九五”相比，“十五”除了继续扩大原有的集团采购、联合目录、学位论文、期刊篇名数据库外，加大了全文文献数据库的建设，主要目标包括3万种电子期刊(其中2万种外文刊)、30万篇学位论文(其中12万西文论文)、包括数千种外文电子书在内的3万种教学参考书以及高校特色专题数据库、重点学科导航数据库等。不同于主要负责没有版权约束的文献资源数字化的CADAL，这部分建设内容重点解决最新的商品资源使用和更加丰富完善的资源报道体系。

在数字资源合理布局方面：从“九五”期间的以“点”的建设为主，向“面”的建设为主转移。即把有限的资源建设经费不再集中在“211工程”院校，以购买补贴和联合共建的方式带动大量普通院校图书馆的资源建设。同时，在资源购置上，尽量给西部地区院校争取优惠政策，并辅以专项经费支持，缩短东西部院校资源获取方面的差距。

在数字资源管理体系方面，一是加强了对资源与服务的整合，这一点后面还会谈到；二是投资解决重点资源的存档、存储问题，例如购买了一部分国外重要学术资源的回溯数据或存档权，在本地建立部分全文资源的存储(如国外博硕士学位论文全文数据库)等；三是建立了数据规范体系，保证各校分别加工的元数据、全文数据、图像数据能够达到统一标准，便于CALIS统一收割和提供服务；四是设立评估项目，对资源进行全面评估。

2. 数字化服务建设

服务体系包括两个方面，一是为各高校馆提供的基础保障服务，即运行服务体系。“十五”期间，CALIS 在原有全国中心、地区中心基础上增设了 15 个省级文献中心、数字图书馆基地、文献传递服务网、联合虚拟参考咨询网等，核心服务馆从原有 12 个图书馆增加到 30 多个，一般成员馆则超过了 700 家，极大地提高了 CALIS 的文献保障服务能力。

CALIS 通过这些中心馆或者核心服务馆，除继续进行原有的集团采购、联合编目、馆际互借、联合建库等工作外，还就这些工作开展了大量针对图书馆员的各类培训工作。这些培训或集中举行，例如每年一度的“引进数据库培训周”，至今已举办三届，最近一届有超过 200 所高校参加；或分散在各中心、各校举行。

二是通过高校馆针对最终用户开展的服务，并努力提高图书馆的读者服务水平。这方面的几个重点：一是开展基于网络的文献传递服务，对用户的需求快速反应和快速提供，目前如北大、清华、武汉大学等主要的图书馆，年文献传递量都可以达到两万篇以上。二是开展合作虚拟参考咨询服务，目前主要的几个高校图书馆已经建好了本地咨询台，馆际的合作咨询即将于明年开始。三是投入最多最重要的，就是在中国高等教育数字图书馆（CADLIS）平台上整合数字化资源和服务，实现“一站式服务”。例如：

• 利用统一检索平台，对购买的商用资源实现跨平台检索；通过资源调度，对检索结果实现全文链接，对没有全文的文献提供文献传递服务系统的链接。

• 建立“CALIS 西文期刊目次库”（CCC），可以检索两万多种国外重要期刊的目次，通过资源调度对目次实现全文链接；没有目次的全文，通过 CALIS 联合目录和文献传递系统，可以直接发送请求到文献提供的图书馆。

上述例子，都是利用先进技术手段建立在当前版权限制下不受时空限制的资源共享平台，扩大读者获取文献的范围，缩短查找和获取文献时间，提升高校图书馆数字化服务能力，提高高校读者利用数字资源的积极性，促进各高校图书馆从传统借阅服务向与先进的数字化服务相结合的方向发展。

3. 软硬件支撑环境

软硬件平台除了升级原有系统外，构建了全新的中国高等教育数字图书馆应用平台，主要包括门户构建、统一认证、统一检索、资源调度、电子商务等主要的子系统，将按不同规模分别部署在 CALIS 运行服务体系的各个层面。其他如虚拟参考咨询系统、教学参考书系统、学位论文管理系统、专题特色数据库系统、导航数据库系统也通过各子项目的建设部署到全国 100 多家图书馆。CADLIS 软硬件平台建设的一大特色是全部采用"IA + Linux + Oracle"作为基础支撑，这是综合考虑了数字图书馆目前的应用和高校图书馆的特点而确立的。

4. 基础保障环境

正如一座大厦不仅仅只有矗立在地面上的建筑部分，数字图书馆建设也不仅仅是展现在网络上的那些部分。为了保护国家、地方和图书馆的投资，保证 CADLIS 和高校数字图书馆建设的可持续发展，CALIS 在完成上述三大体系外，还投入大量的力量组织高校图书馆专家，参照国家科技部科技基础条件平台工作重点项目《我国数字图书馆标准规范建设》研究成果，建立了《中国高等教育数字图书馆技术标准与规范》（以下简称《标准规范》），作为 CADLIS 项目的强制标准，同时提供给各地方、各馆数字图书馆建设作为参考依据，该《标准规范》得到广大成员馆和 9 个数字图书馆领域软件开发厂商的支持，上海、江苏等省市的数字图书馆建设明确规定须遵循《标准规范》，软件厂商为 CALIS 项目提供的应用软件也陆续通过了 CALIS 技术中心组织的标准规范认证，为高校建立开放式的、互联互通的数字图书馆体系奠定了基础，为 CADLIS 项目的"十五"成功建设和后续发展提供了技术保障。

除了标准规范建设，CALIS 遵循开放原则，除了与高校体系内部各地方建设密切配合外，还与国家数字图书馆、国家科学数字图书馆、国家科技图书文献中心和上海图书馆等数字图书馆项目密切合作，共同建立跨系统的全国数字图书馆体系。同时，也与美国 OCLC、日本 NII、韩国 KERIS、香港 JULAC 以及 Google 商业机构合作，把 CADLIS 建设融入全球的数字图书馆体系中，为 CADLIS 后续发展开拓了广阔的空间。

真正的数字图书馆建设应该是一项全社会参与的系统工程，其成功离不开各行各业的支持。由于其技术含量很高，能否争取到 IT 领域技术引领者的支持关系到 CADLIS 的百年基业。因此 CALIS 从“九五”建设起就非常注重和 SUN、IBM 等公司的合作交流。

继 2003 年与 SUN 公司成立“SUN 数字图书馆实验室”以后，CALIS 于 2004 年 11 月与中科红旗、IBM、Intel 和 Oracle 共同成立了“中国高等教育数字图书馆 Linux 联合实验室”，通过这种机制，引进各大公司的先进技术，并利用他们在其他相关项目中的成功经验和技术力量，围绕 CADLIS 项目建设开展前期预研、应用软件的优化测试、软硬件平台的稳定性、兼容性测试等工作。比如 Intel 公司不仅仅提供引领潮流的 CPU，在 PC 服务器领域还提供了性能优异的芯片组，若利用 Intel 公司帮助 CALIS 建立基于 Intel 技术的 IA 平台，在其雄厚实力的技术支持下，开展应用平台的优化测试，一方面可以大大缩减研发经费，另一方面可以给各高校馆提供高性价比的软硬件平台方案，省去了大量的摸索时间。

以上工作解决了 CADLIS 发展中的基础和外部环境，是 CADLIS 建设能够取得成功的重要保障。

综上所述，近年来，国内高校的数字图书馆事业在资源、服务和基础环境等方面取得了飞跃式发展，而 CALIS 在其中发挥了重要的率领、引导和组织作用，这两方面的互动与促进使得中国高等教育数字图书馆的“十五”建设取得了相当大的成就。随着“十五”接近结束，“十一五”即将到来，高校数字图书馆会向着稳定、持续、更深层次、更高水平发展，在高校教学科研和国家发展建设中都发挥出不可或缺的作用。

参考文献

1 肖珑,冯项云,陈凌等. 国内数字图书馆研究与发展综述//中国图书馆年鉴 2001. 北京:北京图书馆出版社(今国家图书馆出版社),2001

2 Arms William Y. 著;施伯乐,张亮,汪卫等译. 数字图书馆概论. 北京:电子工业出版社,2001

3 美国国会图书馆信息技术战略委员会等著;蒋伟明,苑克俪译. 21 世纪国会图书馆数字战略. 北京:北京图书馆出版社(今国家图书馆出版社),2004

4 张晓林,肖珑等. 我国数字图书馆标准与规范的建设框架. 图书情报工作, 2003 (4)

5 北京大学,浙江大学. 中国高等教育数字图书馆(CADLIS)可行性研究报告,2003

6 http://www. calis. edu. cn

原载于《图书情报工作》,2005 年 11 月

国内数字图书馆研究与发展综述*

自从90年代初美国科学家首次提出数字图书馆(digital library)这一概念以来,全球开展数字图书馆研究与实践已近十来个年头。

我国图书情报界、计算机技术界从1995年左右开始这一领域的跟踪研究,1998年全面升温,到现在无论是在对数字图书馆的认识,还是其理论研究、关键技术准备方面,都取得了很大的进展。

本文将从基础研究、数字图书馆实践与信息技术(IT)界3个方面概括这几年国内数字图书馆发展的情况,最后对目前的主要动向做一简单归纳。

一、基础研究

围绕数字图书馆的理论与实践,图书情报界和计算机技术界(包括一些企业)都在开展大量的研究工作。

一般而言,图书情报界的研究工作一开始大多侧重于对国外(主要是美国)数字图书馆项目和研究的介绍、对数字图书馆的认识、数字图书馆与传统图书馆的结合、元数据等。较少涉及数字图书馆的技术和运作模式(或称机制)方面的内容。这些研究工作大多由关注数字图书馆发展的研究人员根据各自的兴趣自发地开展。

---

* 本文与冯项云、冯英、陈凌合写。

1996 年后,一些图书馆陆续开始数字图书馆的实践工作,研究人员开始研究实际操作中的一些问题,如数字化加工、数字资源的组织、分类和服务等。而 1998 年底教育部"211 工程"公共服务体系之一的中国高等教育文献保障系统(简称 CALIS)项目启动以后,大量数字资源涌入高校图书馆,以北京大学、清华大学、南京大学、上海交通大学为代表的一些高校图书馆,日益关注传统图书馆资源和数字资源及其服务的整合。

但这些方面的研究随意性较大,不够系统化。开展系统化研究并较有实力的单位主要有国家图书馆、北京大学数字图书馆研究所和上海图书馆。

- 国家图书馆:从 1997 年开始主要围绕着实施"中国试验型数字式图书馆项目"中的一些问题开展研究,包括数字图书馆的概念与发展、SGML 应用、分布式查询与调度等。近年来加强了元数据和系统结构的研究。

- 北京大学数字图书馆研究所:由 CALIS 管理中心、北京大学图书馆、北大信息科学中心为主成立的研究机构,2000 年 9 月正式开展工作,主要在数字图书馆模式、元数据和数字图书馆的体系结构等方面开展系统化的研究。

- 上海图书馆:是国内较早开始数字图书馆研究与实践的机构,研究工作以跟踪引进国外成果为主,以及 Dublin Core 元数据标准应用研究。

根据国家图书馆的统计,国内已在数字图书馆方面发表了 100 多篇论文和报告。

计算机技术界的研究工作则侧重各类专门的技术和计算机实现的体系结构,这些研究成果并不是专门围绕着数字图书馆来开展,而是把数字图书馆作为这些技术的一个应用领域来看待。这些工作主要由《国家高技术研究发展计划》(即"863 计划")的信息领域智能计算机(306)主题和中国高速信息示范网(300)专项,以及《国家重点基础研究发展规划》(即"973")"网络环境下海量信息组织与处理的理论与方法研究”等项目带动。

例如“863 计划”306 主题的研究内容为高性能计算机与高性能计算环境建设、基于 Internet 的关键软件技术和包括了智能化中文平台、语音技术研究、文字识别、机器翻译、国际 MPEG 标准化工作、中英文文摘、分词规范等内容的智能接口技术等三大技术。可以看出，这些都是数字图书馆建设中的关键技术。

由“863 计划”306 小组部署的“中国数字图书馆示范系统”项目于 1999 年年底启动，中科院计算所是此项目的主要承担单位之一，该所所做的研究工作有：与数字图书馆相关的海量数据管理、多媒体、人工智能和 XML 等关键技术。

以上这些研究总结起来包括以下一些方面：

（1）软课题研究

数字图书馆的软课题研究内容有很多，从数字图书馆的服务模式到版权保护等都在此研究范围内。主要有以下方面：

- 模式研究：该方向的研究试图从数字图书馆的类型及运行管理（例如是以典藏为主还是服务为主）、服务模式和评估体系等方面为数字图书馆建设提供宏观指导。

- 资源建设：包括资源的结构与布局、数字资源与传统型资源、资源的整体发展模式、资源的共享等方面的研究。

- 相关的标准规范：包括数字图书馆各个过程中涉及的标准规范，如元数据标准、不同资源形式的数字化标准、资源命名规则等。

- 版权保护：数字图书馆目前面临的法律问题主要是版权问题。这方面的研究包括在现行法律的环境下怎么做，以及相关问题的立法研究。

（2）数字图书馆实现技术研究

数字图书馆结合了目前 IT 界和通信界的高新技术，其实现技术的研究主要有以下方向：

- 数字信息加工：主要指各类非数字型资源的数字化技术。

- 自动标引技术：包括自动标引、自动文摘生成、自动篇名生成技术、自动分类等。

• XML 相关技术:XML 将成为数字图书馆的最重要的基础性语言。XML 技术应用在元数据标引、搜索引擎以及数字化对象加工等方面。

• 知识网络/词表/分类法:包括传统的词表和分类法在数字图书馆的应用,以及允许用户自行对自己领域内的知识做自定义组织的新"分类"体系——基于人工智能技术的知识网络等。

• 多媒体技术:在数字图书馆组织管理利用图形、图像、语音、视频等多媒体资源的相关技术。

• 信息表示:各类信息在网上的直观可视化表示,如利用虚拟现实等技术表现各种各样的知识及其关联等。

• 海量数据存储与管理:对数字图书馆中海量信息的存储方式、体系结构、数据仓库和检索利用等技术。

• 体系结构:构建数字图书馆系统的体系结构。如"863 计划"306 主题研究成果,数字图书馆高层协议中间件体系等。

• 智能代理与人工智能技术:为在数字图书馆中实现人人合作、人机合作和机机合作式的服务,相关的智能代理(Agent)与人工智能技术。

• 快速检索机制:数字图书馆中需要多种先进的检索技术,像中文检索、图像检索、语音检索、智能检索,其中同样涉及大量人工智能技术的支持。

• 智能用户界面:先进的人机交互界面技术,如用户通过用鼠标、键盘、手写、语音等各种方式实现与计算机系统的交流,充分利用图形、语音等融为一体的多媒体技术,设计出友好、直观、方便、个性化的用户界面。

• 语言:自然语言理解、机器翻译、多语言浏览等技术。

• 安全技术:通过使用水印技术和密钥技术,来保护数字资源的知识产权。

二、数字图书馆实践

1996年年初，国家图书馆在文化部申请立项“数字式图书馆试验项目”，可说是国内最早开始进行的数字图书馆实践。

随着这几年数字图书馆的不断升温，许多图书馆，尤其是一些条件好的高校图书馆都不同程度地开展数字图书馆的实践，逐步把一些本馆有特色的资源数字化或将各类数字资源整理上网并提供服务。

我国现阶段图书情报界的数字图书馆实践活动大致可分为以下几种类型，一个具体机构本身的数字图书馆建设在不同阶段会呈现不同的形式，或多种形式的结合，下面简述之。

1. 资源服务型

这种类型的特征是强调尽快地开展网上信息服务。一般是通过对某类传统资源进行数字化，或把现有电子资源进行归并整理，采用实用的Web超链接和数据库技术构建服务平台。这些平台大多有一个通用的关系/全文型数据库作为后台支持，完成对资源的管理和检索。也有一些多媒体的资源服务。

这种类型几乎各馆都有，大量活跃在互联网上。不同于普通网站的是这些资源大多做过更为精细的加工和标引，是现阶段我国图书情报界提供网上数字服务的主要形式。典型的例子如国家科技图书文献中心、中国期刊网、CALIS专题特色数据库、超星数字图书馆等。

从严格意义上来说，这些尚不能被称为数字图书馆。

2. 服务研究型

这种类型的实践往往是兼有研究和提供服务的双重目的。特征是以本馆的某些特定类型资源的数字化服务为目的，以数字图书馆的理念来组织资源和选择技术，构建一个相对完整的系统。这些实践，在完成服务目的的同时，也完成了对某些技术或数字图书馆模式的研究，购买或建立的系统是未来数字图书馆系统的雏形或一个子系统，对开展大规模数字图书馆建设意义重大。

典型的例子有：

(1)国家图书馆

国家图书馆从1996年开始跟踪数字图书馆技术的发展并进行此方面的实践，其中独立完成的项目有：

- 数字式图书馆试验项目：1996年在文化部立项。项目以中国博士论文影像数据库为切入点，探索了从论文的数字化加工、组织和管理以及服务的模式。

- SGML的图书馆应用：该项目为1997年文化部立项的科研项目。该项目以SGML标准取代传统图书馆的MARC格式，进行了SGML标准在图书馆应用的实践，为数字图书馆建设积累了经验。

- 数字图书馆演示系统：该系统由国家图书馆自行开发，于1999年3月底完成。项目通过中国古代建筑、千家诗、宇宙、动物4个资源库的建设，主要研究了数字图书馆的系统框架，涉及数字化加工、存储、组织、跨库检索到存取服务的各个方面。

此外，国家图书馆还参加了中关村数字图书馆群软课题、数字图书馆系统工程、中国试验型数字图书馆以及中国数字图书馆工程等合作研究项目。

(2)北京大学图书馆

北京大学图书馆很早就开始数字图书馆研究，真正开展系统化有组织的研究和实践活动开始于2000年年初。目前正以建设一个“学术型、研究型的数字图书馆”为目标，围绕北京大学数字图书馆和CALIS二期工程建设，全面开展研究与实践工作。

主要研究与建设内容包括北京大学古籍数字图书馆、元数据标准体系、数字图书馆总体模式、系统层次结构、数字化标准、数字资源建设及其整体化研究等。其中北京大学古籍数字图书馆以本馆收藏善本、拓片、舆图、敦煌卷子为对象，已完成元数据标准、实验系统的设计，正进入数据加工、数字化加工的资源建设阶段，即将在网上开展服务。元数据标准体系研究也已完成“中文元数据标准框架”以及古籍、拓片、舆图等具体的元数据标准设计工作。

本着“边建设、边服务”的原则，北京大学图书馆主页上同时还提供了以服务为主的应用项目，如电子资源、学位论文、视频点播、北大名师、网络课程、学科导航、核心期刊要目等。

（3）清华大学图书馆

清华大学建筑数字图书馆（THADL）于 1999 年立项，目的是通过建立一个原型示范系统，作为研究和建立数字图书馆的突破口。项目以中国营造学社与梁思成生平为主线构建 THADL，收集了“营造学社”花 15 年实地测绘 2783 处古建筑的图纸资料，同时提供古建筑动画。技术上采用了分布对象技术和智能代理技术构建分层的系统服务体系，并建立了面向对象的分布式多媒体数据库。元数据则在 Dublin Core 的基础上进行了扩充。

清华大学图书馆还在主页开设了“清华数字图书馆园地”栏目，包括了清华大学已有的数字图书馆项目和数字图书馆研究等内容。

（4）上海图书馆

上海图书馆的数字图书馆研究工作起步很早，正在维护一个包括了多种研究资源的数字图书馆研究网站。

上海图书馆还参加和发展了一些数字图书馆方面的项目。1997 年 7 月，国家实施“中国试验型数字式图书馆项目”，项目的成员单位中就有上海图书馆。上海图书馆制作了上海周边的旅游资源库。上海图书馆同时还是 OCLC 的合作单位，积极致力于元数据著录系统 CORC 的推广，是 OCLC 的授权培训中心。

（5）辽宁省图书馆

辽宁省图书馆的数字化图书馆项目是在 IBM 数字图书馆系统的基础上，由东大阿尔派软件公司做系统集成和二次开发。

该项目计划实现古籍图书的数字处理、Internet 上信息发布、多媒体阅览室和视频点播。为使该系统的多媒体平台特性得以发挥，辽宁省图书馆搭建了一个集成的多媒体信息工作环境。在前期选择制作信息时,有意识地选择一些多媒体信息,主要有古籍精选(图像)、历史存照(单幅图像)、名人留鸿(图像与全文)和影视剪辑(视频和音频)等。

通过一段时间的实践,辽宁省图书馆制作了张学良和辽宁名胜两个专题数据库,获得了宝贵的经验。

3. 联合建设型

与前两种以本馆建设为核心的类型不同,联合建设类型的特征是多馆合作,共同争取经费支持,统一标准规范,强调资源的合理布局与共享。通过合作的方式,实行优势互补,充分利用资金和人力资源。

它们多以政府投资的项目方式进行,影响较大的有:

(1)中国试验型数字式图书馆

该项目是1997年由国家计委批准立项的国家重点科技项目。项目目标是建立多馆协作、互为补充、联合一致的中国试验型数字图书馆。项目实施包括两大部分:首先是研制一套初步成形的数字图书馆实现技术;其次是要建立一个逐步规范化的分布式数字资源库。项目要求实现对超大容量数字式对象库的快速查询与检索,以及中英文屏幕的内容显示。

该项目以文化旅游、中国名人、法律法规等分布式数字资源库的建设为入口,自行开发了一套基于XML语言的数字资源加工系统、调度系统和用户服务系统。目前,有7个公共图书馆参加了该项目,可互操作的分布式数字资源库群的总容量超过900GB。

2001年5月,该项目通过专家技术鉴定。

(2)中国高等教育文献保障系统

中国高等教育文献保障体系是教育部“211工程”的重点项目,其目标是通过共享信息资源的建设和共享环境平台的建设,将全国高校图书馆资源融合成一个整体,形成包括多种资源类型、多种服务方式的学术资源保障能力。目前工程分两个阶段分别在“九五”和“十五”

期间由国家投资实施。第一期工程已通过国家"211 工程"验收,第二期将围绕着数字资源建设和数字图书馆系统及公共服务平台的建立两个重点开展,目前已开始制订相关标准规范,选择或开发集成适用技术对各成员馆提供支持,以建立多层次的数字图书馆体系。

该项目由设在北京大学的管理中心实施管理。在全国设有 4 个全国学科中心和 7 个地区文献中心,还在东北建立了国防文献信息服务中心。

(3)中国数字图书馆工程

中国数字图书馆工程是运用现代高新技术所支持的国家级数字资源系统工程。其建设目标是在互联网上形成超大规模的、高质量的中文数字资源库群,并通过国家骨干通信网向全国及全球提供高效服务。1998 年 7 月,国家图书馆正式向文化部提出立项申请,实施"中国数字图书馆工程"。

工程建设内容包括数字资源建设、数字图书馆软/硬件基础设施建设、应用系统开发、标准规范与法规的制定和推行、知识产权问题的处理、服务体系的建立及人才建设等。

2000 年 3 月起,由中宣部出版局、国家计委社会发展司等 21 个相关部门组成了"中国数字图书馆工程建设联席会议",作为工程建设的决策机构,负责宏观规划工程的建设方向,协调资源建设等。而"中国数字图书馆工程建设专家顾问委员会"则协助联席会议对工程所涉及的规划及实施方案、资源建设、技术路线、标准规范和知识产权等关系到全局性的重大问题给予咨询和指导。

目前,中国数字图书馆国家中心设立在国家图书馆,在国家中心中设立多功能的试验基地。同时,根据数字图书馆需要及我国图书馆等信息提供单位现状及发展趋势,组建若干个分中心和地区中心。

三、IT 业界

在我国的数字图书馆发展进程中,不容忽视的是 IT 行业的一些专业公司的推动与促进作用。这些公司有些是在国家科研项目成果转化的基础上形成,有的是在掌握的相关技术上逐渐发展起来的。这些公司通过和图书情报界的合作,在我国信息数字化进程中确立了各自的角色,并将成为我国数字图书馆建设中的一支重要力量。

下面简单介绍几个有代表性的公司:

1. 数据加工服务

这类公司一般提供整套的数据加工服务,将非数字化资源加工成数字化资源。代表有超星公司、数字方舟、书生之家等。

2. 数据提供

此类公司注重的不是原始资源的数据加工,而是提供加工好的数据,作为数字图书馆资源建设的数据来源。此类公司往往也兼顾数据加工服务的角色,代表公司有书同文、超星公司等。

3. 技术服务

此类公司主要是从技术角度,为数字图书馆提供系统解决方案或专门技术服务。典型的如:IBM 公司,其软件产品 Content Manager(是 IBM Digital Library 的后继产品)提供多媒体的管理、存储和信息发布的解决方案;中国数字图书馆有限责任公司,为配合中国数字图书馆工程而专门成立,提供数字图书馆相关技术和解决方案。

四、目前动向

1. 合作

数字图书馆建设不仅仅局限于一个机构一个行业,因此与数字图书馆相关的各界人士越来越强调合作,且逐步从一般的交流、聘请专家的方式向大的机构间的实质性合作发展,以实现强强合作、优势互补的局面。合作内容也从一般性项目合作,向更全面的、更深入的基础研究、系统建设、资源共建的方向发展。国内外交流日益频繁,一些具体的大项目,如中美百万册图书计划等,也在策划和开展中。一个跨国界、跨行业、跨系统的合作局面逐渐成熟。

2. 数字图书馆系统

目前数字图书馆的研究已从刚开始的跟踪国外技术,发展到了实践数字图书馆系统的总体结构和建立数字图书馆的服务体系。通过多年的实践积累,为数字图书馆系统的出现打下了基础。一个较为全面、实用的数字图书馆系统即将出现。目前相对无序的数字图书馆建设将随着合作的深入,系统的出现,朝规范化、系统化的方向有计划、有步骤地发展。

3. 出版界

目前出版界在电子书籍、电子刊的出版方面取得一些进展,这对数字图书馆资源建设有着很重要的意义。

4. 投资与电子商务

国家在数字图书馆工程方面的投入越来越大,具体体现在各大部委、各地方政府都加大了投资的力度,如党校系统、科学院系统等。一些企业也从单纯的技术服务向资源建设方面投入资金,推动了数字信息资源的商业化操作。电子商务在数字图书馆实践中也日渐重要。

5. 标准与规范

各界从独立的研究和实践中认识到标准和规范的重要性,共同建立统一的标准与规范的呼声日益高涨并被广泛认同。一些联盟性质组织开始出现,协调相关标准的建立和推广。

参考文献

1 中国高等教育文献保障系统. http://www. calis. edu. cn

2 北京大学数字图书馆研究所. http://www. idl. pku. edu. cn/

3 清华数字图书馆园地. http://www. lib. tsinghua. edu. cn/digitallib/digital. html

4 上图数字图书馆. http://www. digilib. sh. cn

5 辽宁图书馆. http://www. lnlib. com

6 The 12th International Conference on New Information Technology, 2001 新信息技术会议. http://www. lib. tsinghua. edu. cn/NIT/

7 Ching-chin Chen, Global digital library development in the new millennium. Beijing: Tsinghua University Press, 2001

8 中国数字图书馆论坛. http://www. ccnt. com/library/luntan

原载于《中国图书馆年鉴 2001》

美国国家数字图书馆项目的进展

1995年秋，美国国会图书馆在美国第104届国会的支持下，正式开始启动国家数字图书馆项目（National Digital Library Program，简称NDLP）①，该项目在Internet网上的正式名称为“美国的回忆”（American Memory）。现将有关情况做一概括介绍，希望能对我们刚刚开始的数字图书馆工作有所启发。

一、概况

名称：项目名称为国家数字图书馆项目（National Digital Library Program，缩写NDLP，下文均简称为NDLP），在Internet网上仍沿袭试验项目，以“美国的回忆”（American Memory）命名该数字图书馆。URL：http://lcweb2. loc. gov/ammem/ammemhome. html

时间：于1995年秋开始启动，计划在1996－2000年内完成。

目标：以高质量的数字产品的形式，丰富和集中美国的历史、文化收藏，要让“所有的学校、图书馆、家庭同那些公共阅览室的长期读者一样，能够任意从自己所在的地点接触到这些对他们来说崭新而重要的资料，并按个人的要求来理解、重新整理和使用这些资料”。

① 该项目不同于美国国家科学基金会等机构支持的“数字图书馆启动工程”（Digital Library Initiative，简称DLI），后者更注重于数字化技术的研究。

收藏内容:在美国历史、文化的发展中起过重要作用、具有深刻历史或纪念意义的、可以用数字产品形式表现出来的各类有关文字材料(如名人手迹、手稿、早期书刊)、图片、照片、绘画、地图、早期电影、录音录像、服装等,均可按主题收藏到国家数字图书馆中来。

组织:由国会图书馆总体负责协调管理,包括制定技术标准、审核具体收藏项目、组织专家和用户评估项目成果、筹措资金等;全国范围内的公共图书馆、研究图书馆、学院图书馆、博物馆、档案馆、历史学会等各类有关组织,均可单独或联合向国会图书馆申报子项目,得到批准后便可正式参加到 NDLP 的工作中来。

成果形式:按主题分为不同的收藏(collection),每个收藏可以是一组档案文件、一套累积的资料或一个专题汇编,并作为一单独的数据库,单独命名,在该项目主页下使用统一标准的 URL 地址和查询检索工具。

资金:全部项目预算资金为 6000 万美元,其中国会负责提供 1500 万,国会图书馆自己负责向私人企业、公司、基金会和个人筹集 4500 万。到目前为止,国会已经给出 1500 万预算中的 600 万,其他二十多个组织和个人,如 John W. Kluge、The David and Lucile Packard 基金会、Ameritech 电话公司、AT &T 电话公司、柯达公司、福特基金会、惠普公司等,也已向该项目捐款或捐赠实物,其中多者达 500 万美元以上,少则在几十万左右。

到目前为止,包括 1989 — 1994 年试验项目的成果在内,国家数字图书馆项目已经完成并可在 Internet 网上检索到的收藏共有 26 个。

从 1996 年开始,国会图书馆与美国最大的电话公司——Ameritech 电话公司联合设立了"国家数字图书馆竞争项目"(Library of Congress/Ameritech National Digital Library Competition),由 Ameritech 电话公司捐赠 200 万美元,作为对 NDLP 中的优秀收藏项目的奖励和资助。该竞争项目分三年进行,所有准备参加 NDLP 的机构均可按 NDLP 的技术标准做出立项计划,参加竞争,获胜者可得到最多 7.5 万(单独机构)或 15 万(联合机构)美元的奖励。

这个竞争项目促进了 NDLP 的进一步发展。由于获奖意味着“名利双收”,因此参与竞争的机构与项目逐渐增多。到目前为止,已经于今年立项、尚在进行之中的收藏项目有 29 个,其中获奖项目有 10 个,1998 年的立项与评奖工作正在紧张进行中。

二、基本结构

国家数字图书馆的基本结构如图 1：

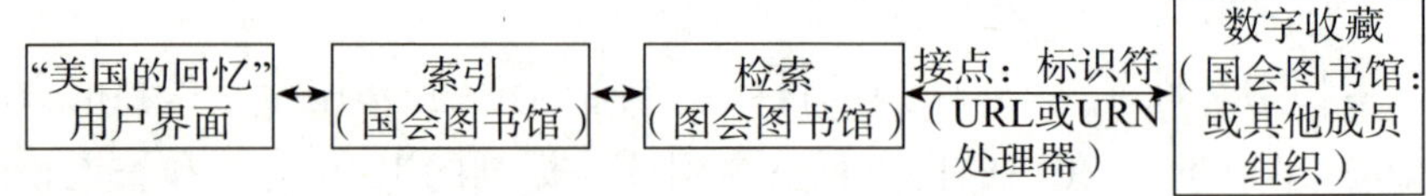

图 1

用户界面(user interface):由超文本标识语言(HTML)编写的一系列文件组成,包括该项目主页、收藏主页(collection homepage)、用户学习主页(learning homepage)、用户检索或浏览工具指南等。

索引(index):包括采用 MARC 格式著录的记录索引、非 MARC 格式著录的记录索引、以“档案著录编码”文献类型定义(EAD DTD,Encoded Archival Description Document Type Definition)为标准的标准通用标识语言(SGML)编写的查找工具的索引、全文检索工具的索引。这些索引必须放在国会图书馆的网络服务器上,由国会馆统一管理。

检索工具(access aids):对每个收藏品的具体著录或描述、用以支持用户检索或浏览的工具,包括采用 MARC 格式著录的书目记录(bibliographical record)、非 MARC 格式著录的记录、以 EAD DTD 为标准的 SGML 语言编写的查找工具(finding aids)、全文检索工具。这些检索工具同它们的索引一样,也要放在国会图书馆的网络服务器上。

接点(links):由连接检索工具和标识收藏品的标识符(identifiers)组成,目前采用的标识符有通用资源定位符(URL)、永久通用资源定位符(PURL)、通用资源名称(URN)三种形式。标识符的作用相当于书库里每本书的索书号,有了它,系统会根据检索工具的描述自动找到收藏。

数字收藏(digital collection):最终的数字产品,或称数字复制品(digital reproduction),可以存放在国会图书馆的网络服务器上,也可以由各成员组织自行管理。

三、数字化程序与主要技术方法

按照数字图书馆的结构,NDLP 为所有子项目的收藏制订了一个数字化执行计划(Project Planning Checklist)和一套技术文件,这些文件又称为 NDLP 的白皮书(white papers),具体规定了数字化执行程序和技术标准,主要包括以下步骤和技术方法。

(1)数字收藏的分析与选择

- 确定收藏范围;
- 制订对收藏品原物的初步整理和保管计划;
- 选择收藏格式(format,例如全文本格式、用扫描方法复制的图像格式等);
- 决定载体形态,如图像的尺寸和数量等;
- 解决版权、私有权等方面的问题;
- 各有关部门之间的协调管理等。

(2)数字化技术的准备工作

制定全部文件的命名方案,避免重复混乱和缺乏逻辑性。

由于标识符(identifier)是由“项”和“集合”两部分组成的,因此必须事先登记各个集合的名称。所谓“项”(item),通常是指一张或一组图片、一组或一系列手稿、已经制作成可检索的文本和一组图像的一本书、一个电影或录音等;“集合”(aggregate),是指几个“项”的组合,分为由单一媒质组成的单一集合(single aggregate,如仅由图像组成的图像集合),以及由多种媒质组成的复合集合(multiple aggregate,如由图像、文本、录音组成的集合)。

估算数字产品所需存储空间。

对已有的查找工具(finding aids)或书目记录(bibliographical record)进行评估,制订检索工具(access aid)方案。

设计框架(framework)结构。所谓框架,系由超文本标识语言(HTML)编成,包括一个或一组收藏主页(collection homepage)以及主页与其他部分的链接,类似图书的书名页、目录、前言、后记、题跋等,与本收藏的其他部分、"美国的回忆"主页、"美国的回忆"其他收藏相连。

(3)数字产品和检索工具的实际制作阶段

A. 数字产品的单项制作

NDLP 对数字产品的制作根据原物的不同类型分别给予了不同的收藏格式(format)和技术标准。

图像收藏:共有三种格式。GIF(graphics interchange format)格式,用于仅供读者浏览、参考的小型图像;JPEG 格式,用于要求高质量还原、比较忠实原作的大型图像,可供读者浏览、套录;TIF(tagged image file format)格式,用于档案资料,由于 TIFF 格式与 GIF、JPEG 格式不同,属于非压缩文件格式,因此可以避免在压缩过程中对原作内容的遗失,也可供读者再加工为压缩文件,但这种格式的图像需要较大的储存空间。

文本收藏:分为两种格式。一种是将原手稿或其他早期印刷性资型重新录入,要求有三:对原文进行标识,以方便读者查找,标识语言可采用以"美国的回忆"文献类型定义(AMMEM. DTD,American Memory Document Type Definition)、基于"文本编码"文献类型定义(TEI-DIT,Text Encoding Initiative Document Type Definition)制定为标准的语言,或者 HTML 语言;要附带 GIF 或 JPEG 格式的原件复制图像,供读者浏览;录入准确率要达到 99.95% 以上。另一种格式是采用扫描方法复制原稿,为保证高清晰度,NDLP 建议将带有深浅不同标记的原稿复制为彩色图像,将印刷体的原稿复制为黑白图像,考虑到黑白图像的打印效果较好,有些原稿也可同时采用两种形式复制。

地图收藏:目前尚没有较成熟的复制方法,大部分地图是采取彩色图像格式,分辨率要求达到300dpi(dots perinch),如果是档案地图资料,要采用非压缩文件格式以避免在压缩过程中原作某些内容的丢失。

录音资料收藏:有两种方式。一种是采用AU格式(Sun微系统格式)或WAVE格式(Microsoft格式)制作的可套录文件(down loadable files),即浏览器将录音文件套录到用户电脑中后再开始播放录音,这样做的好处是录音效果逼真,缺点是所需时间和空间太多(一段4分钟的录音以每秒2兆位的速度运行),为解决这个问题,NDLP建议也可采用RA格式(Real Audio格式)制作所谓"流动文件"(streaming files),即在网络传送过程中就开始播放录音,颇为方便,但显然不能取得前者那样逼真的录音效果。

动态图像收藏:主要是指电影和录像资料。与文本和图像收藏相比,这些资料适用于WWW网的收藏格式,稳定性差、老化快,因此今后还会不断更新。目前所使用的收藏格式有AVI(Microsoft公司)、MPG、QUICKTIME(Apple公司)等。

B. 检索工具的制作

因数字收藏的类型与格式不同,涉及文本(又包括手稿、单行本著作、连续出版物等)、图像(普通图像与动态图像)、地图、录音资料等多方面,所以在"美国的回忆"界面下设计统一标准的检索工具也并非易事。目前可供选择使用的检索工具基本有四种格式:

MARC格式的书目数据,要求采用USMARC格式著录收藏品,基本程序与图书馆日常编目工作相同,不必进行完全级(perfect)编目,但必须使用245、856、985、659这4个字段(field),其中245字段为传统的题名说明(title statement)字段,856字段为新增设的电子存取(electronic access)字段,985、695字段则是为国会图书馆与Ameritech电话公司联合举办的"国家数字图书馆竞争项目"的有关内容而设。

非MARC格式的书目数据,主要是指采用"都柏林核心数据"格式著录的书目数据。所谓"都柏林核心数据"(Dublin Core data)格式,系由书名、作者、主题或关键词、载体描述、出版者、其他著者、出版日期、资料类型、数字格式、标识符、来源、语言、关系、范围、版权 15 部分组成，相对 USMARC 格式的组成比较简单，因最初的方案形成于 1995 年美国俄亥俄州都柏林市的一次研讨会上，故而命名。

查找工具(finding aids)，是指采用 EAD DTD 为标准的 SGML 语言对档案资料进行详细标识后得到的检索指南，所提供的信息较书目数据格式更为全面。所谓 EAD DTD，全称为“档案著录编码”文献类型定义(Encoded Archival Description Document Type Definition)，由美国档案协会制定。

全文检索工具：主要是对文本收藏而言，采用以 AMMEM. DTD 为标准的标识语言，或HTML语言对原文的各层标题进行标识。

检索工具的制作，就是指采用上述四种格式，修改、完善、复制、标识现有的查找工具，编制新的查找工具或书目记录，最后组成一套完整的检索工具。

(4)数字产品的存储

按已制定的文件命名方案逐一给出收藏文件名称。

全部数字产品以项(item)为单位给出标识符(identifier)，每一标识符包括该项的名称以及该项所在集合(aggregate)的名称，逻辑性很强。标识符的形式目前有三种。NDLP 最初是采用通用资源定位符(URL)作为标识符的形式，但由于 URL 还包括计算机地址和文件名称，一旦因为存储空间不够、文件老化等问题而需要更新计算机或移动文件时，原有的 URL 就不再有效。因此，NDLP 现在已开始使用通用资源名称(URN, uniform resource names)作为一种固定不变的标识符的形式，同时使用处理器(handle server)将 URN 转换为 URL。此外，NDLP 也同意有些成员机构采用 OCLC 制定的永久通用资源定位符(PURL, Persistent Uniform Resource Locators)作为标识符的形式。

完成数字产品的存储。

(5)框架(framework)的完成

完成框架结构的设计，即收藏主页(collection homepage)中收藏名称、图像、内容简介、制作单位、用户检索或浏览指南等内容的设计，以及与主页相连的所有文件组成的设计。

采用超文本标识语言(HTML)标识收藏的各组成部分。

用 HTML 语言制作主页。

完成主页与收藏其他部分之间的超文本链接。

完成主页与该项目主页和其他收藏之间的超文本链接。

(6)数字收藏的最后组合

按已制定的命名方案逐一给出检索工具文件的名称，完成检索工具的存储。

编制检索工具索引。

完成索引、收藏与显示结果之间的连接。

增加相关阅读器以支持用户在 WWW 网上的阅读与存取。

完成数字收藏的全部组合。

(7)试验与修改

(8)向公众开放

将所有 HTML 文件(包括主页)放到国会图书馆的网络服务器上。

将索引、检索工具放到国会图书馆的网络服务器上。

在国会图书馆的网络服务器上找到与其他收藏相连的接点。

向公众开放。

(9)更新

四、用户服务与版权问题

1. 用户服务

该项目的用户范围很广，包括教师、学生、学者、图书馆员等各方面社会公众；用户访问该项目的目的也有很大不同，有的时间有限，专为某一特殊课题而来，对检索的准确率要求很高，有的时间充裕，就是为获得某一方面知识而来，希望能够得到一个总体的印象，因此检索范围很广,还有的仅仅是偶然浏览而已。面对如此复杂的用户和需求,怎样引导他们在收藏数量巨大而且还在不断增长的国家数字图书馆里找到使他们满意的收藏,成为 NDLP 用户服务的一个主要目标和任务。在这方面,NDLP 的标准可以概括为:找出收藏品最具代表性的特点,采取最佳描述方式表现这些特点,指引给用户最便宜的访问途径。这个标准主要体现在以下几个方面:

主页的设计:简洁、庄重、通俗易懂、画面漂亮大方,同时包括收藏名称、目录、内容简介、检索或浏览工具指南等内容,使读者一望而对收藏有所了解,并能进一步深入访问。

检索方法:按照上文对检索工具的介绍,不同的收藏编制有不同的检索工具,用户可使用的检索方法多样灵活,大部分收藏除了对用户提供书目、查找或全文检索之外,还提供浏览工具,使那些对检索工具不太熟悉的用户可以预先浏览主题或人名索引。

设立学习主页(learning homepage):首次访问的用户,可以先进入学习主页,熟悉一下国家数字图书馆的基本情况,按事件、人名、地点、时间、主题浏览索引,学习使用检索、套录和存储文件的方法,了解有哪些版权方面的限制。由于学习主页设计得简洁通俗,用户很快就可以进一步深入到数字图书馆中。

用户反馈:在该项目的试验项目进行过程中,国会图书馆即开始收集用户的反馈。首先是在国内 44 个学校、高等院校和公共图书馆设立试验点和用户评估站,在试验项目结束后又邀请了 24 位教师、学生、图书馆员进行讨论,按他们的建议对用户界面、检索手段、收藏格式、套录方法做了很大修改。现在,在该项目任何一个主页下,只要用户敲击“留言”(comments)一栏,就可以直接把自己的评论、意见或问题送到 NDLP 中心。此外,NDLP 的“用户界面组”(User Interface Team)还在网上建立了一个独立的操作系统,随时收集筛选用户的检索词和检索方法,作为对现有索引和检索工具的补充。

2. 版权问题

电子出版物和 Internet 网上的版权问题现在是作者、出版商、图书馆等各方面普遍关注的问题,该项目的收藏又有很多是比较珍贵的历史、文化收藏,因此怎样处理版权问题尤为重要。

作为组织和支持该项目的机构和公共机构,NDLP 和国会图书馆没有任何权力拥有这一系列收藏的版权,以及允诺或拒绝有关版权方面的使用,因此目前采取的措施是:

提请各参加成员,在制作自己的数字收藏之前先期解决好版权问题,如有版权方面的限制,请将有关说明放到该收藏的索引、检索工具或某些特殊项目中,在用户检索、使用过程中随时提醒用户注意。

在学习主页下设立"版权与其他限制"一栏,提供给用户如下信息:

随时注意阅读有关版权方面的说明,必要的时候,请与版权所有者取得联系;美国版权法的有关条款和内容等。

国会图书馆馆长 James H. Billington 博士曾经在一次有关数字图书馆的研讨会上说过:"到下个世纪,美国乃至世界各地的图书馆,会发展得比现在更为重要。因此他们将向公众提供如此众多的方便而又廉价的信息服务。"相信到 20 世纪末,国家数字图书馆的完成会有力地证明这一点。

参考文献

1 Caroline R Arms. Historical collection for the National Digital Library: lessons and challenges at the Library of Congress. D-Lib Magazine, 1996(April and May)

2 James H Billington. The Library of Congress, National Digital Library Program//Digital libraries: research and technology advances: selected papers. New York: Springer, 1996

3 American Memory White Papers. http://lcweb2.loc.gov/ammem/formats.html

原载于《情报学报》,1998 年 6 月

建国后高校文科外文文献的发展状况与未来保障研究*

一、背景与相关术语

近年来,随着我国经济的发展,国家日益重视哲学社会科学的繁荣。2004 年中共中央印发《关于进一步繁荣发展哲学社会科学的意见》,2010 年《国家中长期教育改革和发展规划纲要》全面部署实施,2011 年党的十七届六中全会通过《中共中央关于深化文化体制改革 推动社会主义文化大发展大繁荣若干重大问题的决定》,2012 年党的十八大提出进一步实施文化强国战略,这些已经并将继续大力推动人文社会科学教育与科研的发展。以在人文社科领域发挥主要作用的高等学校为例,据 2011 年的统计,高校哲学社会科学教学和研究人员总数达到 45.7 万人,比 2001 年增加近一倍;在研社科科研项目达到 26 万项,比 2001 年增加 6 倍多;科研经费达到 45.5 亿元,与 2001 年相比增加近 8 倍;科研成果更是每年均有增长,达到著作 2.6 万部,论文 32 万篇,分别是 2001 年的 1.3 和 1.83 倍。

作为“文献倚赖型”学科,人文社会科学的繁荣发展要求人文社科文献资源建设与信息服务在 5 —10 年内达到国际一流保障水平。而

* 本文系教育部人文社会科学研究规划基金项目“高校人文社科外文文献资源的布局与保障研究”(项目编号:08JA870002)课题的结题论文,与张洪元、钟建法、武桂云、李浩凌、李峰合写。

作为遍布全国各地、收藏有大量人文社科文献的高校图书馆,必然在其中承担重要使命。本文以高校人文社科(亦简称文科)外文文献为重点,概述新中国成立以来我国高校文献资源体系的文献收藏情况、对人文社会科学研究的支撑程度和满足水平以及面对问题采取的保障与宏观建设方案。

本文用于分析的数据依据为:国外各出版商出版书目数据库、OCLC WorldCat 数据库、国外部分一流高校书目数据库(哈佛大学、牛津大学、哥伦比亚大学、耶鲁大学、剑桥大学、普林斯顿大学)、台湾地区学术研究机构订购西文纸本期刊资料库、中国高等教育文献保障系统(CALIS)联合目录数据库、中国高校人文社会科学文献中心(CASHL)联合目录数据库、全国高校图书馆进口报刊预订联合目录、国内部分高校书目数据库、各类引文数据库(如 SSCI、A&HCI、CPCI-SSH、SCI、CPCI-S)、用户发表成果目录等。

本文涉及如下概念术语:

(1)文献收藏率

是一个国家、地区或机构(如图书馆或者共建共享组织)文献收藏的完备程度,它是一个比率,与某个国家或地区的文献出版种数是分不开的。其公式为:

文献收藏率=一定时期内文献收藏种数/一定时期内文献出版种数×100%

(2)文献缺藏率

与文献收藏率相关。是一个国家、地区或机构文献收藏的缺失程度,它是一个比率,与某个国家或地区的文献出版种数是分不开的。其公式为:

文献缺藏率=一定时期内文献缺藏种数/一定时期内文献出版种数×100%

本文中,上述两个指标中的"一定时期内文献出版种数"主要强调的是学术出版物,其值也主要以同一时期内重要学术机构(如高校图书馆)收藏的数量为准。

(3)文献保障率

是一个国家、地区或机构(如图书馆或者共建共享组织)供给文献,满足文献情报需求以支持经济建设、社会发展和科学研究的能力。它是一个比率,是与某个国家、地区或机构的读者使用文献情况分不开的。与传统的文献保障率概念不同,现在的文献保障率更强调文献保障的有效性。其公式为:

文献保障率 = 一定时期内可提供文献种数/一定时期内用户使用文献种数 × 100%

举例说,A 用户在进行自己的科研工作时,使用了 100 种图书,而 B 机构收藏有其中的 70 种,假定 A 用户使用了 B 机构收藏的全部 70 种图书,则在这个科研项目中:

B 机构的文献保障率 = 70 种/100 种 × 100% = 70%

二、新中国成立以来高校文科外文文献的发展

毋庸讳言,经过国家多年的投入、各高校图书馆持续不断的努力建设,已经积累了一定数量的外文文献资源。但从总体来看,由于 20 世纪 50 年代以后经济和政治等诸多因素,文献资源建设的缺口较大,无法跟上人文社会科学研究发展的脚步,提供高水平的保障。

1. 外文文献资源有一定程度的收藏,但存在结构性缺失、可持续发展不足的问题

(1)外文图书略有积累,缺藏率高

从表 1(见参考文献 2 和 3)可以看出,国内高校图书馆对 1950 — 2000 年出版的外文图书收藏较少;而近年来随着国家的投入,特别是 1982 年国家启动"高校文科图书引进专款"项目以来,高校采购的外文新书有所增加,每年可达到 4 万种左右(含全部语种),逐步降低了

缺藏率,年收藏率可达到欧美地区年度文科学术图书出版量的30%多。

表 1　国内高校与国外一流高校人文社科图书收藏对比分析

图书的年代和语种＼收藏情况	国内高校图书馆收藏量(种)	哈佛、耶鲁和牛津大学收藏量(种)	国内高校收藏率	国内高校缺藏率
1950—2000 年的常用图书	728 371	3 811 928	19.1%	80.9%
1950—2000 年的核心图书	98 468	609 890	16.1%	83.9%
1950—2000 年的英文核心图书	94 727	456 799	20.7%	79.3%
1950—2000 年的德文核心图书	2097	87 990	2.4%	97.6%
1950—2000 年的法文核心图书	1644	65 101	2.5%	97.5%
2004—2007 年的常用英文图书	57 543	191 387	30.07%	69.93%
2004—2007 年的学科平均收藏	2988	9850.7	30.33%	69.67%
2000—2007 年的俄德法文图书	10 704	174 486	6.1%	93.9%

注:①"常用图书"是指哈佛、耶鲁和牛津大学任何一所高校收藏的图书;"核心图书"是指哈佛、耶鲁和牛津大学三所国外一流高校均收藏的图书。②"缺藏率"按国内高校图书馆和国外三校图书馆的收藏量比较得出,未考虑减除二者当中不重复的品种(否则缺藏率会更低)。③"学科平均收藏"按人文社科 18 个学科计算。

此外,对某些高价(数万至数十万美金)的大型、大套文献(原始资料、原创性经典性系列图书、档案)购买力不足,缺乏第一手资料的保障。

(2)期刊收藏质量较好,但品种不足,可持续发展能力不足

如表 2 所示,依据 2009 年数据,我国高校收藏的文科印刷版期刊达到 8749 种(含同时有电子版的期刊 3539 种)、纯电子版期刊(e-only,因为品种不稳定、经常变化等原因,此统计不包括集成商数据库——如 EBSCO 公司的全文数据库 Academic Search Complete、ProQuest 公司的 ABI Global 数据库等——中收藏的电子期刊)为 10 904 种,总量达到 19 653 种,与欧美哈佛大学、普林斯顿大学、斯坦福大学、耶鲁大学、牛津大学和剑桥大学收藏的 54 214 种期刊比较,缺藏率为

63.75%,与国外已出版 83 492 种人文社会科学重要期刊相比,缺藏率更是高达 76.46%。

表 2　大陆高校与境外印刷版期刊出版情况、收藏情况学科对比

(据 2009 年数据,其中台湾地区数据为 2004 年,含同时有电子版的期刊)

	国外出版情况(目录)		英美六校收藏情况		中国台湾地区收藏情况		中国大陆高校收藏情况	
学科类别	品种数	学科比例(%)	品种数	学科比例(%)	品种数	学科比例(%)	品种数	学科比例(%)
哲学	6296	7.54	3582	6.61	686	9.43	727	8.65
社科总论	6868	8.23	4057	7.48	921	12.66	714	8.49
政治法律	15 992	19.15	13 032	24.04	867	11.92	1916	22.79
军事	404	0.48	0	0	0	0	0	0
经济	20 449	24.49	10 319	19.03	1274	17.51	1732	20.6
文教	13 714	16.43	7748	14.29	1215	16.7	1265	15.05
语言	2078	2.49	1261	2.33	750	10.31	345	4.11
文学	4924	5.9	4036	7.44	0	0	430	5.11
艺术	5949	7.13	4661	8.6	822	11.3	587	6.98
历史	5591	6.7	4864	8.97	351	4.82	595	7.08
工具书	1227	1.47	654	1.21	390	5.36	96	1.14
合计	83 492	100	54 214	100	7276	100	8407	100

注:国内高校收藏品种中,因少量期刊为"其他学科"类,故未含在上述表格中。

在 19 653 种已收藏期刊中,包含约 90% 的国外核心期刊,说明随着国家投入的增加(如 CASHL 项目的实施),核心期刊收藏较全,期刊质量还是不错的。

由于书刊每年涨价、文献资源建设的投资却没有相应稳定增长,已经购买的外文文献资源都存在可能会中断续订、不可持续的问题。例如,CASHL 目前收藏期刊为 13 065 种,其中现刊仅为 7164 种,其余 5901 种(约占 45.17%)处于停订状态。

(3)数字出版物综合性品种收藏较好,专业特色资源存在较大差距

我国高校近年来比较重视数字出版物的收藏,投入也逐年有所增加,因此综合性工具和电子期刊的收藏水平还是比较好的。但随着人文社会科学的发展,具备学科特色、专业性强的数据库则比较匮乏。如表 3 所示,北京大学、复旦大学、武汉大学是我国高校中收藏人文社科电子资源最多的,但与国外一流高校相比,差距仍然很大;相对全球人文社科类数字学术出版物约 5000 种而言(据统计,2009 年全球数字出版物约为 2.6 万种,其中人文社科学术出版物约为 23% 左右),更是无法比较。

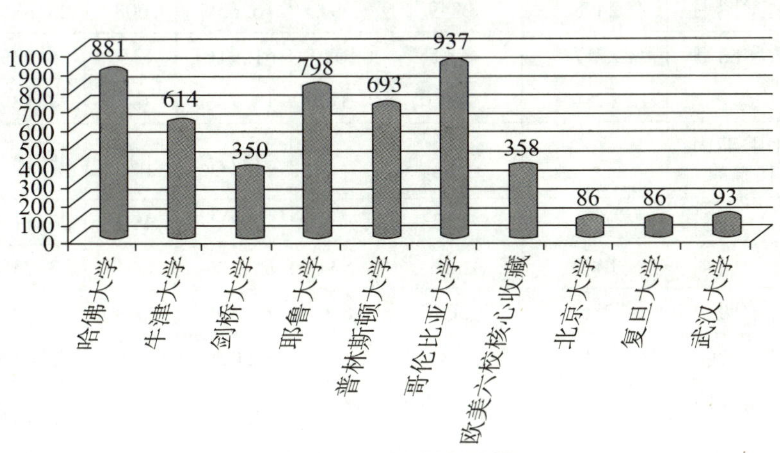

图 1　国内外重点高校文科数字学术资源收藏状况对比

(据 2009 — 2010 年数据,单位:种)

此外,目前已购买的数字学术资源普遍缺乏经费购买存档和永久使用权,无法替国家储备资源,未来一旦出现经费中断或公司倒闭、灾难性事件等,将无法保障用户对资源的获取。

2. 外文文献的保障程度偏低,但联合保障效益渐显

鉴于无法掌握高校文献保障的整体情况,我们采取了抽样调查方

法，即北京大学图书馆、武汉大学图书馆于2011年对本校用户进行了文献保障率的抽样调查——选取经济学、法学、历史学、哲学4个重点学科教师、博硕士研究生2000－2010年发表的论文，通过对其参考文献的收藏情况进行分析，得出目前国内高校文科外文文献的保障率，结果如表3和表4所示。毋庸置疑，由于这两个图书馆的收藏丰富，这个抽样调查的结果好于国内高校图书馆的平均水平。

表3　国内高校不同学科的外文书刊文献保障率（2000－2010年）

	用户已发表文献的引文数量（篇）	引文涉及出版物品种数量（种）	本馆收藏量	本馆保障率	CASHL收藏量	CASHL保障率
经济学图书	2035	1525	606	39.74%	804	52.72%
法学图书	2498	2349	391	16.65%	608	25.88%
哲学图书	2917	2098	1089	51.91%	1356	64.63%
历史学图书	1754	1689	317	18.77%	628	37.18%
图书平均保障率				**31.77%**		**45.10%**
经济学期刊	5166	730	4614	89.31%	4810	93.11%
法学期刊	1280	663	834	65.16%	944	73.75%
哲学期刊	786	362	616	78.37%	658	83.72%
历史学期刊	87	73	54	62.07%	63	72.41%
期刊平均保障率				**73.73%**		**80.75%**

注：①图书的收藏量按出版物品种数量计算，其保障率依"可提供图书品种数量/用户引文涉及出版物品种数量"计算；②期刊的收藏量依引文数量计算（考虑到期刊有分年分卷期的收藏情况，未依出版物品种计算），其保障率依"可提供期刊文献数量/用户已发表文献的引文数量"计算；③可提供图书或者期刊的数量以本馆收藏或者CASHL联合收藏为准，不含通过馆际互借/文献传递等方式从其他途径获取的文献；④"本馆收藏量"指北京大学或武汉大学图书馆的收藏情况，CASHL收藏量则依据CASHL联合目录计算。

表 4 国内高校不同年代外文文献保障率

数量 / 年代	外文文献引用		CASHL 收藏	
	数量（引文/涉及出版物）	占引用外文文献总量百分比	数量（引文/涉及出版物）	保障率（即 CASHL 收藏占该时期引用外文文献总量百分比）
1900 以前	135	0.82%	57	42.22%
	115	1.21%	43	37.39%
1900—1949	588	3.56%	348	59.18%
	448	4.72%	238	53.13%
1950—1959	504	3.05%	310	61.51%
	348	3.67%	167	47.99%
1960—1969	892	5.40%	590	66.14%
	606	6.39%	333	54.95%
1970—1979	1597	9.67%	1068	66.88%
	1001	10.55%	556	55.54%
1980—1989	2764	16.73%	2085	75.43%
	1616	17.03%	1019	63.06%
1990—1999	5478	33.15%	3838	70.06%
	3185	33.57%	1733	54.41%
2000—2010	4090	24.75%	2634	64.40%
	2518	26.54%	1230	48.85%

从表 3、表 4 可以看出：

• 与国外高校图书馆的高保障率——图书为 70% 以上、期刊为 90% 以上相比，我国高校人文社科图书单馆保障率为 31.77%，期刊保障率为 73.73%。需要注意的是，这里的“单馆”仅指北京大学、武汉大学这样馆藏量丰富的高校图书馆，若是其他中小型学校图书馆，收藏量少，单馆保障率会更低。

• 不同年代的文献均表现出了不同的保障率，其中 1980—1999 年，由于教育部在外文图书上有所投入（“高校文科图书引进专款项目”始于 1982 年)，因此保障率有所提高，超过了 60%；2000 年以后，由于书价上涨，影印书刊取消，外文出版物增多，而用于购买书刊的经费增量不足，保障率再次降低(也包括由于年代近、引文数量少的客观因素)。

- 联合保障的效益明显，例如 CASHL 的图书联合保障率为 45. 10%、期刊联合保障率为 80. 75%，明显高于单馆保障率。

3. 文献资源的规模化服务能力不足，造成已购文献的效益不能充分发挥

目前，由教育部集中投资的人文社科外文文献资源主要收藏在一部分高校图书馆中(外文图书为 70 个收藏馆、外文期刊和电子资源为 CASHL 的 17 个中心馆)，并通过 CASHL“开世览文”、CALIS 的 e 读服务平台逐步向公众揭示报道、开展服务，但用于服务的常规经费和人员不足，导致文献共享服务水平低，不能充分发挥采购资金和资源效益。

例如，CASHL 项目的年投资额约为 4000 万，其文献资源建设资金不足国外一流大学单个图书馆的投资(如加州大学伯克利分校、斯坦福大学、哈佛大学等)，用于服务基础设施建设的资金就更是不足，仅占全部投资的不到 10%。因此，随着服务数量的不断增长，服务经费日趋紧张，服务水平和文献保障能力难以提高，CASHL 中心平台“开世览文”的文献服务数量一直徘徊在年度 10 万—15 万左右；服务平台等信息基础设施也有一定程度的落后，迫切需要随着信息技术水平和用户需求的提高而不断创新、升级、更新。

4. 信息基础设施不足，无法整合各类型资源，实现更大范围内的共享服务

目前仅凭 CASHL 项目整合人文社科外文文献资源是不够的，我国人文社会科学研究尚缺国家级的公共平台对哲学社会科学领域的研究成果进行整合，无法提供更大范围的共享，缺乏整体的科研环境。

以教育部所属的135个人文社科基地为例，经过多年的建设，基地已经拥有大量的研究成果，其中的一部分专著、期刊已正式出版，但还有大量的灰色文献，如讲座、学位论文、报告、数据、会议资料等以及研究过程中的原始资料，因资源分散、数据库规模小、建设效益低，亟须按照学科和文献进行整合，采用统一的标准，进行统一的揭示、报道，以提供更大范围的信息服务和共享，促进利用，促进人文社科研究的发展，为我国人文社科建设成果走向世界奠定基础。

三、高校文科外文文献的宏观建设之路

为在10－20年内尽快解决前述问题，根据多次的用户调查，参照国外及我国港澳台地区的做法，我国高校图书馆在人文社科外文文献建设方面，可考虑首先开展资源的宏观发展，即发挥集中力量做大事的中国特色，从全局着眼、长远出发，以用户需求为主导，以提高收藏率、保障率，降低缺藏率为核心，制定我国高校人文社科外文文献资源体系的中长期发展目标和实施方案，科学布局，做好外文文献的联合保障建设。

所谓文献资源的宏观建设，是指一个地区、一个国家乃至国际众多文献情报机构对现有文献资源的规划和协作、协调收集和收藏，形成整体资源，即从宏观上制定目标和规划，进行协调和分工，以指导各文献情报机构的文献收集工作，突出各自优势，形成比较完备的收藏，并将其作为集体的资源共享，从而建立起一定范围内的文献资源保障体制。而高校范围内的外文文献资源宏观建设，即是在此基础上由多个高校图书馆联合开展的资源建设和文献保障体系。

1. 从整体和长远发展制定目标

以高校人文社科教学科研的长远发展为基础，以达到世界一流的人文社会科学文献保障水平为核心，制定文献资源的整体建设目标：

完整收藏全球出版人文社会科学外文学术文献，全面整合国内高校人文社科领域研究成果，充分利用国家增量投入以及各高校和科研机构的存量文献资源，逐步构建大规模、有特色的文献资源战略体系，针对人文社会科学特点开发先进、实用的文献信息服务系统，形成强大、高效、全方位的公共服务能力，促进和推动全国人文社会科学文献信息资源共享，为我国人文社会科学科研教学提供全面和最终的文献信息资源保障，并努力打造中国人文社会科学走向世界的成果平台。具体而言，最终应争取在文学、历史、哲学、政治、经济、法律、教育、图书情报文献学、社会学、新闻传播学、管理学等主要学科领域达到平均98%的国际一流文献保障率。

2. 开展文献资源的宏观布局，建立科学的联合保障和学科分工协调机制

所谓文献资源的宏观布局，强调的是把各高校图书馆的外文资源看作是一个整体，由多个资源和服务基础较好的高校图书馆分工负责，通过对不同学科、不同类型、不同载体、不同语种文献的合理布局规划，统筹安排收藏，组织协调服务，同时建立特色馆藏、发挥各自特长，形成高校人文社科外文文献的联合保障体系。

例如，目前CASHL已经建成的三级保障体系，即为宏观布局模式的实践，构成布局的17个中心馆充分发挥其在人文社科外文资源上的优势和特色，按照文献类型、学科、地区等科学分工，并由教育部主管部门、CASHL管理中心、CASHL专家组居中协调，避免资源重复建设，同时具备本地区、本学科和本校特色，在联合保障中彼此互为补充，形成完整的资源体系。

3. 加强外文资源的宏观建设，提高收藏率和保障水平

(1)争取更多资金投入

争取国家更多的资金投入，并带动各高校成员馆自有资金、科研资金的配套投入。如增加资金提高新书的引进数量；为1950－2000

年外文图书的回溯保障建设设立专项投入；在增加期刊品种的同时，建立长效机制，保障期刊资源的稳定性、持续性和完整性；大幅度增加电子资源投入等。

(2)完善联合保障机制

在已有的宏观布局基础上，进一步细化联合保障机制，尽可能以有限经费增加品种数量，提高资金的使用效益。包括：

- 印本书刊的收藏要尽量以按学科、类型分工的协调采购为主，避免重复建设。

- 电子资源与印本书刊引进工作要加强协调，优势互补，取长补短，保障资源布局平衡、结构合理、品种多样。同时要兼顾长期拥有和有效利用等多方面保障功能。例如期刊建设，考虑到永久保存问题，既要优先保障核心期刊、一级和二级学科的重要印刷版期刊(或者可在国内长期保存的电子刊)的收藏，同时也可将重要的非核心期刊转为可以永久使用的电子期刊，通过购买电子期刊增加品种。

- 电子资源亦可以采用多种引进模式，多途径协调。对重要而适用面广的资源，可统一购买高校或部分高校的使用权限，或者采用各成员馆购买一部分资源、集团内各高校共享的模式；对适用面窄、价格昂贵的资源，可以采取支持少数学校购买、面向其他高校用户开展借阅服务的模式，以使资源发挥最大效益。

(3)建立符合文科特点的收藏体系

根据文科教学科研的发展，建立全方位的收藏体系。即符合全学科保障、文献出版时间跨度长、收藏语种和地域全面、资源类型完整、内容深入和交叉等要求的宏观收藏体系，并能随用户信息行为的发展，具备数字化、自助化、移动化、互动性、个性化等特点。

例如，图书是文科教学科研最为倚赖的文献，可以一方面通过协调采购增加新书引进品种，同时通过在国外实体书店、网上书店收购二手书、使用按需出版(print on demand，POD)服务、引进电子图书、购买重印图书以及个人/学术机构捐赠等方法，开展图书回溯建设，采购具有回溯收藏价值的1950－2000年出版图书，以保证文科外文图书保障体系的学术完整性。

而在学科的选择上，要遵循学科平等，保证学科门类的覆盖面，既要保证重点和热门专业，也应保持学科间的相对平衡。此外，不同学科、不同类型的文献出版数量不一，我国高校的收藏、缺藏状况也有较大差别。因此要视用户需求、出版情况以及收藏缺藏情况，对各学科的投入力度进行调整。以图书为例，近年新出版图书要尽可能争取各学科的全面高保障率，1950－2000 年出版图书的回溯建设应适当偏重人文学科，偏重缺藏量大或缺藏率高的学科。

在语种方面，英文文献是出版量最大也是我国读者最常用的外文文献，其使用量远大于其他外文语种，由于我国高校英文文献整体收藏水平并不高，尤其是 2000 年以前的学术图书缺藏量很大。因此，文献建设应以英文文献为重点，同时根据各语种的馆藏现状与利用特点，有区别地兼顾其他非通用语种文献，同时逐年增加区域文献。

(4)突出重点，逐步扩大建设

在经费有限的情况下，文科文献的建设也要保障重点，逐步扩大成为完整体系。

- 以学术性图书、特别是英文图书为主要保障类型，兼顾教材、工具书、重要文学作品、其他语种图书。

- 印刷型期刊——特别是核心期刊——仍是近年内重点增加收藏的目标，同时兼顾电子期刊品种的增加。其根据是：①用户对印本期刊和电子期刊有同等需求；②文献资源的占有、储备和国家安全保障；③针对原文传递的知识产权方面的要求。未来，在解决电子期刊国内长期保存问题后，现有的印本核心期刊可逐步转为电子期刊。

- 以核心电子资源——根据国外出版和国外高校图书馆共同收藏情况，形成核心电子资源目录——作为收藏重点，稳步发展，逐步扩大建设。

- 以第一手原始资料（档案、原始数据）为优先，兼顾回溯性文献和其他类型资源，支持中国学者与国外的同行站在同一起跑线上，做出原创性研究。

（5）重视资源的国家安全和长期保存

建立长期保存机制，以印刷本期刊和可长期保存在国内高校的电子期刊为核心，建立期刊的储备机制，以保障文献资源的安全，真正实现"国家最终保障"的总体目标。

其中特别是电子资源的永久使用权和长期保存，不仅要列入合同的相应条款中，还要彻底解决具体实施的各种问题，如数据保存、软硬件环境、知识产权的解决等。

4. 建立不同类型和学科文献的具体保障目标

1. 图书：保障率提高一倍

人文社科文献资源中，图书无疑是科研人员、教师、学生最为倚重的文献类型，因此在文献保障体系中，图书资源的宏观建设首当其冲，要努力提高收藏率，并在此基础上将保障水平提高一倍，达到世界一流大学的平均保障率70%左右（其中英文图书文献保障率可达到80%左右）。

以"高校文科图书引进专款"项目为例，其主要发展方针和措施、未来10年内应该达到的基本保障水平如下：

- 近年新出版英文图书，年平均收藏率争取达到欧美学术出版物的90%以上（文学类、语言学习类不计）。到2020年，年收藏量最终达到约6万种/年，比目前进书总量增加近两倍；所需资金约900－1000万美元（见表5、图2）①。
- 近年新出版其他语种图书，年平均收藏率争取达到全球学术出版物的30%以上。到2020年，年收藏量最终达到约2万种/年，比目前进书总量增加一倍；采购资金达到200万美元（见表5、

① 考虑到外文资源多为美元定价，而近年来美元与人民币之间的汇率浮动比较大，故本文中计算经费投入时多以美元为单位。

图2)。

• 通过筛选重要及核心书目的方法,开展1950—2000年间的西文图书旧书补藏,到2020年,英文核心图书补藏率达到缺藏的70%—80%左右,其他语种核心图书达到20%—30%左右,总收藏量达到约30万种,年收藏量力争达到3万—4万种左右(含电子图书),总量比目前存量增加一倍(见表6)。总计需要资金1600万美金。

表5 近年新出版图书保障建设目标(以文专项目为例)

语种	预计年价格涨幅	2011年	2015年			2020年		
		采购价格(美元)	预计价格(美元)	投入经费(万美元)	预计采购种数	预计价格(美元)	投入经费(万美元)	预计采购种数
英语	5%	100	121.55	700	57 589	155.13	900	58 015
其他语种	6%	58.39	73.72	100	13 565	98.65	200	20 273
合计				800	71 154		1100	78 288

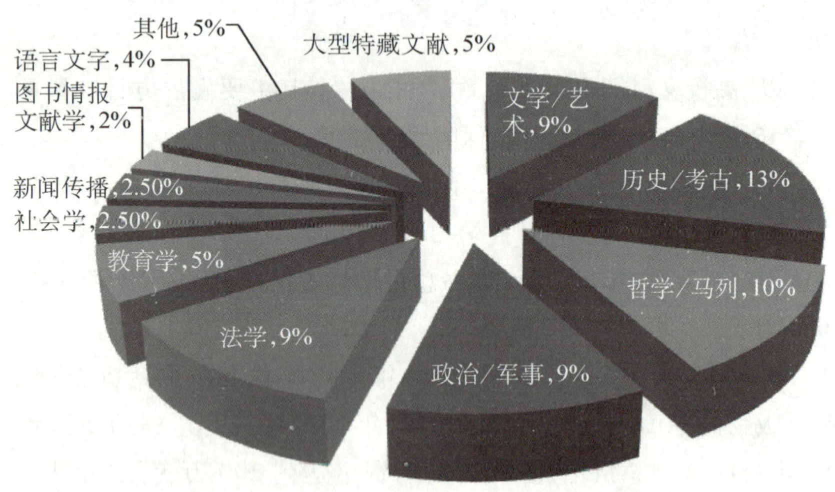

图2 近年新出版图书保障建设目标——学科收藏与经费分布比例

表 6　1950—2000 年图书回溯保障建设目标及资金需求(以文专项目为例)

语种	回溯建设收藏程度	预计均价(美元)	补缺总量(种数)	总经费投入(万美元)	年度经费投入(万美元,按 10 年规划预计)
英文	达 70% 的核心图书收藏率	57	225 033	1282	128.2
法文与德文	达 20% 的核心图书收藏率	51	26 878	138	13.8
日文与俄文	按特藏建设及按需收藏	61.78	15 377	95	9.5
其他非通用语种	按特藏建设及按需收藏	31.88	17 252	55	5.5
合计			284 540	1570	157

3. 外文期刊:争取收藏全部重要期刊

高校图书馆通常把期刊资源作为文献建设的首要保障内容,经费投入也占各高校图书馆经费的 50%(含电子期刊)甚至更多。自 2000 年我国全面停止出版非授权影印期刊以来,除各高校加大经费投入购买原版外文期刊以外,科技部、教育部也相继投资建立了面向全国服务的国家科技图书文献中心(NSTL)和 CASHL,因此期刊的保障水平逐年提高,渐渐趋向于满足用户的基本要求。在此基础上,期刊文献的宏观建设就要以保障全面、力争收藏各语种的全部重要期刊为主,达到 90% 的平均保障水平(其中英文期刊应达到 95%);同时注重期刊文献的可持续发展,特别是长期保存问题的解决。

具体而言,到 2020 年时,高校图书馆文科期刊(含可永久使用和长期保存的电子刊)收藏总量应达到 2 万种(见表 7),其中各学科的核心期刊收藏 100%,现刊为 70% 左右,非核心期刊的重要期刊收藏 70% 左右,可长期保存的印本期刊和电子期刊为 70% 左右,日俄韩文等小语种期刊为 2000 种左右。要达到这个目标,需要在现有收藏基础上,补充重要期刊 1.1 万种。

表7　外文期刊保障体系的语种分布(按现刊计算)

语种	在订印刷型期刊		新增外文期刊		保障外刊总量	
	品种数	语种比例(%)	品种数	语种比例(%)	品种数	语种比例(%)
英文	3100	72.67	7551	69.90	10 651	70.69
日文	242	5.67	86	0.80	328	2.18
德文	211	4.95	702	6.50	913	6.06
法文	168	3.94	756	7.00	924	6.13
俄文	82	1.92	196	1.81	278	1.84
意大利文	50	1.17	330	3.05	380	2.52
西班牙文	41	0.96	666	6.17	707	4.69
荷兰文	9	0.21	89	0.82	98	0.65
多语种	64	1.50	147	1.36	211	1.40
中文	100	2.34	13	0.12	113	0.75
其他语种	199	4.66	266	2.46	465	3.09
合计	4266	100.00	10 802	100.00	15 068	100.00

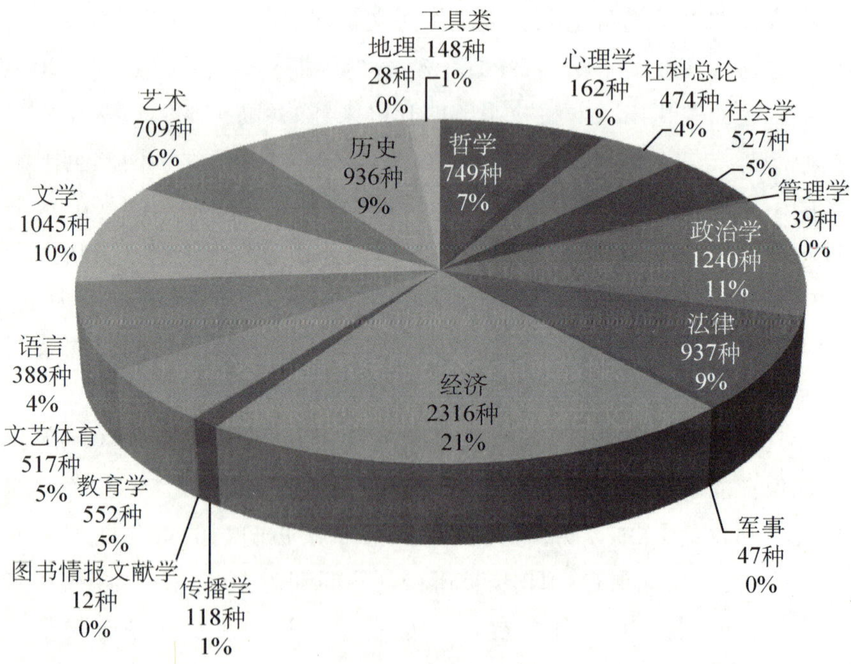

图3　外文期刊保障体系的学科分布(按新增约1.1万种期刊计算)

4. 电子资源:购买使用权和可供长期保存的回溯数据

据统计,2009 年全球出版数据库数量为 25 500 个,是 1975 年的 60 余倍、1985 年的 8.4 倍。其中人文社科类学术数据库大约占总量的 23%,为 5000 种左右;而在这 5000 种电子资源中,英美六校(见图 1)共同收藏的核心电子资源为 358 种,大约为 7%。按照这种发展趋势,到 2020 年,全球数字学术数据库将达到 5 万种以上,其中人文社科类大约为 1000 — 1500 种,核心收藏品种大约为 700 — 1000 种。

以 CASHL 电子资源的保障建设为例,可以核心电子资源为主,逐步发展、逐年扩大。2015 年之前,以补藏目前与英美六校相比缺藏的核心电子资源为主,约 290 种,总量达到 400 种左右;到 2020 年,最终形成一个稳定的数字学术资源体系,核心电子资源收藏率达到 90% 左右,再加上一些其他数据库,总量可以达到 1000 种,是现在收藏的 10 倍以上。

由于国家经费的投入以及这些投入发挥出的促进资源保障和协调采购作用,会更大量地吸引成员馆自有经费的投入,电子资源总量还会倍增,有利于形成重要资源多个馆藏,多个保障中心的协调布局。

表 8　人文社科核心电子资源补藏的学科分布

(以 2015 年数据为基础测算,单位:人民币)

学科分类	核心补藏数量	核心补藏比例	核心补藏费用（万）	小语种补藏费用（万）
社科综合	56	19.31%	896	96
语言文学	57	19.66%	912	208
历史学	54	18.62%	864	112
经济学	24	8.28%	384	
艺术	33	11.38%	528	32
哲学宗教	23	7.93%	368	80
社会学	21	7.24%	336	
政治学	15	5.17%	240	

续表

学科分类	核心补藏数量	核心补藏比例	核心补藏费用（万）	小语种补藏费用（万）
文理综合	5	1.72%	80	
法学	10	3.45%	160	
心理学	2	0.69%	32	
新闻传播	4	1.38%	64	16
总计			4864	544

5. 混合型资源建设

混合型资源是指跨学科、跨类型、跨语种、跨区域的文献资源，以图书、期刊、缩微资料、电子资源、会议论文、学位论文、多媒体资源、非正式出版物形式出现。这方面同样是人文社科研究所需，其投入经费比例约占文献资源建设整体经费的15%。

（1）大型特色文献/原始资料整体收藏

指统筹采购价格比较高、专题完整、在国内具备相对唯一性、日常经费很难采购的大型文献，尤其是科研人员需要的第一手原始资料，包括档案、多卷书、期刊合订集、数据库等形式，做到“有出版即有收藏”。

（2）非英语语种资源建设

加强俄文、德文、法文等非英语的西语语系、日文、韩文等东方语系甚至非洲语系文献资源的采购和编目工作，建立专门的小语种文献数据库。

（3）区域学资源建设

根据国家发展战略，加强美洲研究、欧洲研究、亚洲研究等区域学，以及民族学等跨学科领域研究的文献资源建设，年收藏率争取达到80%左右。

6. 建立高可用、高保障的公共文献服务共享平台及其运行维护机制

鉴于图书、期刊、电子资源、混合型资源等不同类型资源保障水平不同、各有所需，需要全面整合并开展高水平的服务，因此公共服务平台的建设是不可缺少的。一方面应根据人文社科领域特点和人文社科发展需求，以人为本、讲求实效，加强了解用户需求，建设具备强大共享服务能力的公共服务平台，集成揭示国内外人文社科文献信息资源，整合相关领域及第三方的服务，不断创新，形成“可见又可得”、7×24小时、文献保障率达98%的网络化公共文献信息服务环境。另一方面，同时也要建立科学的运行维护管理机制，如经费保障、人力资源管理和培训、服务运行体系、公关宣传推广、知识产权解决方案及其他法律保障、规章制度和业务规范等。

以CASHL服务平台“开世览文”为例，目前就正在朝这个方向发展。由于本文以讨论资源建设为主，限于篇幅，在此不做赘述。

以上论述了新中国成立以来高校图书馆文科外文文献的收藏情况和未来的保障性发展。正如江泽民同志所说：“哲学社会科学与自然科学同样重要，培养高水平的哲学社会科学家与培养高水平的自然科学家同样重要，提高全民族的哲学社会科学素质与提高全民族的自然科学素质同样重要，任用好哲学社会科学人才并充分发挥他们的作用与任用好自然科学人才并充分发挥他们的作用同样重要。”相信在投入能够得到保障的情况下，整合了图书、期刊、电子资源、其他混合型资源以及高水平服务的一流文科文献保障体系是一定可以实现的。

参考文献

1 教育部社会科学委员会秘书处. 中国高校哲学社会科学发展报告2012. 北京：高等教育出版社，待出版

2 钟建法. 人文社科外文图书保障体系建设存在的问题与对策. 图书情报工作，2010(7)

3 张洪元，崔琼. 高校人文社科英文图书缺藏分析与补缺策略. 图书情报工作，2010(7)

4 武桂云，龙向洋，金环. 高校人文社科外文印刷版期刊布局及保障初探. 图书情报工作，2010(7)

5 李浩凌，廖三三. 高校人文社科外文电子资源的布局与保障研究. 图书情报工

作,2010(7)

6 Thomas E Nisonger, William F Meehan III. The harvard and yale university library rowing collections: A checklist evaluation and semi-availability study. Library Collections, Acquisitions, and Technical Services, 2007, 31(3 - 4)

7 肖珑,燕今伟,关志英. 高校人文社科外文资源的布局与保障方法研究. 大学图书馆学报,2008(6)

8 Ming-der Wu, Yu-ting Huang, Chia-yin Lin, et al. An evaluation of book availability in Taiwan university libraries: A resource sharing perspective. Library Collections, Acquisitions, and Technical Services, 2010, 34(4)

9 Lynn Wiley, Tina E Chrzastowski. The Illinois interlibrary loan assessment project II: revisiting statewide article sharing and assessing the impact of electronic full-text journals. Library Collections, Acquisitions, and Technical Services, 2002, 26 (1)

10 Bachmann-Derthick, Jan Sandra Spurlock. Journal availability at the University of New Mexico//Jean G. Cook, Marcia Tuttle ed. Advances in Serials Management, vol. 3. Conn.: JAI Press, 1989

原载于《大学图书馆学报》,2013 年第 2 期

高校人文社科外文资源的布局与保障方法研究*

人文社会科学与自然科学的研究方法有所不同，其教学和科研是以文献信息资源为主要辅助的，因此被称为“文献倚赖型学科”。近年来，随着国家“繁荣哲学社会科学”政策的贯彻，我国人文社会科学研究得到了快速发展，高校人文社会科学教学和科研人员已达到35万人，每年在研项目近10万，对文献的需求量急速增加。通过各高校图书馆的收藏及学者本人的积累，人文社科研究的中文文献需求基本可以得到满足，而比较困难的是外文文献资源。从整体来看，由于历史客观原因、资金不足等诸多因素，外文文献资源缺漏，收藏品种少，结构失衡，无法满足文科研究需求的增长。

近年来，我国人文社科研究人员一直呼吁，希望在外文文献资源方面加强国家的投资和调控力度，以改善目前文献的重复采购和空白的状况。另一方面，自1986年“全国文献资源布局学术讨论会”召开之后，文献资源的宏观建设一直是高校图书馆界的热点问题之一，整体化建设与资源共建共享思想也一直指导着高校图书馆界——如CALIS、CASHL的发展，为高校人文社科外文资源的宏观布局与联合保障奠定了很好的基础。因此可以说，现在深入开展这方面工作的时机已经成熟了。

本文将从宏观文献资源建设的角度，结合“中国高校人文社会科

* 本文与燕今伟、关志英合写。

学文献中心”(CASHL)的调查和实践，讨论高校人文社科外文资源的发展现状、现存问题，以及在资源共建共享理念的基础上，开展外文资源的合理布局和最终保障的方法和途径。

一、我国高校人文社科外文资源的发展现状与问题

1. 国家宏观建设有规划和投入，人文社科外文资源有积累

由于我国人文社科研究的人员、投入和机构设置有三分之二以上集中在高校，因此教育部非常重视人文社科外文资源的建设。为保障文科文献信息资源的整体和可持续增长并建立面向人文社会科学研究的信息资源共建共享机制，教育部于1982年和2004年3月15日先后启动了“高校文科图书引进项目”(简称文专项目)和“中国高校人文社会科学文献中心”(China Academic Social Sciences and Humanities Library，简称CASHL)项目，同时为集成文献信息资源，提高书刊的利用率，充分发挥其效益，规定统一由CASHL平台来提供服务。

目前国家在两个项目上的投入达到年度资金3600万之多，在这种投入下，我国人文社科外文资源有了一定程度的积累。截止到2008年6月底，CASHL已拥有的资源包括：国外人文社会科学印本期刊9148种，占国外人文社会科学期刊总量的60%多，其中包括核心期刊3219种，完整收藏了SSCI和AHCI收录的核心期刊；电子期刊900多种；外文期刊篇名目次数据720多万条；人文社会科学外文图书年度收藏3万册，书目总量为38万种(以文专图书为主)；电子图书26万种。这些资源分散收藏在北京大学、复旦大学等17所人文社科资源和服务基础比较好的骨干高校中，并通过“开世览文”中心网站面向全国人文社科研究提供服务，目前已有323所高校以及中国社会科学院文献情报中心等7所非高校机构正式签约成为CASHL的机构用户，近两万人直接注册成为CASHL的个人用户，直接面向服务的最终用户逾百万人[1]。

上述数字可以看出，由于国家的规划和投入，我国人文社科外文

文献资源在共建共享、文献类型、资金投入、用户服务方面都进行了有益的探索，在文献资源建设方面取得了相当的积累，同时也形成了一定的可持续发展机制，为后续更大规模的建设奠定了基础。

此外，从表1也可以看出，国家投资购买的资源在主要高校占据了相当大的比例；另外，前述CASHL报道的38万种外文图书中，也有74%（28万种）是集中在1982年以后收藏的，说明各校人文社科外文文献经费不足的问题主要是依靠国家投入解决的。

表1　国内外若干大学文科外文图书购书情况（2006年）

	数量（单位:册）			金额（单位:万元）		
	文专项目	本馆经费	总计	文专项目	本馆经费	总计
北京大学	3387	998	4385	200.5	106.8	307.3
复旦大学	2551	3418	5969	150.4	161.7	312.1
武汉大学	1559	697	2256	88.0	34.7	122.7
北京师范大学	965	1529	2494	73.0	80.3	153.3
哈佛大学	58 738			3598.4		
哥伦比亚大学	124 840			2263.2		
芝加哥大学	51 425			1635.2		
耶鲁大学	112 602			4164.0		
剑桥大学	61 523			1795.3		

2. 资源结构性缺失，单馆保障率低

我国自1949年以后，因为意识形态领域以及资金等诸多问题，从国家图书馆到各个高校图书馆，人文社科外文图书的收藏量很低，某些方面的收藏存在着严重的缺陷，甚至是空白。数据显示，CALIS联合目录中收录的1949年以来的人文社科类外文图书总计约38万种①，据估计仅相当于这个时期出版量的五分之一左右。虽然38万种的数字还不能全部囊括各高校馆外文图书的全部收藏（有些馆的外文图书回溯编目工作还没有完成，书目没有全部进入CALIS联合目录），

① 数字为CALIS联机编目中心提供。

但也足以说明了问题所在。对于以文献资源为基础的人文社会科学教学和研究来说，这种长达近 40 年的缺口无法支撑高水平研究工作，大量的学者、教师、研究生不断呼吁，希望能够弥补这方面的收藏。

其次，相对高价格的外文资源而言，各高校图书馆普遍经费不足，即使是基础较好的学校，文科外文图书的引进数量最多才能达到年度四五千册，连欧美地区一流大学的十分之一还不到，例如表 1 中 2006 年国内外一流高校图书馆文科图书的入藏量①：

第三，价格上涨超过经费增长速度，导致年收藏量不足。例如，虽然文专项目经费的总额度二十多年来从 200 万增加到 300 万美元（增长 50%），但外文图书在此期间的价格却累积增长了 78%[2]；文专项目目前每年 3 万册的进书量与欧美地区年度文科学术图书出版量 5 万—6 万种相比[3]，仅相当于出版量的 50% 左右。而在欧美地区的一流大学，仅一个学校即可将当年的文科学术图书收藏完整。

因此从整体来看，高校的外文社科文献资源存在结构性缺失，尤其在外文图书的收藏方面存在缺漏，收藏品种少，单馆满足率低，无法满足用户的需求。以北京大学图书馆为例，2006 年的学科抽样调查显示，即使是北京大学的强项学科，其经济学文献的收藏也是不足，满足率仅为 54%（含中英文文献全部在内）[4]；即便从共建共享的角度出发将高校的全部馆藏计入读者可使用范围，也远远达不到 1986 年“全国文献资源布局学术讨论会”提出的 90% 文献满足率的目标[5]。

3. 学科整体规划初步开始，但图书仍然比较分散

几年来，CASHL 在期刊文献的学科分工和地区规划、协调方面做了不少工作，颇有成效，但距离最终保障的目标还有相当的距离，而图书在这方面的工作尚未进行过。

目前文专项目收藏的图书分散在 70 个综合性或文科院校，选书

① 国内各高校图书馆的统计为各馆提供，国外高校图书馆的统计则分别从美国研究图书馆学会（ARL）网站（见参考文献 2）以及各馆年度报告中首先获得全部馆藏统计，并按总馆藏的 50% 和当时汇率核算。

和收藏体系主要是各校图书馆自行处理,经费额度按学校分配使用,虽然近年来已做了不少努力,如推动中心书库的建设,但统一规划协调和整体建设不足,有的学校年进书量只有十几本,因此存在着分散、遗漏、重复建设现象,无法形成真正意义上的全国高校有重点、按学科和核心收藏、按年代持续收藏的统一体系,在学科保障方面明显作用不足。

4. 共建共享服务已见成效,引进图书利用效益仍然偏低

CASHL 引进的期刊和电子资源目前已经开始面向全国服务,文献传递的年服务量达到 7 万篇左右。而文专图书虽然要求受益院校要面向全国高校服务,由于缺乏统一的信息加工和发布渠道,联合目录规模小、更新慢,服务基本上限于各收藏院校内部,馆际交流合作程度低,因此造成图书受益面窄,共知共建共享程度不高,没有为全国高校的哲学社会科学研究提供有效的服务。

2006 年,教育部明确规定,由 CASHL 中心承担文专图书的信息发布和面向全国高校服务的任务,并开始建立了“高校人文社科外文图书联合目录”[6],但由于没有这方面的经费投入,工作进展比较缓慢。

针对上述现实情况,鉴于单个图书馆或信息机构无法独立解决问题和满足用户需求,有必要从国家层面和文献资源宏观建设角度开展高校人文社科外文文献资源的布局与联合保障建设。

即对国外人文社会科学文献信息资源的出版状况以及国内高校人文社会科学工作者对外文文献信息资源的需求情况进行调研,在此基础上对国内外高校图书馆人文社会科学文献资源的收藏情况、收藏特征、对教学科研的保障水平,进行比较分析研究,总结出我国高校人文社会科学文献资源的缺失与不足。以图书、期刊、电子资源等文献类型为基础,以人文社会科学学科为框架,提出高校文献资源建设的缺藏、补藏、收藏方案和协调机制,由国家投资或部分投资,开展人文社会科学外文文献的整体建设布局和全面保障工作。

二、高校人文社科外文资源的布局与保障方法

高校人文社科外文资源的布局与保障方法，可以概括为：目标明确，调查先行，宏观布局，全面收藏，拓展服务，以评促建。

1. 目标确立：以“建立国家最终保障”为基本发展战略

作为文献资源的宏观建设目标，应首先从国家层面出发考虑，把为我国人文社科教学科研提供文献资源的“最终保障”作为建设总目标。所谓国家最终保障，一是指倾国家之力，尽可能将文献资源收藏完整，外文文献保障率至少要达到95%以上；二是指开展国家的战略收藏和存档，以保证现在或者将来、正常情况或者出现不可预知灾难的任何情况下，都可以拥有文献，为用户提供最终的文献保障服务。

在此基础上，可以确定以下基本发展战略：

- 建立国家层面上的多馆联合保障机制，开展文献资源的整体化建设，按照文献类型、学科、服务等进行分工协调和共建共享。
- 力争全面收藏经典性和通用性外文文献资源，其中要重点考虑1950－1990年间外文图书的回溯补藏，同时分学科进行当前各类文献的全面收藏。
- 提高国家投资的使用效益，将资金相对集中在文献资源和服务基础比较好的图书馆，以充分发挥既往优势，为资源服务奠定基础。
- 本着共建共知共享的精神，大力投入，充分揭示报道资源并广泛开展文献服务。
- 做好评估工作，以评估促进建设的有效进行。

2. 宏观布局：建立科学合理的分工模式与协调机制

围绕着中心目标，首先要确定的是文献资源的宏观布局方案，以及相关的协调机制，这是资源发展的最重要和最基本的保障。所谓文

献资源的宏观布局，强调的是把各高校图书馆的外文资源看作是一个整体，通过对不同学科、不同类型、不同载体文献的合理布局规划，统筹安排，形成高校人文社科外文文献的保障体系[7]。

目前 CASHL 已经建成的三级保障体系——全国中心（2 个）、区域中心（5 个）、学科中心（10 个），共 17 个中心图书馆——即为上述思想指导下的宏观布局模式①，这 17 个中心馆或者在人文社科外文资源上具有传统的综合优势，或者在某些学科上各具特色。在这些馆原有的资源和服务基础上，他们的分工大致为：

（1）文献类型分工：按照图书（含缩微资料）、期刊、电子资源有所划分，以确保文献类型的完整。其中全国中心和区域中心承担图书、期刊、电子资源的馆藏发展和服务，学科中心承担图书和电子资源的馆藏发展和服务。此外，一些昂贵而罕用的大型文献资源，则以全国中心为主来收集。

（2）学科分工：结合国家一级学科、教育部人文社会科学重点基地所属学科分布情况进行分工合作，每个中心馆承担 2－8 个一级学科的文献收藏和服务。

（3）地区分工：把全国的服务分为华北、东北、西北、西南、华中、华东北、华东南、华南等 8 个区域，由 5 个区域中心以及代行区域中心之职责的全国中心、学科中心负责协调本地区的收藏和服务推广。

上述的布局和分工，由教育部主管领导、CASHL 管理中心、CASHL 专家组居中协调，保证了全国范围内的学科、文献类型的收藏完整，不出现空白，也可以带动各地区内的特色学科发展，做好地区内的联合保障工作并逐步形成弹性而灵活的、可持续发展的机制。鉴于 CASHL 的这种机制将逐步走向成熟，人文社科外文文献资源的宏观布局和协调发展便可在其现有的基础上进一步深入和提高。

① 见参考文献 1。

表 2　CASHL 资源宏观布局示意图

地区＼文献类型＼学科	文学/艺术	历史/考古	哲学/马列	政治/军事	理论经济	应用经济	法学
华北地区	√ √	√	√ √	√	√	√	√ √
东北地区	√	√	√ √	√	√	√	√
华中地区	√	√	√	√	√	√	√ √
华东南区	√	√	√	√ √	√ √	√ √	√
华东北区	√ √	√	√	√	√	√	√
华南地区	√	√	√	√	√	√	√
西南地区	√	√ √	√	√	√	√	√
西北地区	√	√	√	√	√	√	√
地区＼文献类型＼学科	教育学	社会学	新闻传播	管理学	心理学	图书馆/情报/档案学	语言/文字
华北地区	√	√ √	√	√	√ √	√	√
东北地区	√ √	√	√	√	√	√	√
华中地区	√	√	√	√	√	√ √	√
华东南区	√	√	√ √	√ √	√	√	√ √
华东北区	√	√	√	√	√	√	√
华南地区	√	√	√	√	√	√	√
西南地区	√	√	√	√	√	√	√
西北地区	√	√	√	√	√	√	√

说明：①表中学科仅为示例；②深色阴影为图书，浅色阴影为期刊，√为电子资源。

3. 资源调查：文献资源布局与保障的基础性工作

要做好文献资源发展工作，就要摸清家底，包括国内高校图书馆的收藏情况、国外文献资源的出版与收藏情况，找出差距和不足。与 20 年前进行的全国文献资源调查工作不同的是，现在开展这方面工作已经具备了非常好的数据库和技术基础,不再像以往那样烦琐和需要手工进行,包括 CALIS 联合目录、OCLC WorldCat 目录以及各大出版商、书商的资源目录等在内,都为这项调查提供了很好的工具。

需要开展的调研工作如下:

(1)国外学术资源(图书/期刊/电子资源)的当前出版情况,如总体出版情况、分学科、分类型、分年度的出版情况、品种、价格、国家分布等,这方面可以依据国外出版商、书商、数据库商以及 OCLC 的 WorldCat 数据库(1 亿多条书目记录)进行。

(2)国外若干一流高校图书馆的收藏情况,这方面可以利用 OCLC 最新推出的馆藏分析服务(WorldCat Collection Analysis Service)[8],即依据世界上最丰富的馆藏数据库 WorldCat 中的信息,在其中挑选若干一流的、馆藏比较完整的大学图书馆,如哈佛大学、剑桥大学、耶鲁大学、哥伦比亚大学等,用国内的馆藏目录进行对比分析,找出我们在外文文献资源上的差距和不足;而对于电子资源的收藏情况调查,因为没有馆藏联合目录,还需要利用国外若干高校图书馆主页上的数据进行分析。

(3)国内主要高校图书馆外文文献资源的收藏情况,这方面主要利用已有的 CALIS 联合目录。CALIS 联合目录近几年发展非常快,目前已有 645 家成员馆,拥有 277 万条记录,其中包括中文 179 万,西文 78 万,其他语种 20 万,已成为国内最大的联合书目数据库①,可以为调查提供比较完整的基础数据。而对于国内高校图书馆的电子资源收藏情况调查,因为没有馆藏联合目录,则主要利用 CALIS 集团采购数据库的内部登记情况和各馆的主页进行分析。

此外,还需要对人文社科文献的用户需求进行调查分析。这方面可以以学科为基础,采用引文评价、用户调查等方法,分析总结高校人文社科教学科研对文献资源的需求情况与特点,在此基础上对整体建设方案和工作进行验证与调整,并对资源的服务与合理使用提出建议。

① CALIS 管理中心提供数字。

4. 文献建设:开展资源的全面收藏

资源建设工作,是开展高校人文社科外文资源联合保障的基础和根本,国家的投资大部分都在这项工作上。根据前面所述调研的结果,可以比较细致地分析出我国人文社科外文资源"结构性缺失"的问题所在,通过国内外的数据比对,得到诸如"外文文献缺藏目录""外文文献补藏方案""学科文献保障方案"等具体的指导性文献,随后即可以开展资源的全面收藏工作。

(1)可以开展1950—1990年的图书回溯补藏工作

针对我国1949年以后人文社科外文文献资源(特别是图书)缺乏的问题,通过调查得出国外1950—1990年人文社会科学外文图书权威书目,对比我国高校1950—1990年外文图书收藏情况,总结出我国高校图书馆这段时间的收藏和缺藏情况,提出具体的缺藏目录,并对经典性、通用性西文图书进行最大限度的补藏。这方面的工作可以分学科逐年进行,同时要尽可能地扩大补藏渠道。

(2)可以按学科开展当前文献的保障建设工作

选择最近几年中可以获得比较完整数据的年份,如2004—2006年,通过对国外人文社科图书出版情况及国外若干一流图书馆收藏情况的调查分析,得出各学科的文献资源目录;然后对比我国高校图书馆外文文献的收藏情况,包括收藏数量、收藏质量、学科结构、类型结构等,得出我国高校人文社会科学各个学科当前的外文文献收藏和缺藏情况、对教学科研的保障水平和程度,按学科提出文献的全面和最终保障方案——包括各个学科、各类型文献(图书/期刊/电子资源等)的品种、数量、类型、所需资金等具体内容。

有了这样的保障方案,在资金允许的情况下,即可按照前面所述的学科分工和协调机制,开展各个学科的全面收藏。

(3)动态平衡,按需调整

在资源建设的过程中,一方面需要根据每年的资源建设情况进行动态调整,保持各学科之间的平衡;另外一方面,也可以随时了解用户的使用情况，修订资源发展政策，例如通过引文分析、问卷调查以及深度访谈，对一些人文社科重点学科进行抽样调研与分析，了解高校人文社科教学科研人员的信息需求和信息利用行为模式，着重研究其对外文文献利用及其满足情况。

此外，还应该制定一系列管理办法，科学管理资源建设工作。例如成立由馆藏发展专家组成的业务组织，制定详细的馆藏发展规划和策略、工作规范和订购流程，进行资源评估等；开发西文图书订购信息平台，供各馆检索预订书目、提交订单，以及订单审核、发送、订购管理和资源评估；等等。

5. 拓展服务：以共建共知共享为原则的保障途径

资源建设工作，最终目的是为了给读者提供文献；而对文献的利用，反过来也促进和改善了馆藏发展。因此，以共建共知共享为原则，做好人文社科外文文献的服务工作，就成为高校人文社科文献资源建设实现最终保障的保障，是直接面对用户的前沿，同时也是这项工作可持续发展的前提。

这方面的服务主要应包括：①共知：即对文献内容的报道和揭示，例如建设书刊目录、数据库目录、图书章节目次、期刊篇名目次等数据库；②共享：提供文献的检索、浏览、借阅和传递服务，以及深层次的课题咨询；③共建服务网络，特别是在有服务基础的高校图书馆构建学科和区域服务节点，以针对某学科、某地区更好地进行服务和服务推广。

CASHL 经过四年多的积累和建设，已经以“开世览文”平台为核心，建设了一个创新型的共知共享服务平台。CASHL 全国中心、区域中心、学科中心在 CALIS 管理中心、教图公司等合作伙伴的支持下，逐步整合了图书、期刊、电子资源等多类型、多学科文献，提供了资源检索、图书借阅、原文传递、全文下载、代查代检、参考咨询等多元化服务，并通过全国性优惠周、“CASHL 西部文献保障工程”“CASHL 区域宣传推广”“‘CASHL 走入东北’之黑龙江行”等分地区、分省的活动，逐步构建了覆盖面广、有效运行的服务推介网络，建立了高效率的服务体系，并通过有效的服务绩效评估机制，逐渐提升了服务能力和服务质量。

CASHL 的服务平台建设，将是高校开展人文社科外文文献联合保障服务的基础，随着国家的不断投入，其服务水平将会不断提高。

6. 以评估促建设

建立有效的资源和服务绩效评估机制，发展科学合理的评估指标体系和评估办法，并坚持执行下去，会起到不断改进资源建设，促进和规范文献服务的发展，发挥经费使用效益的作用。

三、结语

通过整体规划布局、联合保障，我国高校图书馆将有重点、按学科、按年代收藏和补藏人文社科外文文献，有限的国家投资会发挥出最大的作用；各校各地区在不同学科的长处将得到充分利用，其强势和重点学科得到进一步发展和巩固，同时也会弥补各校外文图书经费的不足；保证外文文科重要学术性、经典性资源的全面收藏，填补我国外文图书 1950 — 1990 年间的空白和缺陷，逐步改变我国人文社会科学文献资源收藏的结构性缺失状况；更将建设成我国人文社会科学教学科研的最终文献资源保障基地和拥有人文社会科学领域最高学术水平和最完整收藏的虚拟联合图书馆。

同时，通过共建共享平台的服务，使国家投资购买的文献得到充分利用，为人文社会科学学者提供有效解决外文文科图书匮乏的途径，进一步实现外文图书与中文图书之间的信息平衡，开创文献信息资源共建共享的新局面。

参考文献

1　肖珑，关志英. CASHL：为人文社会科学研究提供可持续发展的资源与服务. 图书情报工作，2008(5)

2　ARL Statistics. http://www.arl.org/stats/annualsurveys/arlstats/index.shtml

3　美国 Bowker 出版公司统计. http://www.bookwire.com/bookwire/decadebook-production.html; http://www.bowker.com/press/bowker/2006_0509_bowker.htm; http://www.authorinsider.com/insightfulstatistics.php

4　肖珑,李浩凌,徐成. CALIS 数字资源评估指标体系及其应用指南. 大学图书馆学报,2008(3)

5　刘兹恒. 文献资源建设中一个具有重要历史意义的会议——纪念全国文献资源布局学术讨论会 20 周年. 图书馆,2006(6)

6　开世览文. http://www.cashl.edu.cn

7　戴龙基,燕今伟,萧德洪等. 文献资源发展政策研究. 北京:北京大学出版社,2007

8　OCLC 北京代表处. OCLC 馆藏分析系统(内部报告),2008

原载于《大学图书馆学报》,2008 年第 6 期

我国图书馆电子资源集团采购模式研究*

电子资源的集团采购，是指多个图书馆组织起来，联合采购某种资源，从而以最少的经费，获取最优价格、最佳服务和最符合需求的资源。这是图书馆资源共建共享在网络环境下产生的一种新模式。

我国图书馆从1997年开始对国外电子资源进行集团联合采购，6年多来，已取得辉煌成就。仅就引进国外的数据库而言，已达到40余个团次、500多个图书馆参加，与国外27家数据库商或出版商谈判、合作，引进的数据库已达到120多个①，其中包含的外文全文电子期刊12 000多种。

在集团采购过程中，决定集团是否组成、能否成功的4个重要因素是：

- 集团结构与组织模式；
- 采购与价格模式；
- 资源共享模式；
- 数据库访问模式。

在集团采购过去6年多的发展过程中，数据库商和集团组织者、参加者在这4个方面共同创造了多种合作模式，使集团采购取得了成功。

* 本文与姚晓霞合写。

① 本文中的统计数据多截止到2003年10月底。

鉴于目前这方面的工作在越来越多的地区开展起来，本文作者根据长期以来在中国高等教育文献保障系统（CALIS）参与、组织集团采购工作的经验，对上述模式分别进行总结和分析，希望对同行能有所借鉴。

一、集团结构与组织模式

在集团采购中，集团的结构，也就是集团的组织形式是集团产生的基础。

从集团采购的定义出发，集团的基本组成单位是个体的图书馆（即成员馆）。在此基础上，产生了灵活多样的集团组织形式。概括起来，大约有以下三种模式（如图1所示）：

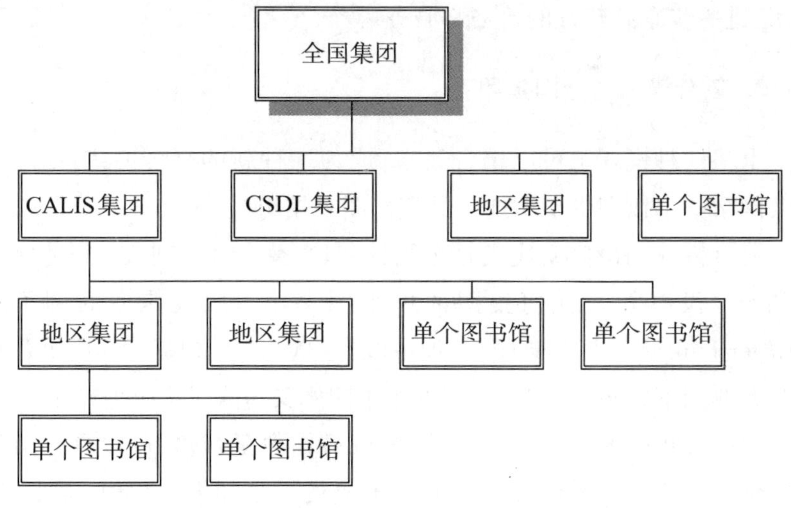

图1　集团组织模式

1. 地区集团

以某一个地区或某一个省为核心，由这个地区的若干个图书馆组成。如由上海地区的专业图书馆和大学图书馆联合组成的上海地区集团，已经成功地采购了若干种中外文电子资源。这种组织模式的特点是：

- 比较灵活，不受图书馆类型的限制，凡该地区内的图书馆和信息服务单位均可参加；
- 由于在同一地区内，比较容易进行集团内的沟通；
- 由于中文数据库价格较低、适用性广，这种模式比较适用于中文数据库的采购；但对于外文电子资源来说，由于参加的成员馆比较少，很难拿到优惠价格和高质量的服务。

2. 行业集团

以某一个行业为基础，由行业内的图书馆组成，如由高校图书馆组成的、最早开展电子资源集团采购的 CALIS 集团，中国科学院系统的 CSDL（国家科学数字图书馆）集团等。这种组织模式的最大特点，就是成员馆同属一个行业，需求比较接近，比较容易组成规模较大的集团，进一步拿到较好的价格和服务。

3. 复合模式与全国集团

上述两种模式也可以结合起来，成为一种新的复合模式，如上海高校网络图书馆即由上海地区的高校图书馆组成。

复合模式的最典型代表是全国性集团，囊括了行业集团、地区集团和若干没有加入任何集团的单个图书馆。比较典型的例子是 Springer Link 电子期刊集团，参加单位有 400 多个，包括大学图书馆集团和专业图书馆集团，在大学图书馆集团中又包含了 7 个地区集团。

全国性集团的最大优点，是因为成员馆数量众多，可以拿到最优惠的价格和质量上乘的服务。但由于成员馆之间大小规模、需求、经费等差别较大，出现问题后较难调解，容易给集团造成被动。

集团中主要发挥作用的两种角色是集团组织者和参加单位（即成员馆）。

集团组织者通常由一个或几个机构联合组成，也可以是专门的组织。其角色是负责集团的组织工作，包括对资源进行评估、与数据库商/代理商谈判、组织数据库试用和宣传、审核并代表集团签订集团合同等。目前国家级的集团组织者主要有:教育部中国高等教育文献保障系统(CALIS)、中国科学院国家科学数字图书馆(CSDL)、科技部国家科技图书文献中心(NSTL)。

大部分图书馆的角色是参加单位,可向集团组织者提出合理建议和要求,根据组团方案确定是否本馆参加集团并签订合同。一旦参加集团,即可享受集团的各种优惠政策,同时要承担义务和责任,遵守合同和集团内的各种约定。

二、采购与价格模式

集团采购中,如何加入集团、通过集团采购资源,加入集团后应该支付何种价格,也就是我们所说的采购模式与价格模式,是图书馆最关心、集团能否组成的决定性因素之一。

根据美国超联盟 NeliNet 的执行副主席 Arnold Hirshon 的分析,目前的采购模式可以分为三种:

- 俱乐部模式(Buying Club):也可称为会员制模式,即每个参加机构独力支付费用,通过集团购买资源,享受集团的优惠价格和服务。这是目前大部分资源采用的、比较主要的采购模式。

- 中央资金模式(Central Funding):由政府或政府立项的项目支付全部费用,成员单位享受服务。例如目前大陆所有的科学家、教师、学生都可以使用的《科学在线》(Science Online),其年费是由科技部国家科技图书文献中心逐年支付的。这种模式适用于应用性比较广泛、总体价格偏低的数据库,例如有些地区集团是采取这种模式来购买一些比较常用的中文资源。

- 合作购买模式(Coordinated Purchasing):政府和参加机构之间合作出资购买资源,政府补贴部分经费,参加成员自行支付其余经费。例如 CALIS 组织集团采购的 ProQuest 国外博硕士论文数据库,就是由

CALIS 给所有首批加入的高校成员补贴了数据库价格的 20% 的经费，再由成员馆支付其余费用的。这种模式比较适合于价格偏高、质量较好的资源，政府补贴的经费主要发挥引导订购的作用。

三种模式相比，各有千秋。究竟采用哪一种，要视集团结构、资源情况、用户需求、价格等情况而定。

对价格模式的分析，是从卖方到买方的角度出发来进行的。目前集团采购数据库的价格模式主要有两种。

一是数据库商根据集团类型，给出整个集团的总价，如全国集团、CALIS 集团或地区集团购买数据库的总价格，由集团买断后，内部再进行价格二次乃至三次分配，确定参加集团的每个成员购买数据库所需支付的价格。典型的几个事例如：

- BIOSIS Preview 数据库（著名《生物学文摘》（BA）的升级版）的采购，就是与数据库商谈定 CALIS 集团的总价格，然后集团内部根据学校规模大小，分为四档价格，第一档和最后一档大约相差三千多美金。仅就第一档成员馆的价格而言，为六千多美金，比单个图书馆购买节约了两万美金还多。

- EBSCO 公司的 Academic Search Premier、Business Source Premier数据库的集团采购，是由集团与数据库商首先谈定：①CALIS 集团的价格；②各地区集团的推荐价格；③各地区确定本地区单个图书馆的价格。这样，各地区规模最大、付款最多的图书馆也比原来单个购买时节约 30% —40% 的经费。

其他如 Springer Link、China InfoBank 等数据库也是全部或部分采用上述模式进行集团采购的。

这种模式是通过利用集团内部已建立的沟通关系来进行的，因而节约了数据库商的推广成本，降低了集团的总体价格；比较适用于中低价格、具有普遍利用性的数据库。

二是数据库商给出单个图书馆的价格，按参加集团的用户数量给出集团折扣，参加的单位越多，折扣和优惠越多，数据库的单价就越便宜。在此情况下，如果：

• 数据库的单价在中低价位上，参加单位不论大小，采用平均价格购买数据库，例如：在集团采购 ProQuest 学位论文全文数据库时，每个学校每年最多购买一万美金左右的论文就可以享用整个集团购买的全部论文的使用权，由于这个价格为中档，集团内部就采用了平均价格的方式。

• 数据库的单价在中高价位上，则根据一定的规则，如 FTE 人数（全日制学生数量）、Science FTE 人数（工科、理科和生命科学的全日制学生数量）、纸本刊的订购量、馆藏等，将参加单位分为若干等级采购数据库，以保证中小规模的图书馆也能够购买资源。例如 Nature 电子期刊的集团采购，就是由数据库商首先给出单价，之后由以下两种因素决定每个成员馆的最终价格：①单位的规模大小，规模越小，价格越低；②参加集团的成员馆数量，参加的成员越多，折扣越大，价格越低。

两种模式相比，目前比较常用的是后一种模式。其中最主要的原因，是两种模式的投入成本本来是相当的，但第一种模式是通过用户方对总成本的投入来降低价格的。在这种情况下，集团必须选定确实具有普遍需求、并已经有了一段时间的成熟应用的数据库，才能采用这种模式。对于刚开始组织集团采购的新资源，要慎用。

三、资源共享模式

既然集团采购是资源共建共享的一种方式，那么集团采购之后，成员馆如何共享使用资源就成为集团组织者和参加成员最关心的问题，这也是集团采购的最终目的。目前数据库的共享使用方式可以归纳为三种。

第一种方式是集团成员共同购买一定的数据库并发用户数，共享并发用户个数。参加单位根据其规模大小、使用统计等规则，支付数据库使用费。这种模式目前的应用较少，CALIS 集团购买 OCLC First-

Search 和 UnCover 数据库就是这种方式。其特点是各馆支付的费用不多,可使用的资源很多;不足之处是随着集团扩大,并发用户数量需要不断增加;且网络条件不好的参加成员由于登录速度慢,在并发用户的使用上总是不如网络条件好的成员占有量大。

第二种情况是成员馆各自拥有一个电子版的复份,买的复份越多,价格越低,集团内对资源的总体拥有量也就越高。也就是说,数据库的使用许可,是以图书馆(在高校中为校园网)为单位的(campus license)。这种情况是目前比较普遍的数据库使用模式,我国图书馆在前期购买的数据库大多采用这种方式。如图 2。

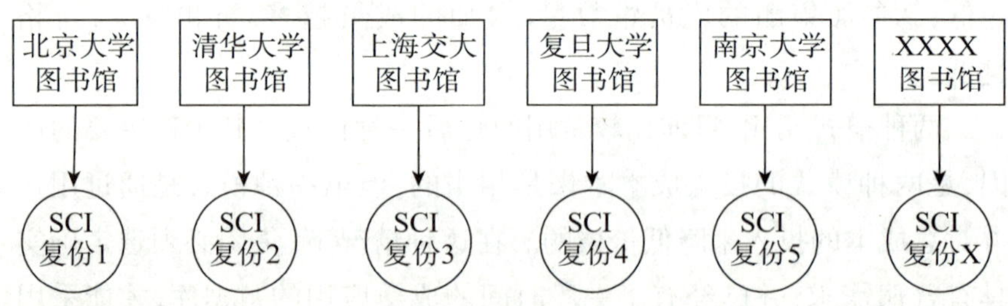

图 2　资源共享模式 2

随着集团采购的经验不断增加,集团组织者也在探讨第三种资源共享模式。这种模式的特点是参加集团采购的成员馆共同拥有一份电子版,每馆购买数据库的一部分内容,合并成一个数据库后由参加集团采购的单位共同使用。这种模式的特点就是把图书馆分散的资金集中起来使用,每个参加单位只需要贡献很少的一部分资金就可以使用很丰富的一批资源。如图 3。

这种模式的初期,主要是集中在电子期刊的采购上,各馆以自己购买的印刷型期刊作为合作的投入,共同使用一份电子期刊;发展到后来,参加单位则直接购买数据库的一部分记录作为投入,在电子版资源基础上进行合作。这方面典型的实例是 PQDD 学位论文全文数据库中国集团,每个参加图书馆按年度购买一定数量的、不重复的学位论文,这些学位论文合并成 PQDD 学位论文全文数据库(目前总量已发展到 4 万多篇),所有参加成员共同使用。这种模式由于其资源的不重复购买又可以共享使用的特点,被称为“真正意义上的共享”,受到了众多图书馆的欢迎。

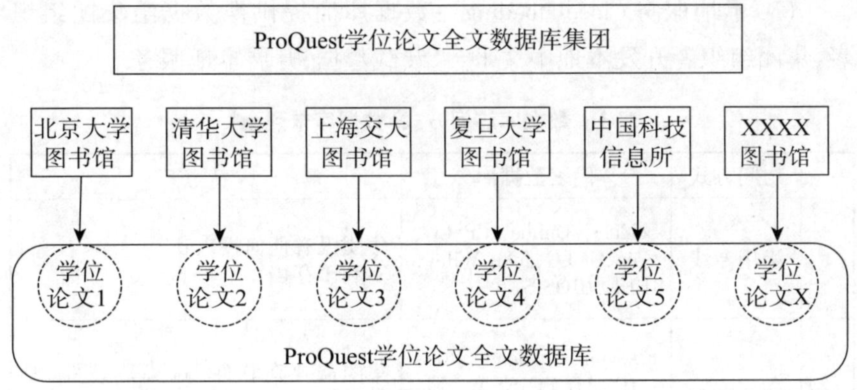

图 3　资源共享模式 3

四、数据库访问模式

如何使已经购买的数据库得到最广泛的应用是资源建设效益评估的最重要因素。这方面的措施很多,例如数据库的宣传推广培训等都是由各参加单位直接面向最终用户进行的。而对集团采购本身而言,最重要的莫过于由集团选定适合最终用户的数据库访问模式,主要表现在采购国外电子资源时,如何避免最终用户在使用过程中支付国际流量费的问题,从而可以使更多的用户访问已买的资源,提高资源的利用率。

根据我国图书馆多次集团采购的经验,探索出以下几种访问模式。

(1)租用专线(lease line):由数据库商采用按月付费或者按流量付费的方式租用一条网络专线,最终用户通过专线访问国外的数据库，不必再支付国际流量费。

(2)镜像服务(mirror site)：由数据库商或者集团组织者投资在中国境内建立一个或多个镜像服务器，并对集团所有成员提供服务，用户直接访问国内的镜像数据库。

(3)本地服务(local loading)：数据库商提供裸数据给集团组织者，集团组织者开发本地中文平台，装载数据，开展本地服务。

表1　数据库访问方式(数据库未列全)

	访问方式	代表数据库	特点
1	租用专线	Science Online, EBSCO, Gale, OCLC, John Wiley, IEEE, BIOSIS	集团没有任何投入； 不利于存档
2	镜像服务	Elsevier, Academic Press (IDEAL), CSA, Ei, Springer, Genome Database, ACM	集团需要在软件(购买)、硬件、硬件维护、数据更新方面有所投入； 有利于存档
3	本地服务	Kluwer, Nature, IOP, RSC	集团需要在软件(开发)、硬件、硬件维护、数据更新方面有所投入； 有利于存档； 便于整合

采用哪种访问方式为最佳，一方面在于数据库商，对方要计算成本投入；一般来讲，在参加集团采购的成员达到一定数量的前提下，数据库商通常愿意通过上面所述三种模式中的某一种来满足集团组织者的要求，使中国用户在访问引进的数据库时免付国际流量费。但如果参加集团采购的单位较少，数据库商的投入成本比较大，数据库商还是会让用户通过第四种访问模式，即通过国际网访问数据库，在这种情况下用户必须自己支付国际流量费。

另一方面，集团也要考虑自身的投入，要根据资源的情况，以及不同访问方式的特点来进行分析确定。对于某些核心资源，如 Elsevier 电子期刊、Nature 等，采用第 2、第 3 种方式最佳，这时产生一定的成本投入是必要的。但对于某些非核心资源，如果数据量非常大，要消耗大量的软件、硬件,则可以采用第一种方式。这方面也是在采购中文资源时要考虑的问题。

五、集团的作用

一个合理、科学、优化的集团采购方案的形成,即是对上述模式的最佳选择和组合。在这个过程中,集团及集团的组织者发挥了至关重要的作用。归纳起来,集团的工作大致有如下几个方面。

1. 对资源进行评估认证

包括对资源的内容、需求、价格、成本、检索系统、服务和使用各方面情况进行评估,为各种模式的合理化选择奠定基础。

2. 规范工作流程

制定包括资源评估、组织试用、谈判、组团、审核合同、签订协议、组织付款、改善服务、加强培训、使用统计和再评估等诸多环节在内的标准工作流程。

3. 引导采购

即利用国家经费补贴部分重点资源的采购,进一步引导各图书馆的资源建设工作,鼓励其参加集团采购。补贴主要用于:

- 数据费:即按照数据库价格的一定比例为参加集团采购的成员馆提供经费支持,也包括购买回溯数据。
- 建立镜像服务和本地服务的硬件和系统费用。
- 相关服务:为组织集团采购提供必要的人力物力,在法律许可范围内为没有参加集团采购的图书馆提供文献传递服务等。

4. 组织培训

为了使已经购买的数据库能够发挥使用效益,集团组织者和数据

库商积极配合,针对图书馆员开展培训。培训的形式包括:

- 数据库商的单独培训:有针对性,讨论问题比较深入。这种形式比较适合数据库规模大、成员单位比较多的资源。

- 集团组织者组织的集中培训:随着国外引进数据库增多,为成员馆和数据库商双方的利益考虑,集团组织者开始举办集中培训活动。例如,从 2002 年开始,CALIS 联合数据库商,每年在固定时间举办一次集中式的国外引进数据库培训周活动,对已经引进的数据库进行集中培训,帮助成员馆全面了解整个引进数据库行业的发展趋势、合理搭配和使用引进数据库资源。这种集中时间、集中地点、集中数据库商、集中图书馆员开展的引进资源培训活动效率高、效果好,深受图书馆的赞同和支持。

5. 成立专门资源建设协调机构

为加强对资源引进工作的统筹规划和实际操作能力,增强和其他集团组织单位之间的协调合作,发挥各方的积极性,集团组织者纷纷成立了专门的资源建设协调机构,如 CALIS 成立了专门的引进资源工作组,用于制定 CALIS 资源采购工作的原则和策略,推动工作的发展。

2003 年 10 月,国家科技图书文献中心、国家科学数字图书馆和国际组织“图书馆数字信息计划”(Electronic Information For Libraries,简称 eIFL)还联合主办召开了“数字资源合作管理国际研讨会”,包括 CALIS 在内的我国集团组织者纷纷到会,讨论集团采购的发展与合作协调,促进了这方面工作的进一步开展。

以上分析了我国集团采购的几个重要因素及其模式,以及集团组织者为这些模式的最佳选择和组合所做的工作和发挥的作用。由此也可以看出,资源引进过程中的合作是资源建设和发展的方向,我国图书馆之间应该也必须加强全方位的高效率的合作,以实现更大范围、更高效益的资源共建共享。

参考文献

1 Baker A. IFLA presentation: Consortia economic models for licensing. http://www. nelinetnet/conf/special/ifla/baker. ppt

2 Kohl David F. Future growth, future strength: The library-consortia partnership. http://www. nelinetnet/conf/special/ifla/kohl. ppt

3 ICOLC. Statement of current perspective and preferred practices for the selection and purchase of electronic information: Update no. 1: New Development in E-journal Licensing. http://www. library. yale. edu/consortia/2001currentpractices. htm

4 Hirshon Arnold. Collection management of electronic resources in a consortia environment. http://www. las. ac. cn/ISCMER/ISCMERBeijing/cn/data/Arnold/hirshon-overview-distrib. ppt

5 Zhang Xiaolin. User-based requirements for electronic resources acquisition. Presentation at Journal Publishing Conference. Beijing: Library of the Chinese Academy of Science, 2003, Sept. 19

6 李晓明. 关于引进国外电子文献资源的几个问题. 大学图书馆学报, 2003(4)

7 肖珑, 张宇红. 电子资源评价指标体系的建立初探. 大学图书馆学报, 2002 (3)

8 周明华, 谢春枝. 美国大学图书馆联盟研究. 中国图书馆学报, 2003(5)

9 赵云君. 建立消费者联盟的理论思考——由对两种价格模式分析所引. 宁夏社会科学, 2002(5)

10 http://www. eifl. net

11 http://www. calis. edu. cn

12 http://www. csdl. net. cn

13 http://www. nstl. gov. cn

原载于《中国图书馆学报(双月刊)》, 2004 年第 5 期

国外网络数据库的引进与使用

网络数据库(web-database),或称网络版数据库,是指出版商和数据库生产商在互联网上发行的出版物和数据库,用户可通过互联网直接访问。与近几年在国内广泛利用的光盘数据库相比,它的特点在于:

- 数据量大,一次文献多;
- 不需要本地驱动器(包括光盘塔、库)和相应的服务器等硬件设备;
- 可以利用网络技术对数据库予以进一步的开发使用;
- 要求具备较好的网络条件;
- 价格相对略高。

随着计算机网络技术的发展和我国网络条件的改善,国外的网络数据库正在被逐步引进,并吸引着越来越多的用户。笔者根据在CALIS(中国高等教育文献保障体系)和北京大学图书馆电子资源建设工作中积累的一些经验,试图在本文中对国外网络数据库的引进和使用问题做一初步的探讨。

一、网络数据库引进的原则及相关问题

CALIS(中国高等教育文献保障体系)的四大全国信息服务中心之一——全国文理文献信息中心和北京大学图书馆在近两年的时间

里，相继引进了一系列国外的网络版数据库，包括：

UnCover 期刊数据库（美国 CARL 公司）；

学术期刊图书馆数据库（ProQuest Research Library，美国 UMI 公司）；

博硕士论文数据库（ProQuest Digital Dissertation，美国 UMI 公司）；

商业资源数据库（Business Source Elite，美国 EBSCO 公司）

学术全文数据库（Academic Search Elite，美国 EBSCO 公司）；

其他正在试用和准备引进的主要数据库有：

Web of Science（即科学引文索引（SCI）、社会科学引文索引（SSCI）、人文艺术科学索引（AHCI）的网络版，美国科技信息所）；

剑桥科学文摘（Cambridge Scientific Abstracts，美国剑桥科学文摘出版公司）；

INSPEC 数据库（英国电气工程师学会（IEE），由 OVID 公司代理）；

Academic Universe 数据库（美国 LEXIS-NEXIS 公司）；

总结上述网络数据库的引进与使用经验，笔者以为，目前在对国外网络数据库的引进问题上，可确定以下几项原则：

- 在国外有较大影响，并切合学科建设和发展的需要；
- 有利于充分利用现有的文献资源和补充紧缺的重要文献资源；
- 能方便地提供一次文献服务；
- 时效性强，价格合理，性能优越。

具体说来，要特别注意以下几点：

1. 要对来源刊的情况做充分的调查和了解

相对网上众多而无序的免费资源来说，网络数据库是按学科组织和排序的，针对性、可检性强，更适合科研、教学、商务、政府机关等的需要。由于其价格不菲，所以在引进国外网络数据库首先要考虑的是数据库本身的权威性和学术性，做到“物有所值”。网络数据库出版商经常喜欢强调的是数据库本身收录有多少种刊，其中有多少是全文刊等，这些数字并不能充分说明问题，因为其中肯定会有一些没有什么价值的小刊物或外围刊，关键是看数据库所含的核心期刊有多少，核心期刊的数量大，数据库的“含金量”也就高。通常数据库出版商都会有“来源刊目录”（source list 或 list of journals），只要认真研究对照就可以了解这方面的情况。

例如 CALIS 全国文理中心 1998 年在引进美国 UMI 公司的 ProQuest Research Library 时，就曾经与同类的美国 EBSCO 公司的 Academic Search Elite 做过对比调查分析，以决定引进哪个数据库更合适。

数据库名称	来源刊数量	全文刊数量	含高校订购原版现刊的种数	含核心期刊种数
ProQuest Research Library	2308	1472	299	273
Academic Search Elite	3215	996	256	204

显而易见，从来源刊的权威性和学术性标准来讲，应该是选择前者了。

2. 要看数据库在国内外的影响大小和是否具有良好的用户基础

有些数据库，例如像美国科技信息所（ISI）的“科学引文索引”（SCI）、英国电气工程师学会（IEE）的“科学文摘”（INSPEC）、美国国家医学图书馆的“医学文摘索引”（MEDLINE）等二次文献型数据库，从创刊至今，已有几十年甚至近百年的历史，从印刷型发展到光盘乃至网络数据库，已具有广泛的用户基础，影响很大，这类数据库可作为引进国外数据库的首选，因为它们最受用户欢迎，见效最快，一经上网，用户数量必然大增。

另一类比较新的数据库，特别是一些因为网络的特点才产生的全文数据库，则需要通过一段时间的免费试用来争取用户，向用户宣传，得到用户的认可，为引进数据库打下一个良好的用户基础。

3. 注意引进全文数据库或能提供原文服务的数据库

由于网络数据库不似光盘数据库受载体的限制,文献含量大,所以数据库出版商越来越多地在网上发行含有全部或部分全文的数据库,用户也希望能够尽快获得一次文献。引进一些质量比较好的全文数据库,可以一般性地满足用户对一次文献的需求,同时也能补充本馆的外文期刊馆藏,例如 ProQuest Research Library 数据库中含有 1400 多种期刊的原文,用户普遍对能直接拿到原文以及这些原文的质量感到满意。

有些二次文献型的数据库虽然没有原文,但也可以提供原文服务。如 UnCover 可以根据用户请求在 24 －48 小时内提供原文传递服务;还有些数据库,如 Cambridge Scientific Abstracts,可以链接到其他一些原文传递服务机构(如 British Library) 或提供网上全文服务的出版商(如 Academic Press) ,图书馆可以根据需求在这些机构建立账号,然后直接把检索结果发过去。这些间接提供原文服务的功能也应该作为引进网络数据库的考虑之一。

4. 要与本馆馆藏外文期刊相互配合

在引进网络数据库时首先调查了解来源刊中有多少刊属于本馆收藏的印刷本外文期刊,以及数据库是否提供输入本馆馆藏的功能。这样做的益处是:①可以与本馆外文期刊的订购互相配合,如属于数据库中收录的全文刊,可以考虑停止订购纸本期刊;②对于期刊以二次文献形式(如索引、文摘) 被收录在数据库中的情况而言,如果在数据库中输入本馆馆藏,用户检索时看到是本馆的期刊,就可以直接在本馆找原文,例如 UnCover 数据库就具备这种输入和显示本馆馆藏的功能。

5. 要尽量争取最长时间的免费试用

几乎所有的网络数据库都提供一段时间的免费试用,一般为 1 －

3 个月不等。这段时间对个人用户足够了,但对于大局域网(如校园网)来说,则显得比较仓促,因为要让用户了解、使用并征求他们的意见是需要一段时间的,所以应尽可能地争取长时间试用。

试用期间应了解和解决以下问题:

数据库来源刊的情况,特别是核心刊、全文刊的含量;

用户检索界面是否友好,一般用户是否很快能学会检索;

数据库检索功能是否齐全,可以满足各类检索要求;

是否具备其他功能:如输入馆藏目录,发出原文传递请求,用户使用统计等;

网络传输速度是否令人满意。

通过试用和试用统计了解用户的看法,为今后正式购买和使用打下良好的用户基础。

6. 应在事先充分考虑网络环境和网络通信费的问题

网络数据库是通过互联网发布和使用的,因此要充分考虑网络环境和网络通信费问题。网络环境问题通常要考虑:网络数据库是否是通过用户所在的局域网的 IP 地址范围来控制使用;如果是,哪些网段的用户可以使用这些数据库;这些用户是通过光纤还是拨号上网;用户所在的局域网通向国际网出口的带宽是否可以支持数据库的使用(通常一位数兆位带宽可以支持二次文献数据库,全文数据库则需要二位数兆位的带宽);如果是通过代理服务器,用户是否习惯和方便使用代理服务器;等等。这些因素都会影响到网络数据库的使用,因此必须在事先充分考虑,不能盲目引进。

网络通信费也是影响网络数据库使用的一个重要因素。通常由于网络通信费是按 IP 地址统计、直接计算到用户个人的,用户对于上国际网都比较谨慎,这必然会降低网络数据库的使用。目前解决的方法主要有两个,一是建立镜像站点;二是由数据库出版商租用专线,承担国际网通讯费。此外,也可以考虑建立代理服务器,所有用户由代理服务器上国际网。不管采取哪一种方式,国际网通讯费问题必须事先考虑和解决,否则用户使用频率低,引进网络数据库的意义和效益也就会大大降低。目前美国 UMI 公司、EBSCO 公司、OCLC 公司等都是采取租用 Digital Island 专线来解决此问题,用户数量增加很快。

二、网络数据库的访问和引进方式

1. 访问方式:直接访问还是建立镜像站点?

引进国外网络数据库,是让用户直接通过国际互联网访问还是在国内建立镜像站点?这个问题目前在国内颇有争议。笔者以为,这两种方式都可以,关键是适用于哪一类数据库。

一般来说,全文数据库采取直接访问的方式更为合适,这是因为全文数据库的数据量大,如建立镜像站点,则需要大量设备。以 EBSCO 公司的 Academic Search Elite 为例,每年仅增加的数据量就是 500G(千兆),如果再加上数据库的基础容量,建立镜像就需要高性能的服务器和大容量的硬盘,并且要随着数据量的增长不断地增加设备,这样的设备条件是很难支持的。此外,由于全文数据库的数据量大,建立镜像站点每天都需要传输和更新几十甚至几百兆的数据,传输速度慢,传输的过程中也经常丢失数据。

在这种情况下,采取直接访问的方式检索全文数据库更为合适。但这就存在国际网通讯费的问题。全国文理中心和北京大学图书馆采取的解决方式就是上文提到的,由数据库出版商承担此项费用,即出版商租用 Digital Island 专线,该专线可与 CERNET 网连接,用户可通过专线直接访问到美国的 ProQuest Research Library、ProQuest Digital Dissertation、Business Source Elite、Academic Search Elite 等数据库。

建立镜像站点的方式一般可应用于二次文献型数据库,如文摘索引类数据库,因为这些数据库的数据量小,对设备要求相对不高,建立镜像点也可以解决国际网通讯费的问题,提高网上访问速度。镜像点可以只建一个,也可以在所有的用户点都建立。例如美国的 Cambridge Scientific Abstracts 数据库就在清华大学图书馆为所有的中国用户建立了一个镜像点,而 EBSCO 公司的 Current Contents 数据库则在每个用户点都做了镜像。

2. 引进方式:集团联合引进还是单独购买?

应该说,以集团购买方式(consortium)联合引进国外网络数据库是最佳选择,因为这样可以节约财力、人力。以全国文理中心引进的 UMI 公司的 ProQuest Research Library 为例,如单独购买,则每家一年需支付近两万美元,8 家联合引进,则每家只需支付七千多美元,大大降低了费用。所以,对于某一个图书馆来说,如决定引进某一种数据库,最好看看国内是否还有其他的图书馆也有这种想法,联合起来与出版商"杀"价。

即使是集团购买,也会有两种价格方式。一种是"包库"方式,即类似买断,一次性付清费用,在某一范围内任意使用。例如全国文理中心引进的 UnCover 数据库,就是由文理中心支付费用,CALIS 的全部 61 个成员,即 61 所大学的用户都可以访问。另一种是用户点(site)的方式,即每增加一个用户点就增加一份费用,但价格也会降低一些,前文提到的 ProQuest Research Library 即属于此例。

三、网络数据库的利用与开发

毋庸置疑,网络数据库的使用次数越多越好,充分、广泛、连续的宣传和用户培训是实现这一点的最重要的前提。但是,基于网络技术产生的网络数据库提供的不仅仅是检索功能,它具备的是紧紧围绕用户需求产生的一系列服务内容,包括如检索、建立馆藏目录、馆际互借、最新文献报道、原文传递、用户使用统计、与其他网站的链接等。因此,网络数据库的使用不应只限于让用户检索,更应该包括其他功能的开发和运用,充分发挥网络数据库的"网络"特色,促进并使之得到最大限度的利用。

以全国文理文献信息中心引进的 UnCover 数据库为例，开发利用的功能有：

（1）为用户特别设计的网关（UnCover Customized Gateway）。为用户进行屏幕格式化设计，即 UnCover 按照 CALIS 的要求特别设计出"CALIS UnCover Gateway"的用户网关，并输入 CALIS 的 61 个成员馆的西文期刊馆藏目录。这项网关服务包括的具体内容有：

• 检索。可以检索 UnCover 数据库 1988 年以来 17 000 种期刊的目次，每日更新。

• 联合目录。可以了解 CALIS 其他成员馆的西文期刊馆藏情况。

• 馆际互借。通过了解 CALIS 其他成员馆的馆藏，可直接在网上向 CALIS 其他成员馆发出馆际互借请求。

• 网上订购。可直接向 UnCover 订购期刊文章，同时该系统还具有 SUMO 无中介补遗订购（Subsidized UnMediated Ordring）的功能，即自动取消已属于 CALIS 成员馆收藏的期刊文章的订单。

（2）最新文献传递（UnCover Reveal）。系统自动为用户提供他们选中期刊（最多可选 50 种）的最新一期目次信息，以一周为周期，发送到用户的电子邮件信箱中，用户可以了解学科最新动态，并订购文章，或通过馆际互借服务得到属于 CALIS 成员馆收藏的期刊文献。值得一提的是，CALIS 文理中心向 UnCover 以团体用户的名义购买此项服务，每位用户的费用下降三分之二，这也是集团购买方式的得益之处。

（3）原文传递服务（Document delivery）。此项服务与上述两项功能配套，用户可向 UnCover 订购 CALIS 成员馆缺藏的文章，并在 24 — 48 小时内拿到原文。

这些服务的开发使 UnCover 数据库得到充分的利用，读者既可以及时了解学科的最新发展情况，又能以经济、快捷的方式拿到所需文献，弥补了图书馆因经费不足而造成的西文期刊的短缺，开创了以文献传递取代订购期刊的图书馆馆藏建设的新观念和新方法。

其他数据库还可以开发的功能如：

(4)网站链接。即以开放的形式允许用户在数据库中链接一些有用的站点。例如 EBSCO 公司的 Business Source 数据库就可以创建到本馆主页或公共机读目录的链接,用户检索时可以随时查看本馆馆藏。Cambridge Scientific Abstracts 数据库不仅可以链接本馆机读目录,还可以链接到已经与图书馆有协议的全文出版商(如 Academic Press、Highwire Press 等)、原文传递机构(如 British Library)和馆际互借单位,用户检索后可直接进行索要全文的操作。

(5)用户使用统计。即直接在数据库中查询本单位用户使用的情况,目前如 EBSCO 公司、UnCover 公司、CSA 公司的数据库都有这个功能。

网络数据库的发展速度很快,其引进工作在我国也渐具规模,目前这方面的问题受到越来越多的图书馆和用户的关注。上述所谈各项问题,包括引进的方针和原则、选择恰当的引进方式、充分利用和进一步开发网络数据库 3 个方面,是笔者在实践工作中的一点经验和体会,希望能对这方面的工作有所帮助。

参考文献

1 J. P Kleiner, C. A. Hamaker 著;张沙丽译. 2000 年的图书馆:采用文献传递、需求评估和网络化资源的转型中的图书馆. 大学图书馆学报,1998,16(2)

2 CALIS 全国文理文献信息中心. CALIS 全国文理中心引进数据库方案

3 刘蜀仁. 高等学校工程文献信息服务中心资源建设策略探讨. 大学图书馆学报,1998,16(6)

4 CALIS UnCover Gateway. http://csi. carl. org:3001/Scripts/gateway. cgi

5 ProQuest Research Library. http://www. umi. com/globalauto

6 Business Source Elite. http://www. epnet. com/ehost/login. html

7 Cambridge Scientific Abstracts. http://csa. tsinghua. edu. cn

8 Web of Science. http://wos. isiglobalnet. com

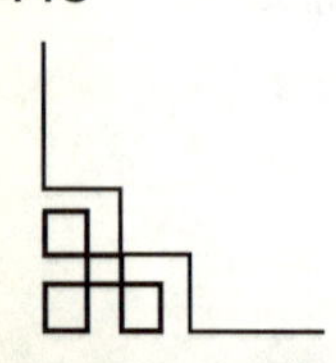

原载于《现代图书情报技术》,2000 年第 2 期

我国图书进口工作现状述略

图书进口工作是了解和引进世界先进科学技术、分享外国已有研究成果的重要渠道，是对外开放的窗口，它与图书馆的外文采购和藏书都有着密切的关系。从1949年至1989年，新中国的图书进口工作已经走过了40年的历程，为我国图书馆外文图书的购藏做出了巨大贡献。目前，我国已基本建立起一个较为完善的图书进口体系，在改革开放和社会主义建设中发挥着重要作用。本文拟对我国图书进口工作的现状做简明综述。

一、图书进口机构及其业务

1982年以前，我国从事图书进口业务的机构只有中国图书进出口公司一家，自从1982年中国国际图书贸易总公司恢复进口业务以来，从事图书进口工作的机构越来越多，目前已有十余家，其中规模和影响较大的有以下几家：

中国图书进出口总公司（China National Publications Import and Export Corporation，缩写NPIEC），即“中图公司”。它前身是1950年成立的国际书店。国际书店于1964年将图书进口业务交给新成立的外文书店。1973年，外文书店与新华书店外文发行所合并，成立了中图公司，直接受国家科委领导。中图公司目前是国内最大的图书进出口公司，我国70%左右的图书进口业务都由它承办。该公司现在约有工作人员两千余人，年用汇额为四千万美元左右，对外，除与一些大出版社建立业务联系外，还在美国纽约、英国伦敦、西德法兰克福设立了分公司。对内，既接受用户对书、刊、各类出版物的零星订购，也出版图书征订目录和外文报刊目录，通过全国各地的外文书店开展统一征订业务并发行图书。此外，该公司还创办并出版了我国第一份外文书业刊物《世界图书》，为广大书业界人士、图书情报单位的工作人员传递信息。中图公司的服务方针是“服务四化、读者第一、快速优质、讲求效益”。

中国教育图书进出口总公司（China Educational Publications Import and Export Corporation，缩写为 CEPIEC），简称“教图公司”，成立于1987 年 5 月 3 日，是国家教委直属的从事书刊进出口业务的外贸企业，它的成立主要是为教育系统建立一个自己的图书进出口渠道，打破中图公司的垄断，加强竞争，改善服务。目前它的年用汇额已达五百万美元左右，工作人员约有一百余人。对外，它与世界各国一百多家著名的出版商和出版社建立了业务往来。对内，它设有进口部、信息部（出版图书征订目录和报刊目录）、服务部（主动进货）等部门，开展统订、零订、长期订购等业务，并在全国设立了 40 多个转运站发行图书。该公司的经营方针是“依靠学校，服务学校”“低价微利，优质服务”。

中国国际图书贸易总公司（China International Book Trading Corporation），简称“国图公司”，即原来的“国际书店”，受中共中央宣传部领导。国际书店成立于新中国成立伊始，是我国最早开展图书进口业务的单位，后将进口业务移交给外文书店，只开展出口业务，从 1982 年起，国图公司又恢复办理图书进口业务，目前的年用汇额约为一千万美金左右。与中图公司和教图公司相比较，该公司最大的特点就是所进口的图书基本为社科图书。该公司在美国设有一家分公司，在国外亦开展统订、零订服务，并通过外文书店发行图书。

北京市图书进出口公司（Beijing Publications Import and Export Corporation），即北京市外文书店，受北京市政府领导。它的规模不大，年用汇额约为二百万美元,订户全部是北京本地的图书馆。该公司也出版有图书征订目录,开办统订、零订等各项业务。

除去以上这几家公司外,中国科学院的"东方进出口公司"、中国社会科学院的"人文公司"、中国版本图书馆、上海市外文书店、广州市外文书店等单位也办理图书进口业务。此外,设在北京大学图书馆的"全国高等院校图书专款采购办公室"负责承办世界银行贷款进口图书的工作,设在北京外国语学院的"高等学校社会科学图书文献引进办公室"使用国家教委高教一司每年专拨的二百万美金的"文科专款"为全国一百多个学校专门购买社会科学图书。

二、图书进口工作当前面临的新形势

1. 世界出版业的飞速发展,对我国的图书进口工作造成一定的外部压力

当今世界进入信息社会,人们对情报的需求比以前大大增加。全世界的出版业发展得也比以往任何时候都快。目前,全世界有大大小小出版社约十六万家。每年出版图书近 70 万种,报刊约 18 万多种(其中极有参考价值的大约 3 万种,核心期刊 3000 多种),政府出版物、专利说明书、标准、会议录、学会协会出版物、计算机可读磁带、光盘等文献资料近 500 万件,在这种情况下,如何尽快、尽多、尽好地把世界出版业信息传达给读者,帮助用户买到高水平的书刊,是我国图书进口工作的艰巨任务。

2. 国内市场竞争激烈

自从 1982 年国图公司恢复图书进口业务以来,中图公司独家经营的局面被打破了,从事图书进口业务的机构逐步增多,以争夺用户为目标的竞争机制给图书进口机构提出了新的课题。加上我国图书馆购书经费普遍不足,如何吸引更多的用户,在竞争中站稳脚跟,扩大

业务规模,更是每个图书进口机构亟待解决的问题。

3. 用户对进口图书的要求发生了变化

这些变化主要表现在以下几个方面:

进口图书的内容:社科性的内容减少了,自然科学特别是高科技的内容比例大大增加,例如在一些理工科院校图书馆,自然科学与社会科学图书的比例为9∶1,而在一些综合性院校图书馆,二者的比例也为7∶3,生物、医学、建筑、农业、计算机、高能物理、高分子化学等方面图书的进口量遥遥领先于其他。

进口图书的类型:在当前图书经费紧张的情况下,许多图书馆都采取了“保刊不保书”的方针,这是因为期刊本身的实效性根强,60%以上的情报都来源于期刊,因此进口期刊的比例要大于进口图书,特别是一些理工科院校图书馆和医学图书馆,这种情况更为突出。另外,用户的需求也不仅仅限于传统的书刊,由于经费和空间的限制,更由于出版业的现代化,他们对于缩微制品、计算机可读磁带、光盘等现代化出版物的兴趣也日渐提高。

进口图书的来源:在继续保持和增加从美国、英国、德国、荷兰、日本、法国等国的图书进口的情况下,近几年,随着中苏关系的解冻,大陆与台湾关系的改善,苏联和台湾图书的进口量也显著增加了。

进口图书的质量:由于书价连年上涨,而图书馆的采购经费却几年不变,结果进口书刊的品种下降了,而用户为达到“花钱少买好书”的目的,对进口图书的质量要求更高了。

图书进口的速度:进口图书的速度应该加快的要求比以前更加强烈,特别是报刊,由于其时效性根强,这方面要求就更高。

三、新形势下图书进口工作的改进与完善

图书进口工作面临上述种种的新变化,各单位纷纷改进本公司的

服务措施,完善自己的进口系统,以求应用户的需要,加强竞争能力,在竞争中站稳脚跟。这些措施包括:

1. 争取价格优惠

低廉的价格是获得用户的决定性因素之一,一般来说,目前降低进口图书价格的方法有三:

降低进口成本:过去订购外国报刊,环节较多,特别是要经过国外的代理商,折扣小,手续费高。现在,各单位都积极与出版社直接建立业务关系,并纷纷在国外建立自己的分公司,减少了中间环节,降低了进口成本。

改革计价方法:一是将国外出版社的折扣转给用户,而不像以前那样"吞掉";二是降低在订价基础上提取手续费的比例,一般来说,各单位现在的提取比例为10%－15%,比以前约降低5%左右。

节省运费开支:国外的图书以前都是由出版社或书商直接寄到国内,运费无疑是很高的,现在,图书基本上是在国外集中,用集装箱装船海运,节省了运费,降低了书价。

2. 改变运货方式

国外进货方式的改变:一是图书改用集装箱运货,减少了丢失;二是报刊采用航空邮寄的方法,缩短了进货时间,使报刊的时效性得到体现。

国内发行的方式:增加了主动送货上门服务一项,大大减少了用户的麻烦。

3. 根据用户需求扩大业务范围

如加强与苏联、东欧、台湾的贸易往来,扩大书源;为用户购买他们所需的光盘、缩微品、计算机可读磁带等现代化出版物。

4. 加强书目信息工作

书目信息工作是开展图书进口业务的基础,这方面工作做得好,用户获得的信息新、快、全，就能促进图书进口贸易的进行。加强书目信息工作的措施主要有两点：

一是加强征订目录的编写工作。普遍增加编写书目人员，扩大书目来源，以求在大量的出版物中选出有价值的书目信息传达给读者，让读者买到高质量的书刊。

二是举办各种书展，快速、有效、广泛地传播国外的书刊信息。由于世界出版业的高速发展，仅仅靠出版征订目录向用户传递书刊信息是不够的，因此各公司纷纷举办各种书展，或是某一出版社的，或是某一国家的，或是几家出版社联合的，积极向用户传递信息，为用户与出版社之间提供直接见面机会，以便用户买好书、快买书，促进进口贸易的进行。其中，中图公司在1986年和1988年还分别举办了两次世界图书博览会，参展出版社达1000多家，盛况空前。教图公司也在上海、长沙、杭州、南京等地举办了数次书展。

5. 改进内部管理

一是完善内部管理制度；二是加强人员培训，提高人员素质；三是利用现代化手段进行管理，特别是引进计算机技术，建立本单位的计算机系统。

四、现存的问题与未来的展望

尽管各单位采取了上述种种措施来改进工作，我国的图书进口工作仍存在很多问题，主要表现在：

一是对国内读者的需求了解不充分，不能大量地主动进货，只能采取先订购、后列书的进货方式，这就势必拖延了时间，不能让读者更快、更及时地得到新的资料，同时，有些畅销书或出版量小的书就因此可能订不到了。

二是对国外出版社的出版情况了解得不够广泛，致使各单位所编写的征订目录报道面不够宽，不能全面满足各类型读者的需求，给用户选择的机会也不够。

三是售后服务差。这个问题各图书馆反应很强烈，比如说，某本书是否订到，某本书开了发票却未发货，某本书有残缺等，这类问题用户写信到进口单位询问时，得到的回答往往是“不知道”，或者去信如石沉大海。这说明我们的图书进口系统还不够完善，既没有建立订货、到货的完整档案。也缺乏像国外的代理商都有的“Customer Service”（用户服务部）这样的部门来专门管理此事，欠缺了进口工作的重要一环。

上述几个问题的改进，是与我国图书进口工作今后的发展密切相关的。这些问题会在发展中逐步得到改正，同时它们的改正也促进了图书进口工作的开展，完善了整个进口工作体系。

那么图书进口工作将如何发展呢？总的来说，在竞争的作用下，它的发展将体现为两方面：

一方面是进口工作性质的改变，这个改变将促进对现存问题的改正，完善整个进口工作，在过去的30多年中，我国的图书进口工作一直是单纯经营性质的。今后，随着竞争机制的引进，书刊贸易由卖方市场转向买方市场，以及各单位服务态度和服务质量的改进，图书进口工作的性质必将由单一的经营性质发展为艺术性、服务性、经营性三位一体的综合性质，整个进口体系必将得到飞跃性发展。

所谓学术性，即图书的进口不仅仅追求利润，更重要的是要为我国的生产、科研、教学做出贡献。这种学术性主要表现在对国外出版业和国内读者的需求的研究上。对国外出版业的研究，不仅是出版了哪些文献的研究，也包括哪些文献代表了世界先进水平，哪些文献类型有更大的发展前途，哪些适合于中国国情，世界出版业将如何发展等问题。对国内读者需求的研究则包括他们需求的文献内容和类型，以及这些需求的种种变化等问题。对这些方面充分了解了，才能为读者编出快、新、全的书目，并且主动地大量进货，缩短进口时间，以满足读者对新资料的需求。

所谓服务性，即不仅仅把图书进口业务理解为订货、进货、结账等几个简单环节，还要多方面为订户着想，尽量减少订户的麻烦，让订户满意。如尽量加快发行速度，设立专门机构、加强售后服务，以及合理收费等。其中特别是加强售后服务这一点，这是整个进口工作的最后一环，也是重要的一环，这项工作做得好，订户才会真正满意，各单位才能以完善的、高质量的服务获得更多的用户。

图书进口工作发展的另一方面，可能会出现这种情况，即由于竞争，一部分公司将面临重新关闭的危险，一般来说，图书馆的采购经费有限的，每年的递增更是有限的，而参加竞争的机构多了以后，这些经费便大大分散，一部分公司就必然产生"吃不饱"的问题，这样其中那些资金少、周转不过来的进口机构就有可能破产。这些是竞争可能导致的一个后果，当然，这个可能出现的后果也是一个促进发展的因素。

放眼我国的图书进口工作，尽管目前还存在许多问题，但经过40年的发展，毕竟有了一个完整的图书进口系统，在中国建立了一个庞大的图书进口市场。作为一项外贸工作，不仅国内的用户对它充满了希望，国外的出版界也希望它能度过困难时期，把中国的图书进口市场建成世界上最重要的图书进口市场之一。

参考文献

1 一个新型的进出口机构——中国教育图书进出口公司. 图书馆学通讯, 1988 (4)

2 (美)费嘉乐. 外国人心目中的北京国际书展. 世界图书,1989(2)

3 陈为江. 中国公司在改革中前进. 世界图书,1988(8)

原载于《图书与情报》,1990 年第 3 期

CALIS 数字资源评估指标体系及其应用指南*

数字时代，数字资源已经发展成为图书馆主流文献资源，其建设途径主要是通过采购商业化学术资源和自行加工特色资源为主。据中国高等教育文献保障系统（CALIS）管理中心 2007 年 5 月发布的统计[1]，每年中国高校图书馆用于参加集团购买国外数据库的经费已经达到 3.24 亿，数据库种数超过 300 种，其中电子期刊超过 3 万种，电子图书接近 20 万种。与此同时，自建数字资源也在飞速增长，以北京大学图书馆为例，目前自行扫描、采集、加工的文本、图像、多媒体资源总量已经超过 10T，绝大部分都已上网发布服务。

鉴于资源的快速发展，需要建立包括评估对象、评估指标和评估模型在内的完整的数字资源评估体系，以对数字资源进行全面的评估，达到资源建设的最大效益化，指导资源建设未来的发展，促进资源的服务与共享。而目前国内的数字资源评估体系，主要还是针对采购引进的电子资源而建立，不够完整和系统化。

有鉴于此，北京大学数字图书馆研究所、CALIS 管理中心先后设立了“数字资源评估”项目、“数字资源与服务评估”子项目，总结出一套完整的数字资源评估指标体系，并针对这套指标体系提

* 本文与李浩凌、徐成合写。

出了应用指南。本文即为这两个项目的研究和应用实践的成果之一。

1. 评估对象与评估内容

CALIS 数字资源评估指标体系适用于图书馆联盟和个体图书馆,以图书馆所有形式的数字资源为评估对象。包括:①通过集团采购或者各馆单独采购引进的国内外文献数据库;②通过馆际合作或者各馆单独加工建设的数字资源;③资源的共享体系和共享能力;等等。与传统图书馆的印刷型资源评估相比,最大的特点是强调资源的联合建设与共享评估。

根据上述评估对象,数字资源评估的内容应当包括以下几个方面:

(1)数量和规模评估:是衡量数字资源文献保障能力的基础。与传统印刷型资源不同,数字资源的计量比较复杂,其中包括对各种类型的资源品种和数量的计量。应当尽可能规范、准确、客观。

(2)内容与质量评估:主要是测评数字资源的学术性、权威性、完整性、时效性等方面。

(3)体系与结构优化评估:目的是衡量数字资源体系结构是否合理,结构的构成成分和各成分所占的比重是否科学合理,是考察资源配置布局是否得当的重要指标。具体包括:

- 学科结构:评估学科专业的数字资源是否与学科专业的设置相适应,与目标读者的专业知识结构是否相适应。是否基本覆盖相关的学科专业,是否发展平衡比重适当等。
- 类型结构:评估数字资源是否包括各种类型的电子出版物。是否全面包括书目/索引/文摘数据库(参考数据库)、电子期刊、电子图书、全文数据库、事实数据库、学位论文库、网络学科导航资源等的完整体系,各种资源类型的比重如何等。
- 级别结构:评估数字资源是否既有研究级的资源又有大学

基础级的资源,既有典藏级的资源又有以获取为目的的服务级的资源。各个级别之间应当保持平衡,另外要注意典藏级资源的存档和永久使用权的问题,保障资源的可持续发展。

• 文种结构:除中文资源外,还应该包括外文资源,尤其是英文文种的资源。

• 媒介结构:数字资源的媒介包括光盘、磁带、网络远程访问等。目前由于网络及服务器存取和服务的便利性,应当优先选择作为发展的主要形式。其他媒介可以作为辅助。

• 来源结构:评估是否有引进的商业数字资源,又有自建的特色资源,还有开放存取的免费的因特网资源。购买的商业资源应当是数字资源的主要部分和投入的重点。自建资源一般是根据图书馆传统资源的特色精选出来的,也非常重要。免费开发资源是经过专业人员的选择评价,对互联网免费资源进行组织,方便读者利用的资源,如学科导航等。

(4)数字资源获取与信息组织能力评估:通过信息的有效组织、揭示和技术服务,可以提高资源的易用性和可获取性,达到资源的有效利用。比如资源的检索系统、检索功能、检索技术是否先进并且易用,数据库商/出版商是否提供有效的技术服务,图书馆是否提供有统一检索平台,是否能实现二次文献和一次文献、参考文献和原文的链接和调度功能,与传统印刷资源的整合状况以及与馆际互借等服务的整合状况如何。评估自建资源还要考察数据是否达到规范和实现标准化,评估是否有科学有效的信息描述与数据处理方法。

(5)可持续发展能力评估:数字资源不同于传统印刷型资源,其最大特点是数字资源以虚拟的形式存在,而非实体资源。很多商业出版的数字资源一般只提供使用权、租用权而没有拥有权。因此对用户来说,如何保障数字资源的可持续发展是越来越值得关注的问题。具体包括:

• 资源发展战略评估：要考虑引进资源的持久的可使用性，特别考虑重要学术资源的保障问题。通过一定的方式比如与出版商谈判提供用户存档、国家存档或联盟存档来保障资源的长期发展和拥有。

• 永久使用评估：评估数字资源是否能够永久使用，数据库商是否提供用户对已购买的数据拥有永久使用的权利，永久使用的方式是否合法、合理、有效。

• 存档：评估数字资源是否存档，数据库商是否提供用户对已购买的数据拥有存档的权利，以及存档的方式是否合法、合理、有效。

（6）效益评估：指对资源的投入和产出效益进行评估，在引进数字资源时，这个指标往往是决定是否订购或进行调整的关键性指标。在自建资源时，这个指标则决定是否投资建设。具体包括：

• 资源的经费投入：如购置、自建数字资源的费用，数字资源经费投入所占比例、费用年增加变化情况等。要充分考虑有关的各种因素，比如与纸本捆绑购买的资源，不可以只考虑电子访问费，还要加入纸本的费用投入。自建资源则需要考虑人工、场地、设备甚至水电的投入。

• 资源的使用情况：是评估资源质量的重要依据。使用情况的评价可以从多个方面获取。可以是出版商提供的统计报告，也可以通过对用户进行调查来获取信息。

• 资源的成本核算：通过费用和使用情况的分析，可以计算出数字资源的单位成本，比如：每做一次检索的费用，或每下载一篇全文的费用。

• 资源的文献保障率：是考察资源是否满足最终用户的需要以及满足的程度如何。

（7）资源共享能力评估，包括：

• 资源共享评估：如对联合目录、集团采购、联合教学参考书数据库、合作学科导航等项目给各成员馆所带来的服务效益和经济效益的评估。例如通过参加 CALIS 的项目，资源的数量和服务方式的变化状况，经费和成本是否有一定程度的节约等。

- 服务共享评估：通过馆际互借和原文传递等服务共享数字资源的情况，和使用资源整合和其他增值服务的情况。

2. 评估指标体系

针对上述评估对象和评估内容，根据高校图书馆近年来数字资源的发展情况，并参照了以下国内外的图书馆联盟和数字资源评估项目及其实践经验以及各类文献：

中国台湾学术电子资讯资源共享联盟项目（CONCERT）[2]；

芬兰国家数字图书馆项目（FinElib）[3]；

美国加州大学数字图书馆（CDL）评估项目[4]；

美国研究图书馆学会（ARL）电子资源计量项目（E-Metrics Project）[5]；

网络电子资源在线使用统计项目（COUNTER：Counting Online Usage of Networked Resources）[6]；

ICOLC（国际图书馆共同体联盟）的计量项目[7-8]；

教育部高等学校图书馆工作指导委员会、CALIS 管理中心联合制定《高等学校图书馆数字资源计量指南》（2004 年制定，2007 年修订）[9]；

中华人民共和国国家标准《GB/T 13191 －91：情报和文献工作机构统计标准》；

国际标准化组织《ISO/TR 20983：电子图书馆服务绩效指标》（Information and documentation——Performance indicators for electronic library services，2003 年 11 月 1 日第一版）；

设计了可供高校图书馆和 CALIS 数字资源评估工作参照使用的、完整的数字资源评估指标体系。这套指标体系包括 12 个一级指标，每个一级指标下又包含若干二级指标，每个二级指标可根据实际需要，在不同应用层面上选择使用。

每个指标均根据 CALIS 规定的指标描述方法[10]，初步给出了基本定义，如：

指标 1：数字资源的数量：

定义：即图书馆引进或者自行建设的不同类型数字资源的品种与数量；

目的：主要用于评估资源的拥有和可访问的数量，有助于衡量和提高数字资源的发展；

方法：由图书馆、CALIS 自行统计，也可以由数据库商提供；

影响指标的解释和因素：计量单位、计量方法需要统一，应以教育部高等学校图书情报指导工作委员会和 CALIS管理中心联合提出的《高等学校图书馆数字资源计量指南》（2004 年制定，2007 年修订）为标准，并可扩展二级指标；

范围：无限制；

相关指标：指标 2、3、7、8、11

二级指标：数据库的数量、电子图书的数量、电子期刊的数量、核心电子期刊的数量、学位论文全文数量、教学参考资源的数量、会议录和会议论文的数量、古文献（古籍/拓片/舆图/方志/家谱等）的数量、图像、多媒体数量、网络资源导航数量。

具体指标体系详见表 1[11]，限于篇幅，本文在这里省略指标定义部分。

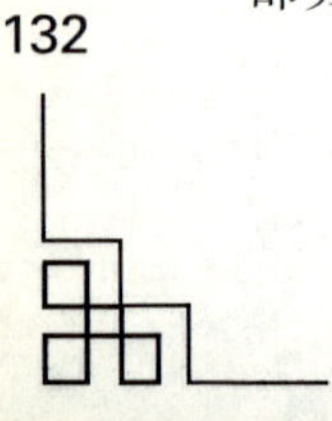

表1　CALIS数字资源评估指标体系

一级指标	二级指标	指标属性		应用层面					
		定性指标	定量指标	单馆	联盟/合作	单种资源	整体资源	引进资源	自建资源
1. 数字资源的数量									
	数据库的数量		√	√	√		√	√	√
	电子图书的数量		√	√	√	√	√	√	
	电子期刊的数量		√	√	√	√	√	√	
	核心电子期刊的数量		√	√	√	√	√	√	
	学位论文全文数量		√	√	√	√	√	√	√
	教学参考资源的数量		√	√	√	√	√		√
	会议录和会议论文的数量		√	√	√	√	√	√	
	古文献(古籍/拓片/舆图/方志/家谱等)的数量		√	√	√	√	√	√	√
	图像、多媒体数量		√	√	√	√	√	√	√
	网络资源导航数量		√	√	√	√	√		√
2. 数字资源的结构									
类型结构	类型总体分布		√	√	√		√	√	
	电子图书在全部图书藏量中的比重		√	√	√		√	√	

续表

一级指标	二级指标	指标属性		应用层面					
		定性指标	定量指标	单馆	联盟/合作	单种资源	整体资源	引进资源	自建资源
	电子期刊在全部期刊藏量中的比重		√	√	√		√	√	
	核心期刊在电子期刊中的比重		√	√	√	√	√	√	
	参考数据库在全部参考资源中的比重		√	√	√		√	√	
	学位论文库提供电子全文的比重		√	√	√	√	√	√	√
学科结构	学科种类/名称	√		√	√	√	√	√	√
	学科总体分布		√	√	√	√	√	√	√
	单个学科拥有的资源数量统计		√	√	√	√	√	√	√
	单个学科拥有的资源数量的比重		√	√	√	√	√	√	√
	数字资源经费的学科分布		√	√	√		√	√	
文种结构	中文资源比重		√	√	√		√	√	
	英文资源比重		√	√	√		√	√	
	其他语种资源比重		√	√	√		√	√	
级别结构	大学基础级资源比重		√	√	√		√	√	
	研究级资源比重		√	√	√		√	√	

续表

一级指标	二级指标	指标属性		应用层面					
		定性指标	定量指标	单馆	联盟/合作	单种资源	整体资源	引进资源	自建资源
媒介结构	光盘		√	√		√	√	√	
	局域网访问		√	√	√	√	√	√	√
	网络远程访问		√	√	√	√	√	√	√
	机读磁带		√	√	√	√	√	√	√
来源结构	引进资源比重		√	√	√		√	√	
	自建资源比重		√	√	√		√		√
3. 数字资源的内容与质量									
	收录时间范围		√			√		√	√
	收录地域范围		√			√		√	√
	学科主题领域		√			√	√	√	√
	核心或重要出版物比重		√			√		√	
	内容质量用户评价	√		√		√	√	√	√
	内容质量专家评价	√		√		√	√	√	√
	与馆藏印刷型资源的重复率		√			√	√	√	

续表

一级指标	二级指标	指标属性		应用层面					
		定性指标	定量指标	单馆	联盟/合作	单种资源	整体资源	引进资源	自建资源
	与相关数字资源的重复率		√			√	√	√	
	更新频率		√			√		√	√
	时间滞后情况		√			√		√	
	注销出版物的比例		√			√		√	
4. 数字资源检索与获取能力									
	检索功能的完整性	√				√		√	√
	检索技术的先进性	√				√		√	√
	检索速度评测	√				√		√	√
	检索结果的格式与处理	√				√		√	√
	检索平台的稳定性	√				√		√	√
	并发用户限制	√				√		√	√
5. 出版商/数据库商的服务									
	用户访问	√				√		√	
	用户培训	√				√		√	

续表

一级指标	二级指标	指标属性		应用层面					
		定性指标	定量指标	单馆	联盟/合作	单种资源	整体资源	引进资源	自建资源
	对用户问题或技术故障的响应和处理	√				√		√	
	及时通报数据库的变化	√				√		√	
	指标与格式统一的数据库使用统计报告	√				√		√	
	是否有专人负责	√				√		√	
6. 信息组织能力									
	学科导航	√		√	√	√	√	√	√
	统一检索	√		√	√	√	√	√	√
	参考链接/资源调度	√		√	√	√	√	√	√
	与文献传递服务的整合	√		√	√	√	√	√	√
	与印本资源的整合	√		√	√		√	√	√
7. 可持续发展能力									
	可存档资源的数量/占资源总量的比重		√	√	√	√	√	√	√
	有永久使用权资源数量/占资源总量的比重		√	√	√	√	√	√	
	数字资源长期保存的经费		√	√	√	√	√	√	√

续表

一级指标	二级指标	指标属性		应用层面					
		定性指标	定量指标	单馆	联盟/合作	单种资源	整体资源	引进资源	自建资源
	合理使用的限制	√				√		√	
	存档方式评价	√		√	√	√		√	√
8. 数字资源和相关设施的费用									
	电子期刊的价格/费用		√	√	√	√	√	√	
	参考数据库的价格/费用		√	√	√	√	√	√	
	电子图书的价格/费用		√	√	√	√	√	√	
	数据库的开发建设费用		√	√	√	√	√		√
	数据库的运营、管理和维护费用		√	√	√	√	√	√	√
	数据库的年价格上涨幅度		√			√		√	
	数据库的检索系统与其他专门设备的费用		√			√		√	√
	数据库的存档费用		√			√		√	√
9. 数字资源的使用数量									
	数据库的登录量		√	√	√	√	√	√	√
	数据库的查询量		√	√	√	√	√	√	√

续表

一级指标	二级指标	指标属性		应用层面					
		定性指标	定量指标	单馆	联盟/合作	单种资源	整体资源	引进资源	自建资源
	数据库的全文下载量		√	√	√	√	√	√	√
	数据库的拒绝访问量		√	√	√	√		√	
10. 数字资源的文献保障率									
	数字资源用户满足率		√	√	√		√	√	√
11. 数字资源成本评估									
	数据库的登录成本		√	√	√	√	√	√	√
	数据库的查询成本		√	√	√	√	√	√	√
	数据库的请求成本		√	√	√	√	√	√	√
	数据库的全文下载成本		√	√	√	√	√	√	√
	数据库的建设成本		√	√	√	√			√
	数据库的存档成本		√	√	√	√	√	√	√
12. 数字资源共享能力									
	参加集团采购/合作建设的成员馆总数		√		√			√	√
	图书馆联盟集团引进/合作建设的数字资源总量		√		√		√	√	√

续表

一级指标	二级指标	指标属性		应用层面					
		定性指标	定量指标	单馆	联盟/合作	单种资源	整体资源	引进资源	自建资源
	成员馆参加集团引进/合作建设的数字资源数量		√	√	√			√	√
	成员馆参加集团引进/合作建设的数字资源比重		√	√	√			√	√
	图书馆联盟数字资源建设的总经费投入		√		√		√	√	√
	图书馆联盟每年补贴成员馆的经费总额		√		√		√	√	√
	图书馆联盟给成员馆带来的成本节省总额		√		√		√	√	√
	图书馆联盟举办的研讨/培训次数		√		√			√	√
	图书馆联盟内部的合作项目数量		√		√		√	√	√
	图书馆联盟设立的数据库服务器数量		√		√		√	√	√
	图书馆联盟谈判获得的国际专线数量		√		√			√	
	图书馆联盟为成员馆节省的国际网通讯费用		√		√			√	
	数字资源建设的标准规范数量		√		√		√	√	√
	数字资源的整合/集中发布平台	√			√		√	√	√
	资源共享服务（联合目录/馆际互借等）		√		√		√	√	√
	图书馆联盟网站/平台的使用量		√		√				
	成员馆对联盟的满意度	√			√		√	√	√

3. 评估指标体系应用指南

(1)指标的选择与扩展

CALIS 评估指标体系是一套完整的指标体系,在实践过程中具有可选择性和可扩展性。

可选择性是指每一个指标都有相应的应用层面,包括单个图书馆的资源评估、联盟的资源评估;单种资源的评估、整体资源的评估;引进资源的评估以及自建资源的评估等。在实际的数字资源的评估活动中,评估者可以根据不同的评估对象和评估目标,选取需要的指标进行评估。

可扩展性,是指评估者可以在一级指标下扩展二级指标,例如在一级指标"数字资源的数量"下,增加"数字特藏的数量"等二级指标。扩展时需遵守"向上兼容"原则,即增加的二级指标不得超出一级指标的定义范围,不得与其他二级指标重复。

(2)评估模型的建立

CALIS 评估指标体系需要根据具体的评估工作建立评估模型,即针对不同的评估对象和评估目标,选择不同的指标,确定指标的权重。如针对单馆的引进资源评估工作、针对 CALIS 联盟层面的引进资源评估工作,指标的选择与权重都有所不同。

(3)对单种资源进行评估

在资源引进前对单种资源进行是否订购的前评估,或资源引进后决定是否续订而进行后评估。评价者可以选取能够应用于单种资源和应用于引进资源的指标,比如若评估的是期刊数据库,在一级指标"数字资源结构评估"中可选取"核心期刊在电子期刊中的比例"做评估项目。同时还可以选取"数字资源内容与质量""数字资源检索与获取能力""出版商/数据库商的服务""可持续发展能力"等所包含的大部分可以针对单种引进资源进行评估的二级指标。

CALIS 在集团采购的过程中,按照组团工作流程,各组团牵头单位运用评估指标体系对引进的资源做出综合性的评估报告,在组团之前发布给各成员馆作为必要的参考，受到了成员馆的广泛的欢迎。迄今为止共完成“LexisNexis Academic 学术大全数据库及 Lexis. com 数据库资源评估报告”“《自然》周刊及相关电子出版物评估报告”“JSTOR西文过刊全文库资源评估报告”“ISI Web of Science 评估报告”等数十个评估报告。

以 CALIS 文理中心 2006 年完成的“EBSCO 公司 ASP、BSP 数据库评估报告”为例，该报告是在联盟层面上对单种资源进行评估，包含了下列评估指标和评估内容：

一、EBSCO 数据库内容与数量：数据库收录资源类型、数量及学科分布，2003 — 2006 年期间收录内容变化情况，与 ProQuest 数据库的重复情况，收录期刊的滞后情况，与其他全文数据库的收录期刊比较滞后的情况，全文起止日期及更新情况等。

二、组团方式与价格：2003 — 2005 年的组团方式及价格，2006 — 2008 年的组团方式及价格。

三、用户服务：数据库访问方式，赠送的数据库及产品，检索系统。

四、存档政策。

五、使用统计及成本评估：2003 — 2005 年集团使用统计及单位成本。

六、结论。

(4) 对单个图书馆的数字资源做整体性的评估

评估的方法是选取可应用于整体资源评估的指标。通过这样的评估，可以全面了解馆藏数字资源整体状况，检查数字资源的建设情况是否符合本馆数字资源的发展政策，并指导下一步的发展计划，如有疏漏和偏离可以及时做出调整和修订。北京大学图书馆在 2006 年曾经进行的“电子资源文献保障率学科样本评估”便属于这方面的实例研究，其调查的学科为化学和经济学，结论为：化学学科的保障率为

73%,经济学的保障率为54%。调查显示,经济学方面的电子文献建设还需要进一步加强,特别是数值型、统计型数据库需要进一步增加。

(5)对图书馆自建的数字资源进行评估

CALIS成员馆根据自身所拥有的具有特色的或具有优势的馆藏资源,开发了一系列的自建数据库,这些资源极大地丰富了数字资源的内容体系。应用评估指标体系中相关指标可以评估这些资源的质量内容、开发建设的经济投入和服务效益各方面的情况。

(6)对CALIS联合共建的数字资源进行评估

CALIS联合共建的数字资源具备整体性、共享性和分布性的特点。因此要注意选取多个层面的相关指标。这些资源包括CALIS学位论文库、CALIS会议论文库、CALIS联合目录库、CALIS期刊目次数据库等。除了资源本身的评估,联盟对数字资源的整合和增值服务也是评估的重要项目。

例如CALIS华中地区中心(武汉大学图书馆)完成的《全国高校专题特色库资源建设评估报告》便是这方面的应用实例。

(7)对数字资源共享性进行评估

共享性评估主要是考察CALIS数字资源体系的共享性和共享的实际效益,通过对共享性的评估,确定CALIS共享体系的必要性、现存问题和发展需求。

例如,为了定期地对CALIS集团采购的工作和引进的资源进行评估,CALIS引进资源工作组于2005年5月、2006年5月、2007年5月进行了三次"CALIS引进数据库用户满意度调查"[12],了解各成员馆及其他用户对CALIS的集团采购、引进数据库的意见和建议,其中有两项最重要的调查:一是调查成员馆用户对CALIS集团采购数据库的满意度,比如:集团采购的数据库的价格的优惠程度、节省成员馆工作时间和相关支出、CALIS提供资金补贴情况等。二是调查成员馆用户对CALIS引进的各个资源的满意度,包括数据库内容与质量、数据库的使用情况、检索系统与功能、出版商/数据库商的售后服务、永久使用与存档、数据库的采购成本、数据库的服务成本、数据库共享模式。

调查报告内容非常全面,从中既可以了解到 CALIS 引进资源的共享情况,也可以评估各数据库商的单种资源。发布之后,引起成员馆和数据库商的很大反响。

CALIS 总体评估体系包含资源评估体系、服务评估体系两个主要部分,确定 CALIS 数字资源评估指标体系还只是完成了第一步工作。在实施的过程中还需要根据 CALIS 和各高校图书馆具体的评估工作要求完成以下一系列工作:确定评估对象和内容,选取具体的评估指标,确定评估模型和指标权重,进行数据样本实验和评估模型调整,采集数据,并进行比较、分析与评价,最终得出评估结论。

资源建设是图书馆服务的基础,数字资源的评估工作与服务评估工作是密不可分的,二者相辅相成,在开展评估工作中不可忽略,方能达到以评估促发展的目的。

参考文献

1 CALIS 数字资源管理与长期存取研讨会暨第五届国外引进数据库培训周. http://202.115.54.30/calis/

2 台湾学术电子资讯资源共享联盟(CONCERT). http://www.stpi.org.tw/fdb/

3 Hormia-Poutanen, Kristiina. Selection and evaluation — the Finnish model//数字资源合作管理国际研讨会会议论文集,2003 年 10 月 9 — 11 日,北京

4 California digital library: Key indicators of collections and use. http://libraries.universityofcalifornia.edu/planning/assessment.html

5 Measures for electronic resources (E-Metrics). http://www.arl.org/stats/initiatives/emetrics/index.shtml

6 COUNTER. http://www.projectcounter.org/

7 Guidelines for statistical measures of usage of web-based information resources. http://www.library.yale.edu/consortia/statementsanddocuments.html

8 Statement of current perspective and preferred practices for the selection and purchase of electronic information. http://www.library.yale.edu consortia/statementsanddocuments.html

9 高等学校图书馆数字资源计量指南(2007 年修订). http://www.scal.edu.cn/

10 杨梁彬,姚晓霞等. CALIS 评估指标体系构架初探. 大学图书馆学报, 2006 (4)

11 肖珑,张宇红. 电子资源评价指标体系的建立. 大学图书馆学报,2002(3)

12 CALIS 引进数据库用户满意度调查总结报告. http://www. calis. edu. cn/calis-new/images1/070827/4. pdf

原载于《大学图书馆学报》,2008 年第 3 期

电子资源评价指标体系的建立初探*

一、概述

电子资源,又称电子出版物,比较通行的看法,主要是指由出版商或数据库商生产发行的、商业化的正式出版物,主要指数据库、全文电子期刊和电子图书,其中数据库又包括参考数据库(书目、文摘、索引)、全文数据库和事实数据库。

近年来,随着网络和计算机技术的发展,图书馆采购的电子资源越来越多,逐步取代了部分印刷型出版物的订购,电子资源在馆藏发展中已经逐步占据了重要的地位。因此,无论是采购新的电子资源,还是续订、维护已有的电子资源,都产生了一个新的问题:如何对电子资源进行选择、评价?怎样通过对电子资源的评估使电子资源建设合理化、科学化,从而提高效益?

在这种情况下,电子资源的评估越来越受到图书馆重视。例如美国研究图书馆学会(ARL)就专门设立了“电子资源计量”项目(E-metrics),组织了美国著名的20多个研究图书馆,与出版商/数据库商共同合作研究,谋求建立一个科学化的评估指标体系,对电子资源进行系统化的评估。

建立一个科学的电子资源评估体系,将有利于合理、优化地发展图书

* 本文与张宇红合写。

馆电子资源乃至整体资源建设,具体可以归纳为以下几方面的作用:

- 评价电子资源的内容:例如数据库包含的学科情况、核心期刊收录情况、使用频率如何等,确定其是否符合本馆用户需求,是否是权威性数据库,是否适合采购或续订。
- 促进电子资源的整体优化建设:调整电子资源的学科分布,调整参考数据库、全文数据库、事实数据库、电子期刊、电子图书的比例,使其结构逐步优化,更大限度地符合用户需要。
- 提高电子资源的利用率:通过对电子资源结构的调整和使用情况的分析,促进检索服务、咨询服务、培训服务的开展,使电子资源及其服务更符合用户需要,从而提高其利用率,降低成本。
- 了解用户需求:用户使用统计报告可以准确地反映出用户对电子资源的学科、类型和软硬件环境的需求,图书馆可以据此调整建设方向和服务内容。
- 评价相关服务:包括出版商对图书馆、图书馆对最终用户的服务的评价,这种评价对电子资源的采购、图书馆如何开展服务都具有很大的影响力。
- 使传统出版物的建设得到合理调整:例如取代部分印刷型检索工具和期刊的订购,根据电子期刊按刊名统计的使用情况订购外文期刊等,使传统出版物与电子出版物的建设逐步结合,更科学、合理、整体化地发展图书馆馆藏。

电子资源的评估是一个系统工程,主要包括的内容有:

- 建立评价指标体系,即构建一个由一系列相互联系的统计指标所形成的、用于分析和评价的指标整体。
- 确定综合指数,指对统计指标的分类、汇总、分析和评估,如指标分类、数学模型的建立、指标的选择和应用、指标值的确定、参照物的选择等。
- 数据积累采集。

对电子资源进行科学、合理的评估,需要相当一段时间对数据的积累和分析,以及反复实践和应用。目前国内电子资源大规模的建设仅进行了两年多的时间,还不足以完成这样一个系统工程。本文仅根据北京大学图书馆和 CALIS(中国高等教育文献保障系统)两年多的建设经验,对电子资源评估的第一阶段——建立评价指标体系的内容进行论述。

二、方法论

对传统的出版物及其服务的评价主要依据文献计量学原理。网络环境下,文献计量学有了进一步的发展和延伸,这就是网络资源计量分析,它包括文献计量学中数学和统计学的内容,以网络资源为研究对象,同时充分利用计算机技术,数据的积累和分析主要依靠数据库及其系统进行,分析和评估更加科学、可靠。

电子资源评估指标体系的建立实际上就是网络资源计量分析的重要应用,因此首先要遵循文献计量学的几个基本原则:

- 整体性,强调对资源的整体评估,因此各方面的指标不是孤立的、分散使用的,而是要成为一个系统化的完整体系。
- 针对性,即有目的地设计指标体系,不能盲目和千篇一律。
- 准确性,指标含义、统计界限等要有明确定义,数据要准确。
- 代表性,即抽样的样本要有广泛的代表意义。
- 可比性,确定指标、指标定义、数据单位和选择指标时,要注意最终得出的数据彼此间便于比较分析。

一系列相互联系的统计指标所形成的、用于分析和评价的整体,就是评估指标体系,亦称统计指标体系,包括指标名称、指标定义和指标值。指标又可分为以下三类:

- 客观指标:通常是关于数据库内容或使用情况的客观数据,由系统自动统计积累而成,如数据库收录期刊种数、用户检索次数等。
- 半客观或半经验指标:即根据经验公式计算或比对得出的半客观数据,如全文下载成本指标,必须根据数据库成本和全文下载数量计算得出。
- 主观或纯经验指标:经分析者根据某些规则或经验建立的数据

项，如理工科数据库收录权威出版物情况的指标，是用该数据库收录出版物与《科学引文索引》(SCI)收录出版物比对得出，凡被收录在SCI中的，承认为权威出版物，在这项指标中，由于SCI并未在世界范围内被普遍公认为收录权威出版物的工具，则这种方法多少带有主观因素。

上述三类指标中，第一类通常是由出版商/数据库商提供的，后两类指标则由图书馆根据需求确定。每一类都包含有量化和非量化指标。每一个指标都要有明确的定义，以求达到准确。

电子资源的评价指标主要由以下几个部分组成，可分别应用于采购前的预评估和使用中的后评估。

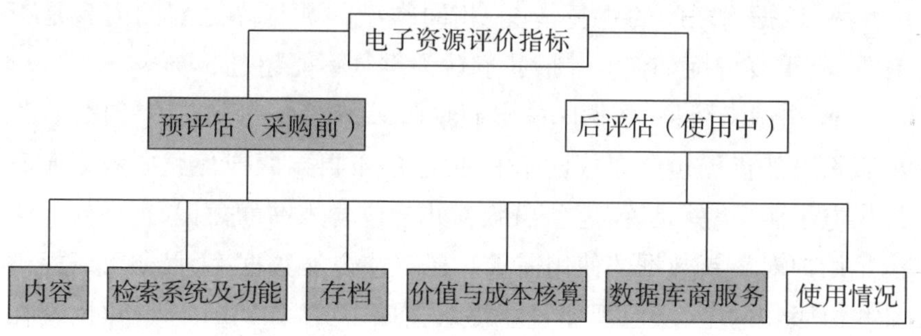

图1　电子资源评估指标体系

三、评估指标体系的内容

1. 电子资源内容

在购买某一种电子资源之前，要对其收录内容及相关情况进行分析，确定数据库收录是否全面、准确、权威、时效性强，是否符合本馆需求，主要有：

- 总体收录：主要收录的资源类型及其数量，包含的时限范围。例如以收录期刊和会议录为主的参考数据库和全文数据库，就要明确列出包含有多少种期刊和会议录，涵盖的年代范围，统计数据库要说明包括有哪些类型、哪些年代的统计数据。从目前情况来看，仍然是收录内容和年限越多越好。

• 权威和全文出版物收录:收录的核心期刊,通常是以超过 30% 为佳;如果是全文数据库,则包含的全文出版物应不低于 50%。

• 学科收录:电子资源包含的学科分析,以评估图书馆的需求作为标准衡量。

• 数据来源:例如,参考或全文数据库包含的出版物多数是否来源于学术性较强的出版社或学会,事实数据库中包含的统计数据、基因图谱、化学反应式等是否来源于权威机构或专业学会,如果是,则可以确定数据库具备较强的学术性。

• 数据库之间的重复情况:相同类型的数据库之间的内容是否有重复,重复程度如何。一般我们认为重复不能超过 30%。

• 注销出版物:数据库的出版物收录情况往往会发生变化,有些出版物虽然仍然包含在数据库中,但已经不再出版或停止向数据库商提供电子版,也就是说,这些出版物并不包含当前的数据,这样就无法满足用户对最新数据的使用需求。还有些全文数据库,最初可以提供某些出版物的全文,但现在只能提供文摘了,例如"中国期刊网"现在就不再提供《中国图书馆学报》的全文。因此要注意分析从数据库中注销的出版物的情况,如果过多,则数据库质量就有所下降。

• 出版物更新与滞后情况。数据库的更新频率越高,内容的时效性越强,通常以日更新或周更新为最佳。但由于目前数据库(参考数据库、全文数据库和部分事实数据库)收录的内容仍以印刷型出版物为主,也就存在着时滞,即出版物被收录进数据库的时间与印刷型出版物的出版时间之间的差。时滞过长,就影响数据库的时效性和质量。例如有些全文数据库,虽然收录的全文出版物很多,但出版商出于版权的考虑,限制全文上网的时间,这样这些全文出版物最初就只能提供给读者文摘或部分全文,影响了读者查阅。这种出版物如占比例过大,或时滞过长(两个月以上),数据库质量也相应下降。

表 1 是对 UMI 和 EBSCO 几个数据库内容的比较分析,应用了上述部分指标。

表1　UMI和EBSCO数据库比较分析（数据截止到2001年4月）

数据库商		UMI		EBSCO		
数据库名称及缩写		Academic Research Library（ARL）	ABI/Inform Global	Academic Search Elite（ASE）	Business Source Premier（BSP）	Business Source Elite（BSE）
收录情况	期刊品种	2500	1545	2929	2349	1650
	全文期刊	1533	1066	1379	1686	1046
	全文期刊所占比例	60%	69%	47%	72%	63%
被SCI、SSCI收录核心期刊情况	期刊品种	774	285	993	398	238
	全文期刊	424	135	473	279	134
	全文期刊所占比例	55%	47%	35%	36%	56%
核心期刊在数据库中所占比例	核心期刊/全部期刊	33%	18%	37%	19%	15%
	全文核心期刊/全文期刊	28%	17%	34%	17%	14%
数据库更新频率		日更新	日更新	日更新	日更新	日更新
学科收录情况		以人文社会科学为主	经济、工商管理	以人文社会科学为主	经济、工商管理	经济、工商管理
数据库时限		文摘1971—全文1986—	同ARL	1990—	1990—	1990—
价格		ARL/ABI组合销售，价格优惠		ASE/BSP或ASE/BSE组合销售，价格优惠		
		ARL/ABI组合比ASE/BSP或ASE/BSE组合价格略贵				
收录重复情况		ARL与ASE：560种				
		ABI与BSP：431种				

结论：经过各方面综合情况比较，可以看出，两组数据库在学科内容上比较接近，但在收录的时限和期刊范围上各有特色，因此在购买这类全文数据库时，如经费允许，可考虑两组都买（ARL/ABI，ASE/BSP 或 ASE/BSE），但如经费有限，也可考虑只购买一组。

2. 检索系统及功能

在对资源内容进行评估的同时，也要对电子资源的检索系统进行评估，因为系统与内容是密不可分的，系统的好坏直接影响到对内容的使用。有时同一种资源会有不同的检索系统，这种情况下就更需要对系统进行评估。例如，目前为美国 BIOSIS 数据库（包括 BA、BA/RRM、BioResearch 三个数据库）提供检索的 3 个系统为 Web of Science（ISI 公司）、DB Search（Ovid 公司）、WebSpirs（Silver Platter 公司），北京大学图书馆在购买该数据库时就专门写了《BIOSIS 数据库检索系统比较》报告。

这部分的指标主要是评价检索系统及其功能，包括检索功能、检索技术、检索结果、用户服务等几个方面，多为非量化指标。下表为详细的指标列表，但不一定要全部采用，有些指标是必备的，如布尔逻辑运算；有些则是有更好，没有也可，如词根检索。

（1）检索功能：主要是指系统提供给用户的各种检索途径和检索入口，可供选择的越多，相对用户就越方便，表中标有 * 号者为一般情况下系统必备的功能。比较关键的问题是各种功能配置是否合理，检索系统首页上的缺省（default）功能是否是用户最易接受的，检索入口是否容易理解和使用。

（2）检索技术：即系统是否允许用户使用各种检索技巧，以便更准确和快速地找到自己所需信息。可应用的检索技术越多，越说明系统设计的合理和科学化，但也不可过于追求这方面的指标而忽略了界面的友好和简单。

表 2　检索系统及功能评价指标列表

检索系统:□光盘版　□网络版			客户端软件:□有　□无			
检索功能		检索技术	检索结果		用户服务	
浏览功能＊	出版物名称	布尔逻辑	显示格式(字段内容)		检索辅助	各种说明、帮助
	主题	组配检索	标记记录(翻页时是否保留标记)			读者的检索史记录
	索引(字段浏览)	截词算法	排序方式			
		位置算法(position, proximity)	翻页		参考工具	主题/关键词表
			用户化(customized)	调整检索结果数量		刊名列表
简单检索＊		词根检索(stemming)		调整检索结果格式		名录
复杂检索＊		嵌套运算(优先算符, nesting)		调整检索结果排序		百科全书/字典词典
自然语言检索				调整最大显示数量		
图像检索		大小写敏感	保存(打印、存盘、E-MAIL)			主题网关/门户网站(subject gateway/portal)
可检索字段	作者＊	禁用词表	二次检索			
	文献篇名＊	相关检索(扩展或近义词检索)	超链接	与同一数据库内其他记录的链接		
	出版物名称＊			与同一系统内其他数据库链接	检索界面用户化调整	
	文摘＊	引文检索(或结果的相关链接)		一次文献与二次文献的链接(其他数据库)	最新目次报道服务(email alert)	
	主题/关键词＊					
	机构名称＊			与本馆馆藏链接	文献传递服务(document delivery)	
	引文	检索限定		与相关网络资源的URL链接		
	……	……	全文	格式(HTML文件/PDF文件/其他)	培训教程(training)	
其他……		其他……		是否专用浏览器		

(3)检索结果:即用户是否得到了内容全面、下载和使用均比较方便的检索结果,例如显示格式包含的内容是否全面,检索结果数量较多时是否允许在翻页的同时标记记录,是否提供存盘、打印、E-mail 发送等多种下载功能,检索结果是否与其他资源之间存在链接以为用户提供查找到其他资源的捷径等。

(4)用户服务:主要是指在检索功能之外,系统还为用户提供了哪些服务。具体包括:检索帮助文件是否完整、详细、易查;是否可以记录读者的检索历史,以便用户随时可以利用和翻看以前的检索结果;有无词表、名录等常用参考工具,可随时查阅;允许用户对检索界面做一些小的调整,更方便使用;电子期刊提供最新目次报道服务;网上提供培训教程,便于用户自我培训等。

3. 使用情况

数据库的使用情况属于后评估指标,主要用于更新、续订数据库时使用,一般由出版商或数据库商提供使用报告,再据此进行各类分析。主要包括两个方面的评估:

(1)对数据库统计系统的评估,也就是数据库提供的统计报告是否符合需求。表 3 是国内外部分数据库统计系统提供指标的情况:

从表中可以看出,目前出版商/数据库商提供的统计报告常用的相关统计指标有:①检索次数(search/query),即用户在某一个数据库中提出检索式的次数;②登录次数(session/sign on),即用户打开某一个数据库的次数;③下载文摘/全文(abstract/full text/page image),即用户在某一个数据库中下载到本地客户机中的文摘或全文篇数。但也存在这样几个问题:

• 统计指标不规范,不同的系统提供的统计报告五花八门,没有统一指标。

• 统计指标定义混乱,不明确,例如“search”在大多数系统内被定义为用户发送检索式的次数,但有些数据库却用“query”来表示同样含义的指标,而 CSA 数据库则同时使用了“search”和“query”,

表 3　部分出版商/数据库商提供统计报告情况(主要指标,有些极个别的指标并未列入)

	检索			登录				下载					
	search 检索	query 提问	hits 点击	session/ sign on 登录	time out/ normal exit 退出	turnaway 拒绝访问	host/ IP/ port 地址	citation/ header 题录	abstract 文摘	fulltext/ page image 全文	ISSN/ title 出版物	page 页数	email/ print/save 发送
Academic Press				√					√	√			
CSA	√	√		√									
EBSCOhost	√		√						√	√			√
Ei	√			√			√	√	√			√	
Elsevier							√				√		
IOP	√			√				√		√			√
Kluwer	√			√					√	√			
OCLC	√			√		√	√						
ProQuest								√	√	√			
UnCover	√		√	√	√			√					
Web of Science		√		√		√							
中国期刊网	√			√					√	√			
万方数据库									√				
中国资讯行								汉字用量					

二者的含义和区别并不明确。

当一个出版商/数据库商提供的统计报告具备上述几个常用指标并且给出明确的指标定义时，我们可以基本认定该统计系统合格。

(2)通过使用情况的分析，对电子资源本身进行评估。即在出版商的统计报告基础上选择符合实际需要的统计指标，进行二次统计分析和评估。一般来说，使用统计可以说明如下问题：

- 某种电子资源是否受用户欢迎，是否重要，是否需要调整采购政策；
- 该电子资源的检索系统是否为用户容易接受和使用；
- 图书馆与电子资源相关的服务，如检索服务、咨询服务、技术支持服务、培训服务是否开展和完善；
- 对其他电子资源和印刷型出版物的采购发生一定影响；
- 通过对使用频率的分析，分析用户的需求和使用规律。

其他仍有多种用途，这里不一一而述。下面是几个具体应用的例子。

例1：北京大学校园网2000年电子资源检索次数

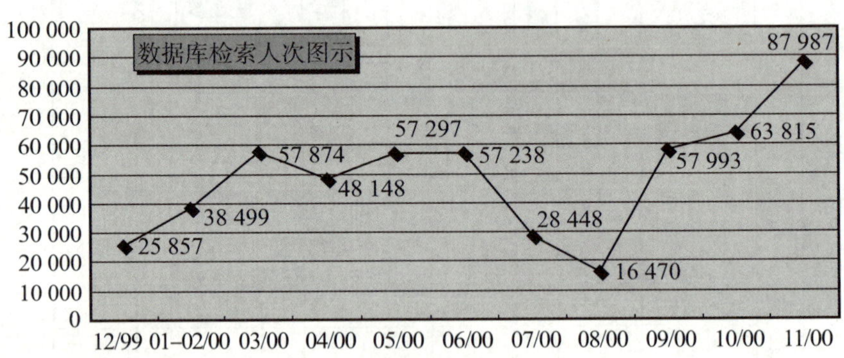

图表说明了以下问题：①2000年一年中，校园网用户使用电子资源的数量一直在持续增长，说明图书馆电子资源及相关服务越来越受到读者重视和欢迎；②2000年11月的检索次数为87 987次，与1999年12月23 471次相比，增加了近3倍；③7、8月份为暑假，也是使用电子资源的低谷期，如果选择试用或采购新的电子资源，应避开这段

时间。

例2:北京大学用户使用中文光盘数据库检索次数统计(2000 年 3 月至 8 月)

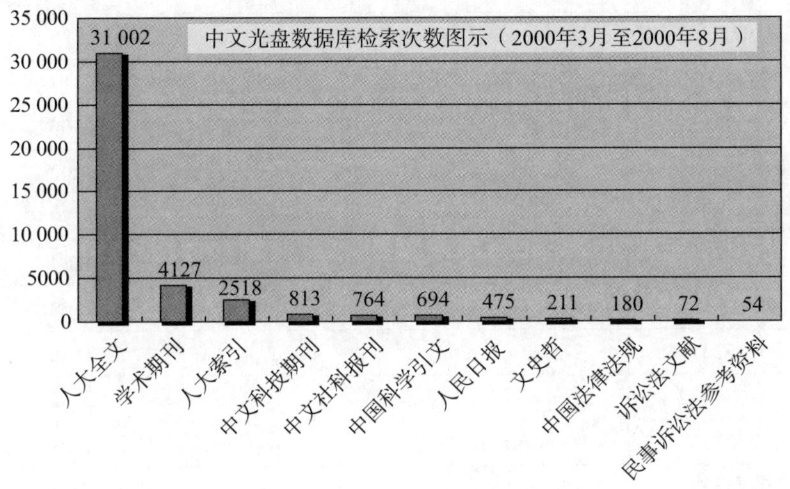

图表说明,《人大报刊复印资料》全文库之所以是读者使用量最大的数据库,主要原因有三:一是此库权威性和学术性均很强,其印刷版早已为广大读者熟悉,数据库相对印刷版更为好用;二是可以直接检索和下载全文;三是数据库检索系统较其他中文数据库系统功能强大、友好。在此结论之下,该数据库应保持继续订购,同时其他利用率相对较低的数据库可照此做相应调整。

例3:北京大学校园网使用 Elsevier 电子期刊下载全文情况(2000 年 7 月—2001 年 6 月,按刊名统计)

ISSN	期刊名称	下载全文篇数
00092614	Chemical Physics Letters	4183
13522310	Atmospheric Environment	3728
03796779	Synthetic Metals	3135
00145793	FEBS Letters	2939
03787753	Journal of Power Sources	2751

续表

ISSN	期刊名称	下载全文篇数
00406090	Thin Solid Films	2607
02615177	Tourism Management	2537
01607383	Annals of Tourism Research	2336
08936080	Neural Networks	2312
00323861	Polymer	2309
00220248	Journal of Crystal Growth	2292
00456535	Chemosphere	2279
00404039	Tetrahedron Letters	2264
00108545	Coordination Chemistry Reviews	2198
09252312	Neurocomputing	2138
01694332	Applied Surface Science	2132
02775387	Polyhedron	2109
03784371	Physica A	2002
00223093	Journal of Non-Crystalline Solids	2001

（注：下载2000篇以下的期刊较多，未列入表格中）

上述统计数字除说明Elsevier电子期刊非常受读者欢迎，以及哪些学科使用得较多之外，更重要的一点是，为本馆订购印刷本期刊提供了参考数据，在目前图书馆仍保持电子资源与传统纸质资源并存的情况下，可根据上述数据调整印刷本期刊的订购。

4. 价值与成本核算

这部分指标的应用主要视图书馆的经费而定，包括：

- 数据库价格：主要指各数据库的单价，在采购电子资源时同等类型的数据库之间要进行价格的比较，同时视各馆经费而定。
- 数据库价格上涨幅度，目前通行的标准是年涨价幅度最多不能超过8%。
- 检索成本：每检索一次数据库的成本投入。
- 全文下载成本：每下载一篇全文所需的成本投入。

• 登录成本:用户每登录一次数据库的成本投入。

其中后三项指标可以称为单项成本,其计算公式为:

$$单项成本 = \frac{数据库在一段时间内的总投入}{数据库在一段时间内的总用量}$$

在进行成本核算时,要注意有无相关投入,如有,应在成本中加入这部分投入。例如:

• 印刷型出版物的相应投入。如北京大学购买《化学文摘》(CA)数据库,因为化学学院老师的需要,同时购买了纸本 CA,数据库因此仅支付了约 1/3 的费用,在核算成本时,还是要按数据库的全部价格计算。

• 数据库检索系统及相关软件的费用。

• 专门为某个数据库建立的镜像的硬件设备投入。

这部分的指标通常与使用情况结合起来分析,下面是两个应用的例子。

例 4:北京大学图书馆 2000 年部分参考数据库使用情况和成本核算

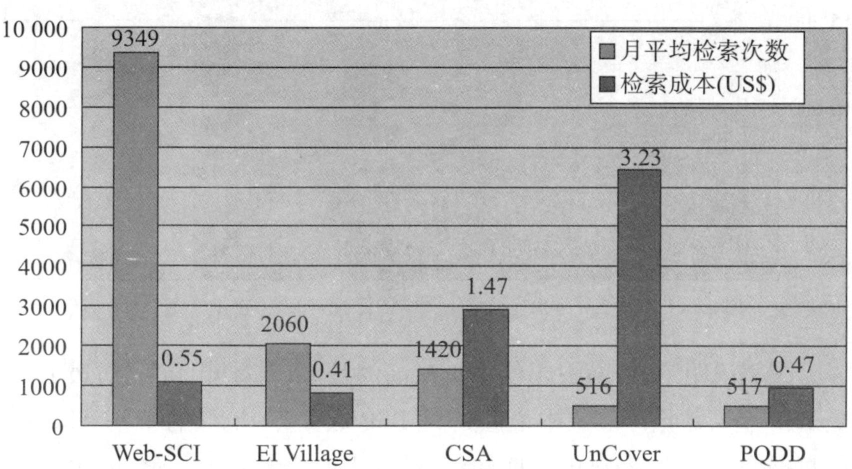

图表说明如下问题:①使用量最高的是 SCI 数据库,最低的是 PQDD 和 UnCover 数据库。②用量高的数据库检索成本不一定最低,反之用量低的数据库检索成本也未必就高,还要看数据库总投入的情

况。③对于用量高、检索成本也可以接受的数据库,以及用量虽低但仍有一定用户而成本也不高的数据库,仍保持继续更新订购。④对于用量低、成本高的数据库要分析原因,调整订购政策。以 UnCover 数据库为例,使用情况和成本核算均不理想的原因主要有二:一是服务器在美国,没有提供镜像或 DI 专线服务,用户使用时必须通过国际网和支付国际网通讯费;二是 UnCover 公司 2000 年被其他公司收购,公司一直处在调整状态,在提供服务方面不尽如人意。另一数据库 PQDD2000 年用量较低,分析原因,也是因为通过国际网访问的缘故,后经 CALIS 与公司反复谈判,2001 年开始使用 DI 专线,用户免付国际网通讯费,使用量增加了三分之一强。

例 5:北京大学图书馆 2000 年部分全文数据库一电子期刊使用情况和成本核算

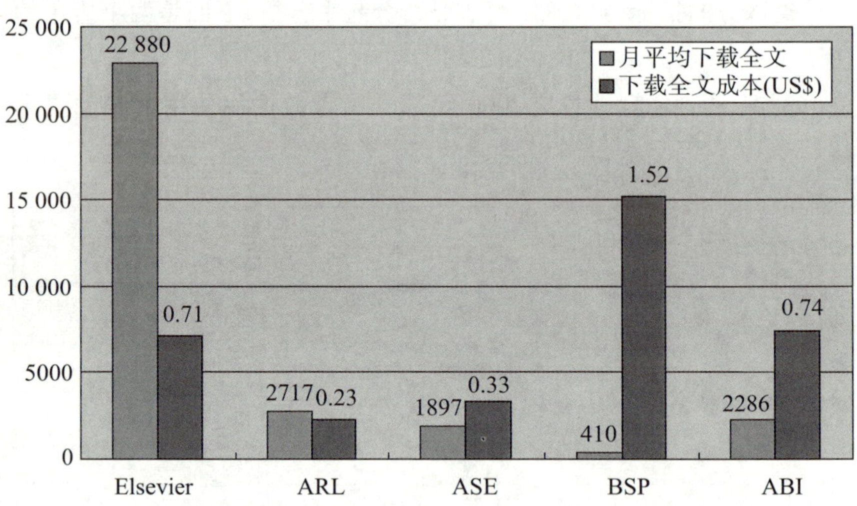

图表说明下列问题:①使用量最高的是 Elsevier 电子期刊,最低的是 BSP 全文数据库。成本最高的是 BSP 数据库,最低的则是 ARL 全文数据库。②Elsevier 电子期刊用量虽高,但成本并不是最低,主要是因为总投入较高,其中包括:纸本期刊的费用,因为 CALIS 在组织集团订购 Elsevier 电子期刊时,与对方达成的协议就是各成员馆至少订购 25 种印刷本期刊,已订购的纸本期刊不能减少码洋和种数,北京大学图书馆在此之前已订购了 102 种纸本期刊,因此这些费用要相应计算投入;数据库检索系统(软件)及中国镜像服务器(硬件)的费用;电子期刊的费用。③BSP 数据库的成本高的原因主要有二:一是因为该数据库与 ABI 有重复(见表 1),后者在经济、管理领域早已为人们所熟悉,有固定的用户群;二是因为该数据库的学术质量不如 ABI。当然,BSP 数据库近年来全文收录增加很快,因此还需要加强对数据库的宣传和培训,如成本仍然高居不下,就要考虑调整采购政策。

5. 出版商/数据库商的服务

出版商/数据库商的服务,同样影响着电子出版物的质量和用户的使用,也是在购买和更新数据库时必须考虑和谈判的问题。这一部分的指标可以分为如下几个方面:

(1)数据传递方式。目前国外出版商/数据库商提供的方式主要有:①国际网。即数据库在国外,通过国际互联网直接访问,用户使用时需支付国际网通讯费,如 UnCover、Academic Press 等。②Digital Island(简称 DI)专线。数据库同样在国外,通过美国 Digital Island 公司提供的专线服务访问,由出版商/数据库商租用此服务和支付通讯费,即使没有国际网权限的用户也可以访问数据库,无须花费国际网通讯费,如 UMI、EBSCO、ISI、OCLC 等。③本地服务。或建立本地镜像服务器,如 Elsevier;或由数据库商提供裸数据,使用本地开发系统,如 Kluwer。

从用户角度考虑,为方便用户访问,提高使用量,以②、③两种方式为更佳。至于国内出版商/数据库商,目前多采用直接访问或本地镜像方式,评估时考虑哪一种为合适,要根据本地网络情况、网络情况而定。

(2)是否提供足够时间的免费试用,通常电子资源的试用期为 3 个月左右,不可过短,以便于分析、了解资源,收集反馈意见,了解用户需求,统计使用情况。

(3)数据库访问方式。一是采用 IP 地址控制,用户自动登录访问;二是使用用户名、密码登录。以哪一种为首选,要视各馆具体情况而定。此外还要看有无并发用户限制。

(4)数据更新服务。电子资源的更新周期一般是日更新或周更新,在建立本地服务时,能否按时更新本地数据、数据是否没有缺漏,是特别要注意的问题。

(5)数据库使用中的问题如何解决,包括:①用户服务(customer service),主要指后续服务情况,包括:要有专人或专门的部门负责电子资源使用过程中出现的问题,如服务器突然断掉、用户使用权限被终止等问题;出现上述问题后对方的反应速度如何,是及时解决还是一再拖沓;出版商/数据库商如因系统、硬件更新等内部工作,需暂时停止服务时,是否先期通知客户。②对用户方的不合法使用,如恶意下载、滥用数据库等问题如何解决。正确的做法是,在合同中说明违反版权及滥用数据库的确切定义和范围是什么,个别用户出现此类情况时,出版商/数据库商要考虑到大多数用户的利益,与购买该电子资源的图书馆合作,由图书馆出面解决问题,而不是简单粗暴地中断服务。

(6)提供与数据相关文件的情况,主要有:①全文数据库或电子期刊/图书是否提供收录全文期刊/图书的 MARC 记录,以方便图书馆尽快将这些出版物反映到本馆的馆藏目录中去。②全文数据库或电子期刊/图书是否提供收录全文期刊/图书的列表,包括 ISSN/ISBN、网址、所属学科等,便于图书馆按刊名/书名在本馆电子资源导航系统为用户提供导航。③是否按时提供标准的用户使用报告。

(7)是否为图书馆提供管理系统的访问权限,图书馆可以登录到数据库管理系统,下载上述各类文件,或修改与本馆用户相关的用户信息。

6. 存档(archive)

存档是指图书馆可以长期拥有、保存和使用已经购买的电子资

源,无论今后是否有经费继续购买或出版商/数据库商是否仍然存在。目前的存档方式有以下几种:

(1)数据+系统。即出版商/数据库商同时提供数据和软件,通常是以光盘或磁带的形式。这种方式属于短期存档,即可以解决短期内(几年)因经费不足或出版商/数据库商倒闭带来的问题。但随着系统及光盘等存储介质的老化,很难在10年以后继续使用。

(2)印刷型出版物。一般出版商/数据库商都同时配套出售电子资源和相应印刷型出版物,增加少量费用。因此可以考虑购买纸本来做存档。但同时带来的问题是占用空间,使用也不方便。因此只能购买质量和使用频率都较高的少量印刷本。例如购买某个出版商的电子期刊时,可以选择其中利用率较高的部分订购其纸本。

(3)裸数据(raw data)。出版商只提供裸数据,没有相应的软件系统,这种方式利于长期拥有和使用,前提条件是数据必须符合标准,且要求图书馆另外开发或购买系统。

从目前来讲,如有条件,以第三种方式为好,尤其可以以图书馆联盟的方式来做这种存档。如不具备条件,则根据图书馆具体情况选择第一或第二种方式。可以说,在评价存档政策时,还要视图书馆的具体条件和需求而定。

四、结论

上述这些指标共同构成电子资源的评价指标体系,就目前来讲,由于积累和实践尚嫌不足,其应用还都是单方面的。对一个数据库或电子期刊来说,要进行系统和全面的评估,这些指标就要综合利用,并在预评估和后评估的过程中反复利用,最终确定指标设置是否合理,指标值究竟为何。

在我国,随着电子资源建设规模的不断发展,相信这方面的工作会逐步深入、扩大、科学化和系统化,并最终形成一个完整的评估系统。

参考文献

1 Shim W, et al. ARL E-metrics Project: developing statistics and performance measures to describe electronic information services and resources for ARL libraries: Phase one report. http://www.arl.org/stats/newmeas/emetrics

2 Yale Library to plan digital archives with Elsevier Science. Information Intelligence, Online Libraries, and Microcomputers, 2001, 19(3)

3 丁学东. 文献计量学基础. 北京:北京大学出版社,1993

4 邱均平. 信息计量学(八):文献信息统计分析方法及应用. 情报理论与实践, 2001,24(2)

5 侯定丕,张淑林. 评估方法论的几个问题. 中国高等教育评估,1998(2)

原载于《大学图书馆学报》,2002 年第 3 期

中文元数据标准框架及其应用*

一、概述

元数据的广泛应用是因现代信息资源处理上的两大挑战而发展起来的,一是数字资源逐渐成为信息资源的主流,而这些资源从产生、存档、管理到使用都远远不同于传统的纸介质文献;二是网络和数字化技术使信息的发表既快又便捷,由此而来的海量信息要求有能与现代计算机技术和网络环境相适应的方便、快捷、有效的数据发现和获取方法。

针对各种信息资源(包括传统型信息和其数字复制品,或天生的数字信息)分别制定适当的元数据标准,为它的管理、发现和获取提供一种实际而简便的方法,是数字图书馆建设中首先要开展的工作。为了既能兼顾不同资源的特性,又能最大限度地实现各类资源在发现和获取方法上的一致性,体现数字图书馆的整体性,各元数据标准应当从功能、数据结构、格式、语义语法等诸多方面保持一致。这种一致性和整体性也便于在更大范围内实现不同数字图书馆或说不同系统间的互操作和数据共享。

国外在元数据方面的研究工作开展较早,已有许多元数据标准被

* 本文系北京大学数字图书馆研究所“中文元数据标准研究”项目系列成果之二。主要研究人员:肖珑,陈凌,冯项云,冯英,廖三三,姚晓霞,执笔人:肖珑,陈凌。本文系与陈凌、冯项云、冯英合写。

广泛采用。我国的元数据研究与应用也取得不少成果。对一些具备中国文化特色的信息资源，或是直接采用现成的元数据标准，通过制订详细著录规则的方法来处理；或是借鉴其他元数据的成功经验，制订相应的新的元数据标准。

北京大学数字图书馆的元数据研究项目中，视具体资源对象特点的不同，分别采用这两种方法来开展工作。为了实现前面所说的各元数据标准间的一致性和整体性，我们在对大量现行元数据标准和相关研究成果分析吸收的基础上，通过实践，总结出一套规范和指导各类元数据标准的设计制定规则和方法，称为《中文元数据标准框架》（以下简称《标准框架》），该标准框架初稿完成于 2001 年 1 月，7 月又做了进一步修订，现已成为北京大学数字图书馆后续一系列元数据标准制定工作的规范性文件。

图 1 简要揭示了元数据标准框架、元数据标准、元数据间的关系与作用。

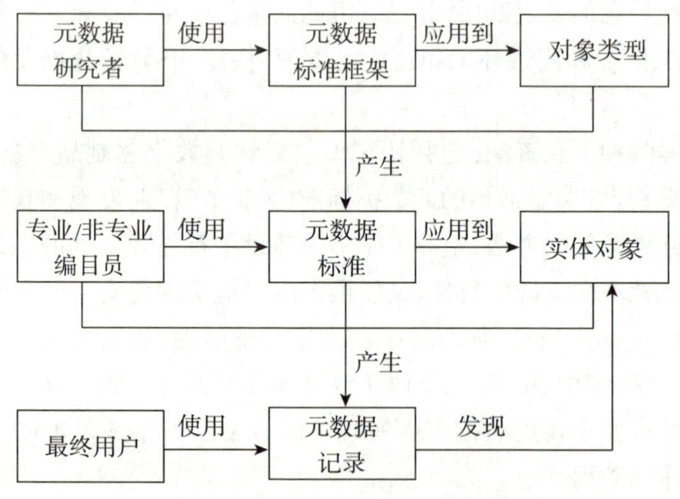

图 1　元数据标准框架、元数据标准与元数据关系图

本文将对《标准框架》的主要内容及其实践应用逐一简要介绍。为避免发生歧义，在介绍《标准框架》的内容之前，先对本文涉及的几个术语做一定义：

元数据的一般定义是:元数据是关于数据的数据(data about data)。

本文对元数据定义是:元数据是描述一个具体的资源对象,并能对这个对象进行定位、管理,且有助于它的发现与获取的数据。一个元数据由许多完成不同功能的具体数据描述项构成。具体的数据描述项又称元数据项、元素项或元素。

元数据标准是描述某类资源的具体对象时所有规则的集合。不同类型的资源可能会有不同的元数据标准。它一般包括了完整描述一个具体对象时所需要的数据项集合、各数据项语义定义、著录规则和计算机应用时的语法规定。

中文元数据标准指基于具有中国文化特点的信息资源而产生的元数据标准。

元数据标准框架是规范设计定制某类特定资源所用的元数据标准时,需要遵照的规则和方法,它是抽象化的元数据。它从更高层次上规定了元数据的功能、数据结构、格式、设计方法、语义语法规则等多方面的内容。

二、元数据标准的设计原则

制定元数据标准应当从 3 个方面的调查分析入手:①著录者,包括专业和非专业编目人员,以及管理者;②使用者,指数字图书馆的用户;③著录对象,即被描述的资源。在标准制定过程中,要充分考虑前两者的需求和后者的特性,并在其间做一最佳平衡和组配。

在此基础上要遵循的几组最基本的设计原则是:

(1)简单性与准确性原则。简单性主要指设计的元数据标准在著录实践时应较为简单,易于掌握,尤其要考虑到著录人员除编目员外,更多的是相关专业人士,如古籍专家、地理学家甚至研究生等。但一味追求简单性易导致标引不够精确,会降低检索结果的准确度和精度,因此,同时要考虑到简单化可能导致的不准确,需在二者中做一权衡。

(2)专指度与通用性原则。由于元数据应用的各类资源的各自特性不尽相同,著录深度(如书目、内容和插图等)和广度(指相关联的一组文献做总体著录)不尽相同,因此,无法只使用一种元数据标准,需要根据具体的资源实体来确定相应的元数据标准。另一方面,也必须考虑到确定的某种标准应尽可能覆盖多种相似或有相近特性的对象,以减少(专业或非专业)编目人员在选用适当元数据标准时的人为误差,即必须考虑元数据标准在一定范围内的通用性。

(3)互操作性与易转换性原则。元数据的互操作性体现在对异构系统间互操作能力的支持,即在北京大学数字图书馆设计的各种元数据标准下建立的元数据,不仅能方便地为自己建立的各相关应用系统所操作,还应尽可能地为其他组织或机构所建立的应用系统所操作。在具体应用上,互操作性表现为易转换性,即在所携信息损失最小的前提下,可方便地转换为其他系统常用的元数据。这要求在设计元数据标准时要非常慎重地考虑元数据标准定义的元素的语义定义和元数据结构两个重要的方面,其中与目前较为通行的、被广泛支持的元数据标准——如 Dublin Core 等——的语义定义一致更为重要。

(4)可扩展性原则。由于数字图书馆将要处理的数字资源非常广泛,而各类应用背景更为复杂,元数据标准只能提供最广泛意义上的描述,一些特殊应用背景的性质内容并不纳入。但一些具体应用可能会要求更为细致精确的描述,应允许使用者在不破坏已规定的标准内容(如元素的语义定义)的条件下,扩充一些元素、子元素或属性值。元数据标准中应为这种应用提供指导性原则。

(5)用户需求原则。制定元数据标准的目的是向用户更好和更充分地揭示信息资源,因此用户需求应作为最终的权衡标准。特别是在结构与格式的设计、元素的增加与取舍、语义规则的制定等方面,要尽可能地从用户的角度出发,增加系统与用户间的交互渠道(如开放式的词表系统的使用、增加提供用户反馈的元素等),为用户提供多层次的检索体系(如 GIS 技术的采用)。

三、元数据的功能

元数据标准设计首要的问题是要利用元数据实现哪些功能。根据对8种国外常用元数据及台湾地区已有较成熟的中文元数据标准进行的研究和比较分析①,并结合我们对数字图书馆功能的认识,提出元数据应考虑实现的功能有如下几个方面:

描述:对信息对象的内容、属性等的描述能力,是元数据最基本的功能,应当能比较完整地反映出信息对象的全貌。衡量描述能力最重要的一点,是它能否准确地区别不同的具体信息对象。这是元数据标准制订工作中最困难的一部分。针对每一类具体的资源对象需分别研制。

检索:支持用户发现资源的能力,即利用元数据来更好地组织信息对象,建立它们之间的关系,为用户提供多层次、多途径的检索体系,从而有利于用户便捷、快速地发现真正需要的信息资源。

选择:支持用户在不必浏览信息对象本身的情况下,能够对信息对象有基本的了解和认识,从而决定对检出信息的取舍。

定位:提供信息资源本身的位置方面的信息,如DOI、URL、URN等信息,由此可准确获知信息对象之所在,便于信息的获取。

管理:保存信息资源的加工存档、结构、使用管理等方面的相关信息,以及权限管理(版权、所有权、使用权)、防伪措施(电子水印、电子签名)等。

评估:保存资源被使用和被评价的相关信息。通过对这些信息的统计分析,方便资源的建立与管理者更好地组织资源,并在一定程度上帮助用户确定该信息资源在同类资源中的重要性。

交互:有些信息资源的元素内容需经过专家考据才能确定,尤其

① 详见《大学图书馆学报》2001年第4期"国外常用元数据比较研究"。

是在描述比较复杂的对象(例如古籍)的时候。对使用元数据的专家学者提供专门的元素,允许他们对某些数据项的内容进行反馈,有利于建立更为准确的元数据,提供更为良好的服务功能。

以上功能的实现反映在具体元数据项的设立、定义和语法结构上,本文的第四、五部分将做进一步的深入讨论。

四、元数据的结构与元素组成

元数据的结构指一个完整的元数据标准通常由哪几部分的数据项(元素)组成,各有什么特点。

一个将被元数据描述的资源对象往往是一个较为复杂的复合对象,是一个抽象的对象集合体,包括原始对象、对象复制品、数字复制品。以古籍为例,在数字图书馆中,一本古籍还会有若干个数字图像(如书影、书中的若干页)。那么该古籍对应的复合对象就是复合了古籍本身和若干个数字图像的对象。

是对复合对象进行著录还是对某个具体的对象著录,关系到元数据的结构和具体元素的设计。我们在《标准框架》中定义的著录对象是一个复合式的对象,该对象复合了实物(如古籍、拓片、拓片原器物)以及相关的数字化对象。

根据前面所述,我们将元数据的结构划分为:描述型元数据,管理型元数据,应用型元数据(如GIS元数据)。

不同类型的资源由于内容和外观特征的差异,在元数据的应用上主要表现在描述型元数据的不同,因此《标准框架》侧重强调了描述型元数据的结构及其元素组成;而对于管理型元数据,则参照OAIS模型仅规定了其基本结构,限于篇幅,在此不做详细描述;应用型元数据主要视其具体应用而定。

1. 描述型元数据(descriptive metadata)

用于描述或标识对象内容和外观特征的元数据。

在本《标准框架》中，目前以文献（document）或类文献（document-like）为基础的资源对象所使用的描述性元数据是基于 Dublin Core 发展的，由以下 3 个层次组成：

- 核心元素（core element）：采用了 Dublin Core 的大部分元素，在各类资源对象中通用，拟在该层上与其他系统进行交换，支持通用的检索工具，故应用时凡支持该《标准框架》的系统须严格遵守其元素语义定义。
- 本馆核心元素（local core element）：根据本地资源对象特点、参照其他元数据标准制定，在本地数字图书馆系统的各类对象中通用。应用时要求在本地系统内部遵守其元素定义，不同的系统可有不同的元素设置及其语义定义。
- 个别元素（unique element）：以某种类型的资源对象为基础制定，仅适用这类对象，不用于交换。应用时仅要求该对象遵守其定义。

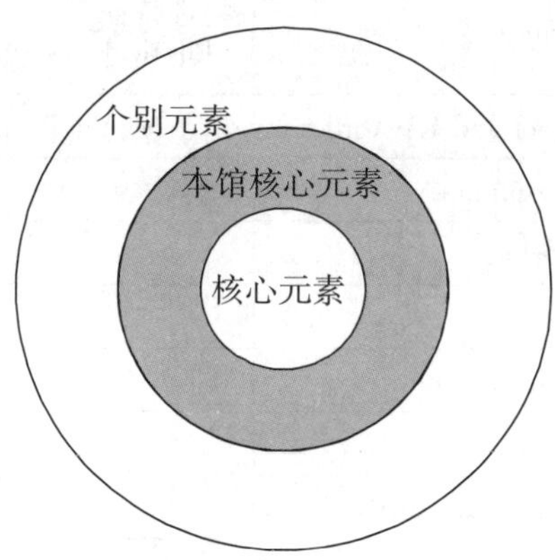

图 1　描述型元数据的结构

这 3 个层次的划分目的是为了在保证各标准的一致性与整体性的基础上，最大限度地体现不同系统和不同资源的特征，给予使用《标准框架》的标准制订者以最大的自由度。有利于标准的推广使用。

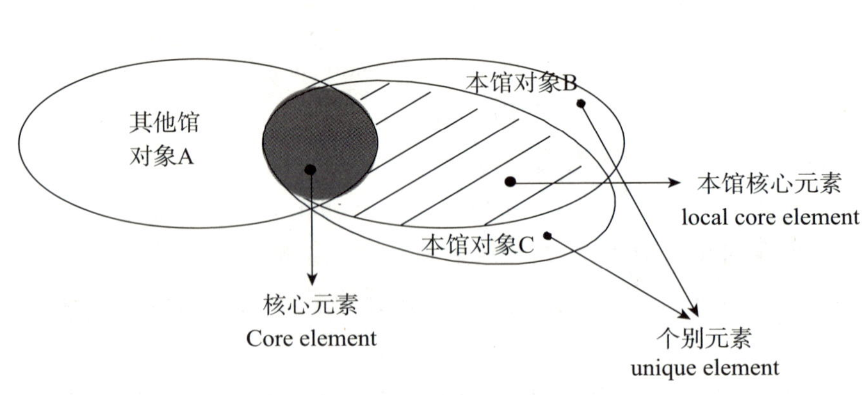

图 2　描述型元数据:不同资源对象的元数据的结构关系

描述型元数据由以下元素组成:

核心元素(14 个)		本馆核心元素(3 个)	个别元素
元素名称	与 Dublin Core 的对应		根据资源对象情况制订
名称	Title	版本(Edition)	
主要责任者	Creator	物理特征 (Physical description)	
主题/关键词	Subject and Keywords	出版项(Publication)	
资源描述	Description		
其他责任者	Contributor		
日期	Date		
资源类型	Resource Type		
资源形式	Format		
资源标识	Resource Identifier		
来源	Source		
语种	Language		
相关资源	Relation		
时空范围	Coverage		
权限管理	Rights Management		

《标准框架》中关于核心元数据集的说明:

(1)核心元素集中元素的语义不允许有交叉。

(2)对采用的Dublin Core元素,应用时不修改其语义。

(3)不同的元数据标准可以根据对象特点制定各自所需的子元素或限定词,但必须与本框架中核心元数据集的语义定义保持严格一致。

《标准框架》中给出的本馆核心元素定义:

(1)版本:关于版刻、版本、影印的说明及相关信息。

(2)物理特征:物理外观信息,如数量、尺寸、载体形式、装订等。

(3)出版项:出版信息,包括出版地、出版者、出版时间等。

2. 管理型元数据(administrative metadata)

用于管理复合对象的元数据,其分类借鉴OAIS的分类机制,主要由以下四方面元素组成:

(1)上下文信息(context information)。指对象内容信息同所在环境的关系,包括创建内容的理由、与其他相关资源对象的关系。

(2)出处信息(provenance information)。指数字对象的历史,包括出处(如原始技术环境)、变更历史、保管历史等。

(3)验证信息(fixity information)。提供验证机制。

(4)评价信息(remark/comments)。用户对现有元数据的元素项内容进行修改建议或评述。

由于管理型元数据主要与数字对象的类型相关,而与具体的资源类型相关性较弱,因此可以根据数字图书馆系统建立情况统一制定,适合于同一应用系统中的各种对象类型。

3. 应用型元数据(application metadata)

属于比较特殊的,为特定的应用而设立的元数据项。

例如,为了便于通过地理信息系统来访问那些时空属性很重要的数字对象,如拓片、古籍等,我们特别设立地理信息系统(Geographical Information System)元数据(GIS metadata)项,用来描述资源对象的地理时空属性。

地理信息元数据包括 2 个元素:空间项(spatial)——数字对象所涉及的空间信息;时间项(temporal)——数字对象所涉及的时间信息。

不同于描述型元数据的地方是,描述型元数据中的日期、时空范围采用自然著录的方式,而地理信息元数据则需经专门加工成特殊格式。

地理信息元数据与描述型元数据中的日期、时空范围等元素衔接,即数据值从这些描述型元数据的元素值发展出来。

五、元数据的语义定义规则(semantic rules)及语法结构(syntax structure)

在确定了元数据的结构和元素组成之后,需要对制定元数据项定义时应遵循的一般性规则和具体的定义方法做更为细致的规范,称为元数据的语义定义规则。

元数据在计算机应用系统中的表示方法和相应的描述规则,称为元数据的描述语言和语法结构。

1. 元数据语义定义规则

- 各元数据标准应最大可能采用《标准框架》推荐的元数据项,并在语义上保持严格一致。
- 对推荐的元素不能描述的特性可以增加元素,但新增加元素不能与已有元素有任何语义上的重复,并经本框架的维护者确认后,加入框架的推荐元素列表。
- 为了更为准确地描述对象,允许向下再设一层子元素,子元素间语义是不重叠的,合起来不能超过元素定义的内涵。
- 子元素不可再分。

2. 元数据定义方法

元数据标准的元素定义方法(即元素哪些方面的属性应该被定

义)采用与 Dublin Core 一致的方法,即采用 ISO/IEC 11179 标准,按以下 10 个方面定义元素:

- 名称(Name):元素名称
- 标识(Identifier):元素唯一标识
- 版本(Version):产生该元素的元数据版本
- 注册机构(Registration Authority):(注册元素的授权机构)
- 语言(Language):元素说明语言
- 定义(Definition):对元素概念与内涵的说明
- 选项(Obligation):说明元素是限定必须使用的还是可选择的(必备性)
- 数据类型(Datatype):元素值中所表现的数据类型
- 最大使用频率(Maximum Occurrence):元素的最大使用频次(可重复性)
- 注释(Comment):元素应用注释。用于说明子元素情况

子元素也参照这个方法定义,并在注释项说明其父元素。

3. 元数据的描述语言与语法结构(syntax structure)

由于前面设计原则中所提元数据的互操作性是体现在多个层次上的,不仅依赖于元数据本身对被描述对象的描述方法定义,也依赖于异构系统间所交换或操作的数据的具体描述语言及相关语法,因此《标准框架》对此做了相应规定。

- 采用 XML 语言及其相关语法结构作为元数据描述的元语言,并作为相关应用系统必备的对外数据接口。
- RDF 作为一个资源描述的标准框架,能方便地容纳各类元数据标准,建立一种复合的面向异构系统的数据交换格式。本《标准框架》建议各应用系统应支持对 RDF 格式数据的解析。
- 元数据的 XML 格式语法定义方法采用 XML Schema 或 DTD。

六、中文元数据标准制订过程的一些重要问题

前面较为详细地介绍了《标准框架》的主要内容。在将该《标准框架》应用到中文元数据标准的制订中还有一些需要特别关注的问题,在此提出来供大家参考。

(1)著录单位的确定:元数据标准的设计要以基本著录单位为基础。在设计中文元数据标准时,由于具中国历史文化特点的资源对象情况比较复杂,这方面的分析尤其要仔细认真,要与相关专业人员反复斟酌。例如古籍,其基本著录单位不同于普通图书,要表现其不同抄本、同一刻本下的不同印本的特点,就必须以每一个单本(即复本)为著录单位。

(2)著录对象关系的分析:要认真分析不同对象之间的各类复杂的关联,因为这些关系影响着著录对象的确定,进而涉及元数据标准的设计。例如拓片,就存在着丛拓和子目、丛刻和子目、原刻与摹刻(翻刻)、拓片与影印(单张)、拓片与拓本、原刻与附刻、碑阳与碑阴等复杂的关系,只有对这些关系进行仔细分析,确定是单独还是复合著录,才能最终确定某些元素的设计和拓片元数据标准的内容。

(3)个别元素的设计:即充分考虑具体类型对象的特殊需求,例如拓片,在著录时要表现其中文的书法特点,就要设立“书法特征”元素。

(4)拼音问题:这是只有中文资源才具备的特点,在设计元数据标准时可以考虑在某些元素下以设立拼音子元素的方式解决。

(5)相关规则的建立:如著录规则、朝代与人名规范档、查重标准等的建立,这些内容在很大程度上体现了中文资源的特征,虽然对元数据标准的总体结构没有很大的影响,但于某些具体元素的设立却是至关重要的。

七、《中文元数据标准框架》的应用实现

1. 已有元数据标准

目前北京大学数字图书馆在《标准框架》下已经设计并应用的元数据标准有：

- 拓片元数据标准
- 古籍元数据标准

下表为拓片、古籍元数据的描述型元数据部分：

	拓片	古籍
核心元素	1. 题名	1. 题名
	2. 责任者	2. 主要责任者
		3. 其他责任者
	3. 主题/关键词	4. 主题词
	4. 内容及注释	5. 附注说明
	5. 金石刻制时间	
	6. 金石类型	
	7. 资源形式	6. 资源形式
	8. 拓片标识	7. 古籍标识
	9. 语种	8. 语种
	10. 相关资源	9. 相关文献
	11. 时空范围	10. 时空范围
	12. 馆藏信息	11. 馆藏信息

续表

	拓片	古籍
本馆核心元素	1. 版刻/版本	1. 版本
	2. 外观特征	2. 外观形态
	3. 出版项	3. 出版项
个别元素	1. 收藏历史(Collection history)	1. 收藏历史
	2. 书法特征(Handwriting)	
	3. 金石刻立/出土地点(Location)	
	4. 金石材质(Materials and techniques)	
	5. 原器物标识(Original Object Identifier)	

正在设计并接近完成的元数据标准有：

- 舆图元数据标准
- 学位论文元数据标准
- 网络资源元数据标准

其中拓片、古籍、舆图3种元数据标准符合本文第一部分所说中文元数据标准的定义，将在《标准框架》下指导设计完成。学位论文和网络资源元数据主要采用国外已有较为成熟的元数据格式，但要和《标准框架》中的核心元素集建立映射关系。

管理型元数据：采用同样的结构模型。

应用型元数据：拓片、古籍、舆图采用GIS元数据。

2. 元数据标准的设计流程

各元数据标准的设计均遵循以下工作流程规范，包括下列8个步骤。

(1)资源分析

完成对资源对象各方面进行的详细调查分析，包括对资源本身的分析调查，对资源管理者、使用者的需求调查等。

需要强调的是，在这里所说的资源对象，是一个复合对象，即一个抽象的对象集合体，包括原始对象、对象复制品、数字复制品，这些不同的载体形态称为一个对象实例等。例如，对拓片对象而言，包括原刻、拓片本身、数字拓片，它们都是一些具体的对象实例。可以按“元数据功能”一节中提出的几个方面来进行分析。

该步骤结束时应完成《资源分析报告》，其内容应包括：

- 该资源对象的定义和特点，对象间及对象实例间的关系分析；
- 著录单位、著录范围、著录内容（项目）的确定；
- 使用和检索需求，即用户希望从哪些方面、什么途径去检索，第一步最希望获得什么等。这部分内容的搜集分析直接影响检索点的设置和检索结果的反馈。

（2）元数据标准的初步设计

提出针对某具体资源对象的《元数据标准草案》，其出发点包括以下几个方面：

- 《资源分析报告》；
- 其他国内外机构对相似资源制定的元数据标准分析；
- 《标准框架》中“元数据的结构与元素组成”对元数据标准的规范性描述及其已使用和推荐的元素集；
- 《标准框架》中“元数据标准的设计原则”。

《元数据标准草案》内容应包括所有元数据项及相关定义。一般说来需要慎重设计的主要是描述型元数据和个别与该类资源联系紧密的管理或其他类型元数据。一般通用的管理型元数据在第一次设计时即已完成。

《元数据标准草案》也可能是等同采用某个其他机构制订的成熟的元数据标准。在这个情况下，需要与《标准框架》中规定的元素集建立映射关系。

（3）手工著录检验

组织专业和非专业编目人员进行试验著录，以检验《元数据标准草案》设计的合理与否。该步骤以手工著录方式进行，完成后形成《手工检验报告》。

(4)修改《元数据标准草案》

完成《元数据标准草案(修订版)》,可能会有多个版本。

(5)应用规则建立

在《元数据标准草案(修订版)》和《资源分析报告》基础上提交相应文档,形成《元数据应用相关文档汇编》,作为建立实用系统的依据。主要内容包括:

- 著录细则;
- 检索点、索引与查重定义;
- 规范档的使用说明;
- 元数据和数字对象的权限管理;
- 元数据标准的 XML 定义;
- 元数据标准 DTD;
- 与《标准框架》中规定的元素集和其他元数据标准元素集之间的映射表。

(6)建立试验著录系统

根据《元数据标准草案(修订版)》和《元数据应用相关文档汇编》建立试验著录系统和网络试验著录环境。

(7)联机试验著录

邀请其他单位的同行参加网络环境下的著录实践,以充分收集意见,各意见汇总成《联机试验报告》,该报告应包括三方面的内容:对元数据本身的意见、对相关应用规则的意见和对系统的意见。

(8)元数据标准推荐稿

根据《联机试验报告》对《元数据标准草案(修订版)》《元数据应用相关文档汇编》和系统多次修改、实践后形成较为正式的《元数据标准(推荐稿)》,作为正式标准的第一版。

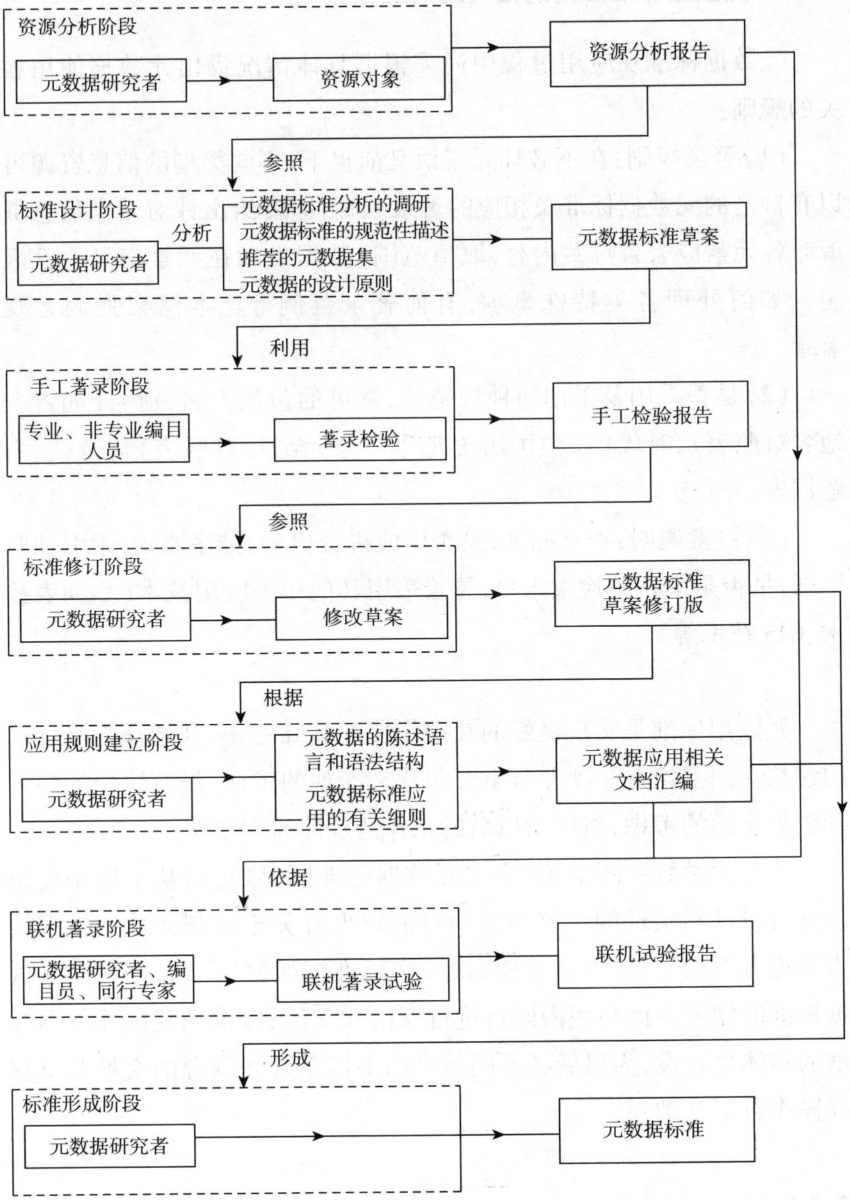

资源分析阶段

元数据研究者 → 资源对象 → 资源分析报告

参照

标准设计阶段

元数据研究者 分析 元数据标准分析的调研、元数据标准的规范性描述、推荐的元数据集、元数据的设计原则 → 元数据标准草案

利用

手工著录阶段

专业、非专业编目人员 → 著录检验 → 手工检验报告

参照

标准修订阶段

元数据研究者 → 修改草案 → 元数据标准草案修订版

根据

应用规则建立阶段

元数据研究者 → 元数据的陈述语言和语法结构、元数据标准应用的有关细则 → 元数据应用相关文档汇编

依据

联机著录阶段

元数据研究者、编目员、同行专家 → 联机著录试验 → 联机试验报告

形成

标准形成阶段

元数据研究者 → 元数据标准

图 3　元数据标准制订工作流程图

3. 元数据标准应用的相关规则

元数据标准在应用过程中尚需根据具体情况提出元数据使用相关的规则：

（1）著录规则：在不破坏元素语义前提下，不同类型的信息资源可以有自己的元数据标准及相应的著录规则，即要给出针对某类信息资源时各元素应著录哪些内容，取值范围（数据类型在元素定义中已规定），如何处理各类特殊事项，有何著录范例等。本框架强调客观著录。

（2）是否采用及采用何种规范档，常见的包括人名、地名（如古今地名对照表）、时代（如中国历史纪年与公元纪年对照表）规范档、主题词表、分类法。

（3）检索说明：查重标准，是否生成拼音检索，排序原则，索引抽取原则，是否是单独的检索入口，是否采用其他相关应用技术（如词表技术、GIS 技术等）。

元数据标准是实现良好的互操作性的基础之一，其选择与制订对构建数字图书馆是一项非常重要而意义深远的工作，没有统一的规划和较为全面的考虑，将会给以后的工作造成障碍和浪费。

北京大学数字图书馆《中文元数据标准框架》正是从上述角度出发进行设计和实现的。鉴于国内目前较少有关于研制元数据标准的方法论方面的文章，本文希望通过对《标准框架》的介绍，在中文元数据标准的制定方面与国内同行进行探讨和交流，以推动我国元数据标准的整体化建设，为以后各不同数字图书馆系统间资源的交换共享和互操作打下基础。

参考文献

1 California Digital Library. http://www2. cdlib. org

2 Dublin Core Metadata Initiative. http://dublincore. org/

3 OAI. http://www.openarchives.org

4 OAIS. http://ssdoo.gsfc.nasa.gov/nost/isoas/overview.html

5 W3C metadata. http://www.w3.org/Metadata/

6 W3C RDF, XML, XML Schema, XSL. http://www.w3.org

7 Xiao Long, Chen Ling. Designing and implementation of Chinese metadata standards: A case study on metadata applications in Peking University rare book digital library. Global Digital Library Development in the New Millennium — Fertile Ground for Distributed Cross-Disciplinary Collaboration: Proceedings of the 12th International Conference on New Information Technology. Beijing: Tsinghua University Library, May 29 — 31, 2001. Beijing: Tsinghua University Press, 2001

8 北京大学数字图书馆研究所. http://www.idl.pku.edu.cn

9 陈昭珍,一个 XML/Metadata 管理系统设计经验浅谈——Metalogy 之架构与功能简介.//海峡两岸第五届图书资讯学术研讨会论文集. 台北:中华图书资讯学教育学会,2000

10 吴建中等. DC 元数据. 上海:上海科学技术文献出版社,2000

11 谢清俊. 数位博物馆专案计划技术汇编. 台北:"国科会"企划处,1999

12 张晓林. 元数据开发应用的标准化框架. 海峡两岸第五届图书资讯学学术研讨会论文集. 北京:中国科学院文献情报中心,2000

13 陈昭珍. 中文诠释资料(metadata)格式汇编. 台北:汉学研究中心,2000

原载于《大学图书馆学报》,2001 年第 5 期

元数据格式在数字图书馆中的应用

随着Internet网的发展以及网络资源和技术越来越广泛的应用，数字图书馆(digital library)的数量在网上不断增多，对其规模和数字化技术(digitizing technology)的要求也随之逐渐提高。正如纸介质图书馆中的图书、期刊等收藏需要编目一样，数字图书馆的数字收藏(digital collection)同样需要著录和标引，以便用户能够准确快速找到自已所需的信息，这一点对于规模较大、收藏量高、学术性强的数字图书馆尤其重要。

元数据(metadata)是用于提供某种资源的有关信息的结构数据(structured data)，简单说，是关于其他数据的数据(data about other data)。Metadata这个词本身是随着Internet的发展才产生的。经过近几年的研究和试验，元数据现在已经发展出多种用来进行网上数字资源的著录和标引的格式。由于数字图书馆收藏的内容不同，既有专著、论文、小册子、会议录等普通电子文本，也有图像(包括动态图像，如电影，和图片、照片等)、声音(如音乐、演讲)、软件、数据、网页，甚至拓片、时装、建筑、瓷器、家具等各类特藏，不同的收藏对数据格式的要求不同，因此现在用于网络数字资源的元数据格式也有多种，尚没有可以为各方所接受的发展成熟的统一格式。

目前网上数字资源比较常用的元数据格式为：USMARC格式，都柏林核心数据(Dublin Core)，VRA核心类目(VRA Core Category)，艺术作品著录类目(Categories for the Description of Works of Art)，

REACH 著录单元集合(REACH element set)等。本文主要论述这几种格式的发展情况及在数字图书馆中的应用,文中所举例子,一部分为笔者在美国进修时参加 OCLC 的研究课题"因特网上的对象著录:当前标准和格式的研究"(Object Description on the Internet: A Study of Current Standards and Formats)和美国俄亥俄州肯特州立大学的数字图书馆项目"美国服装的过去:1820－1920"(What Americans wore: 1820－1920)所用,一部分从现在网上的几个较具规模的数字图书馆中撷取。

一、USMARC 格式

USMARC 格式因广泛用于书目记录数据而被人们所熟知。1995年,随着美国国会图书馆负责的美国国家数字图书馆项目(National Digital Library Program,简称 NDLP)——"美国的回忆"(American Memory)的启动,USMARC 格式被推荐为该项目所使用的几种元数据格式之一,并在该数字图书馆项目发展的过程中做了如下修改和规定:

(1)增加"电子资源地址与存取"字段(Electronic Location and Access,即 856 字段),主要记录被著录的数字对象或与之相关的其他电子资源的存储地址和存取方式,为可重复字段(repeatable),包含 27 个子字段,例如:

856$3Thumbnail$uhttp://www.slis.kent.edu/waw/k.1995.107.003-t.jpg

856 $awuarchive.wustl.edu $dmirrors/info-mac/util $fcolor-system-icons.hqx$s16874 bytes

(其中$3为数字对象名称,$u为通用标识符,$a为域名,$d为路径,$f为文件名称,$s为文件字节数。)

(2)增加部分"本馆用"字段以弥补不足。例如国会图书馆增加 985 字段作为记录每一数字对象的标识号的"本馆用"字段。

(3)规定除头标、控制字段外,题名字段(245 字段)、电子资源地址与存取字段(856 字段)为必备字段(required field)。

(4)建议尽可能使用责任者字段(1XX)、主题字段(6XX)、注释字段(5XX)。

下面这个例子是关于一幅肖像摄影的著录,比较充分地体现了上述规定:

[Portrait of Gen. Joseph E. Johnston, officer of the Confederate Army]	(245 字段)
Brady National Photographic Art Gallery(Washington, D. C.), photographer	(110 字段)
CREATED/PUBLISHED [Between 1860 and 1865]	(260 字段)
NOTES Civil War photographs, 1861-1865/compiled by Hirst D. Milhollen and Donald H. Mugridge, Washington, D. C.: Library of Congress, 1977. No. 1034 Forms part of Selected Civil War photographs, 1861-1865 (Library of Congress) Johnston is not in uniform.	(5XX 字段)
SUBJECTS United States — History — Civil War, 1861-1865 Johnston, Joseph E. Portrait photographs. Wet plate negative.	(6XX 字段)
MEDIUM(PHYSICAL DESCRIPTION) 1 negative: glass, wet collodion	(300 字段)
CALL NUMBER LC-B812-2109	(050 字段)

REPRODUCTION NUMBER (985 字段)
LC-B8172-2109 DLC(b&w film neg.)

REPOSITORY (535 字段)
Library of Congress Prints and Photographs Division Washington, D. C. 20540 USA

DIGITAL ID (856 字段)
(b&w film copy neg.) cwp 4a40397

此外,鉴于 MARC 格式必须在专门的系统软件中使用,为了促进 MARC 格式在网络环境中得到更进一步的应用,国会图书馆正在进行"机读目录文献类型定义"(Machine Readable Cataloging Document Type Definition,简称 MARC DTD)的研究制订,目的是创造出一种新的标准通用标识语言文献类型定义(SGML DTD),使基于国际标准 ISO 2709 的 MARC 格式数据能自动转换到基于国际标准 ISO 8879 的 SGML 格式,从而适用于各类网络软件和浏览器,简化著录程序,而 MARC 格式本身因此会产生一些相应的变化。例如,USMARC 格式中题名字段的标识符为 245,在 MARC DTD 中将变为 mrcb245,子字段也将变为 mrcb245-a、mrcb245-b 等,这也可以说是派生出来的一种新的元数据格式。

二、都柏林核心数据格式

都柏林核心数据(Dublin Core)格式产生于 1995 年,是为网络资源或者说是数字资源的著录而制定,包括 15 个数据单元(element),结构如下:

内容:7 个元素（content）		知识产权:4 个元素（Intellectual Property）		例示:4 个元素（Instantiation）	
名称（name）	标识（label）	名称（name）	标识（label）	名称（name）	标识（label）
题名（Title）	*Title*	作者或创作者（Author or Creator）	*Creator*	日期（Date）	*Date*
主题词和关键词（Subject & Keywords）	*Subject*				
内容描述（Description）	*Description*	出版者（Publisher）	*Publisher*	格式（Format）	*Format*
资源类型（Resource Type）	*Type*	其他责任者（Other Contributor）	*Contributor*	资源标识（Resource Identifier）	*Identifier*
来源（Source）	*Source*				
关系（Relation）	*Relation*	权限管理（Rights management）	*Rights*	语言（Language）	*Language*
范围（Coverage）	*Coverage*				

Dublin Core 有以下几个特点：

- 结构简单：只有 15 个数据元素；
- 通俗易解：数据元素的含义易学易记，非编目人员也能很快学会使用；
- 国际通用：已有德语、日语、葡语、西语等十余种不同语种的版本；
- 可扩展性：可以与其他元数据元素连接使用，以弥补其自身的不足。

Dublin Core 的 HTML 标签（tag）为“NAME”“CONTENT”（必备）和“SCHEME”（可选），例如下面这个关于一套名贵瓷器的记录：

```
< HTML >
< HEAD >
< TITLE > Tea and Coffee Service </TITLE >
</HEAD >
```

<BODY>

<META NAME = "DC. Title" CONTENT = "Tea and coffee service: after dinner" >

<META NAME = "DC. Creator" CONTENT = "Nast, Jean Nepomucene Hermann, 1754-1817">

<META NAME = "DC. Subject" SCHEME = "LCSH" CONTENT = "Porcelain — France — 19th century" >("LCSH"为"国会图书馆主题词表 Library of Congress Subject Headings")

<META NAME = "DC. Description" CONTENT = " Gifts of Jerry Silverman and Shannon Rogers in 1983" >

<META NAME = "DC. Date" CONTENT = "1810" >

<META NAME = "DC. Type" CONTENT = "Physical object" >

<META NAME = "DC. Format" CONTENT = "Porcelain/25 items" >

<META NAME = "DC. Identifier" CONTENT = " http://www. kent. edu/wam/1983. 004. 0453 a-z" >

</BODY>

</HTML>

Dublin Core 的应用方式有 2 种,一种是著录数据与著录对象存在于不同的文件之中,利用 URL 等方式联接,如上述例子;另一种是著录数据与著录对象同时包含在一个文件中,在这种情况下,如果是 HTML 文件,著录数据就要放在"头标(<HEAD> <\HEAD>)"部分,不能放在"正文"(<BODY> <\BODY>)中与著录对象混同了。

三、VRA 核心类目格式

VRA 核心类目的全称为"VRA 视觉资料核心类目(VRA Core Categories for Visual Resources)",简称 VRA Core,是由美国视觉资料协会(Visual Resources Association)1995 年制订的,最初是为在网络环境

下对艺术、建筑、手工艺术、民间文化等艺术类视觉资料的著录而起草,以后逐渐扩大应用到非艺术类领域,1997 年 10 月经过修订和试用,又出了第 2 版。

VRA Core 格式由两部分组成:

(1)作品著录类目(Work Description Categories):用于任何一种作品实体或某种视觉文献所记载的原始作品(多为三维作品)的著录,包括 19 个数据单元:

作品类型(Work Type)
载体材料(Material)
技术(Technique)
尺寸(Measurements)
日期(Date)
附注(Notes)
题名(Title)
责任者(Creator)
责任方式(Role)
主题(Subject)
相关作品(Related Work)
与相关作品间的关系(Relationship Type)
收藏单位名称(Repository Name)
收藏地点(Repository Place)
收藏号(Repository Number)
现存地点(Current Site)
原始收藏或发现地点(Original Site)
民族/文化(Nationality/Culture)
风格/时期/派别/运动(Style/Period/Group/Movement)

(2)视觉文献著录类目(Visual Document Description Categories):用于记载某一种作品实体的视觉文献的著录。所谓视觉文献,是指如某一雕塑的照片、某一教堂的幻灯片、某一油画的数字图像等。这部分包括9个数据单元：

视觉文献类型(Visual Document Type)

视觉文献格式(Visual Document Format)

视觉文献尺寸(Visual Document Measurements)

视觉文献出版日期(Visual Document Date)

视觉文献收藏者(Visual Document Owner)

视觉文献收藏号码(Visual Document Owner Number)

视觉文献视点描述(Visual Document View Description)

视觉文献主题(Visual Document Subject)

视觉文献来源(Visual Document Source)

下面是“美国服装的过去”数字图书馆项目中一件19世纪法国时装的例子：

Work type:Costume

Title:Afternoon dress - female

Material:Chinese Silk satin

Material:Trim,chiffon and velvet

Technique:Embroidery

Date:1885-1890

Repository name:Kent State University Museum

Repository place: Kent State University Museum, P. O. Box 5190, Kent,Ohio 44240

Repository number:1983. 001. 0171

Nationality/Culture:French

Subject:Costume - France - Third Republic,1870-1940(LCSH)

Subject: Women's main dress - Majority of body - Afternoon dress (ICOMT)

Related works:Collar,1983. 001. 1455;bag,1983. 001. 1784

Relationship type：Accessories

Notes：Credit Silverman-Rodgers Collection

Notes：A gift of Jerry Silverman and Shannon Rogers in 1983.

Notes：Excellent condition.

Notes：Exhibited 9/85

Notes：Label：Chicago-Weeks-Paris

Visual document type：Photograph.

Visual document format：Lantern slides.

Visual document owner：Kent State University Museum.

Visual document owner number：1983. 001. 0171

VRA Core 在制订过程中，也和 USMARC、CDWA、REACH 等格式做了匹配研究，因而得到了进一步改进和完善。

四、艺术作品著录类目

英文全称为 Categories for the Description of Works of Art，简称 CDWA，由美国 Getty 信息协会（Getty Information Institute）和学院艺术协会（College Art Association）制订，主要应用于艺术作品、珍善本和其他三维作品。包括 27 个数据单元：

对象/作品（Object/Work）*

提名/名称（Titles/Names）*

分类（Classification）*

创作（Creation）*

所有权/收藏史（Ownership/Collecting history）

版权/权限（Copyright/Restrictions）

风格/时期/派别/运动（Style/Period/Group/Movement）

主题（SubjectMatter）*

背景(Context)

定向/排序(Orientation/Arrangement)

尺寸(Measurements)

载体材料和技术(Materials & Techniques)

制法(Facture)

载体形态(Physical Description)

状况/检查史(Condition/Examination history)

保存/修复史(Conservation/Treatment history)

编目史(Cataloging history)

现存地点(Current location) *

说明(State)

版本(Edition)

题铭/符号(Inscription/Marks)

展览/租借史(Exhibition/Loan history)

相关作品(Related works)

相关视觉文件(Related Visual Document)

相关文字参照(Related textual references)

评论反应(Critical responses)

附注(Descriptive note)

(注:带 * 号者为核心数据单元。)

与 VRA Core 和 Dublin Core 相比,CDWA 的系统显然比较庞大,它吸收了 VRA Core 以及其他一些元数据格式的类目,因此不仅包括 27 个数据单元,每一单元还包括有若干子单元,例如题名/名称一项,就包括有名称正文(Text)、类型(Type)、日期(Date)、评论(Remarks)、引文(Citations)5 个子单元,有些单元中的子单元还包括有再下一位类的子单元,总计有 270 余个类目之多。

除以上介绍的 4 种元数据格式外,值得一提的还有 REACH 著录单元集合。REACH 是美国研究图书馆组织(Research Libraries Group,简称 RLG)负责的一个研究项目,全称为"艺术与文化遗产数据输出"

(Records Export for Art and Cultural Heritage),REACH 著录单元集合(REACH Element Set)即是该项目的成果,用于文化艺术类作品及珍善本等的著录,由 20 个数据单元构成。由于这些数据单元与 VRA Core 和 CDWA 的著录类目有许多重复之处,这里就不再做详细介绍。

目前,REACH 著录单元集合与 VRA Core 在 Getty 信息协会的资助下,在网上联合开发了一个实验项目——VISION 项目,全称为“视觉资料共享信息联机网络”(Visual Resources Sharing Information Online Network),将一部分文化艺术类作品进行数字化扫描和著录后放在网上,用以促进文化资源的共享,此举对这两种元数据格式的研究和应用亦颇有益处。

五、几种元数据格式的比较

1. 系统性

毋庸置疑,USMARC 格式经过多年来的发展,现在可以说是系统最完善、类目(或称字段)最复杂、标准最严密的元数据格式了,这既是 USMARC 格式的长处,同时也是其在数字图书馆中应用的不足之处。由于 USMARC 格式是在专门的系统中使用和输出著录结果,因而产生了众多的字段、子字段及其标识符和繁杂的头标区,这在开放式的网络系统中有些是不需要的。例如在 65X 字段中如含有地理名称,就必须加以使用 043 字段,但在实际的输出结果中并没有 043 字段,可见 043 字段是专为其软件系统而设,类似这样的字段还很多,而其他几种元数据格式则不存在这种问题。

CDWA 的系统也比较庞大,并使用严格的标准,但其中有些子单元设置的必要性不大,也有些重复,容易混淆。Dublin Core、VRA Core 和 REACH 著录单元集合均相对比较简单。

2. 应用性

数字图书馆的最终表现形式是可以在 Internet 上阅读浏览的网络

数据库,或称网络产品,但并非每一种元数据格式的著录结果都可以直接在网络上应用。

上述几种元数据格式中,Dublin Core 为自己设置了两种 HTML 语言的标签(tag)"NAME"和"CONTENT",同时将每个单元都加了著录标识(label),著录时既可以使用 HTML 语言,输出结果为网络产品形式,也保留了自己的著录标识和系统,堪称是网络应用的最佳格式(见第二部分的实例)。CDWA、VRA Core 和 REACH 著录单元集合也都可以直接使用 HTML 语言,所不同的是没有 HTML 标签和著录标识。

USMARC 格式则必须首先在自己的软件系统中著录,输出著录结果,再将著录结果使用 HTML 语言加以标识,比较复杂。这也就是为什么国会图书馆正在研究制订 MARC DTD 的原因之一,有了这项文献类型定义,USMARC 格式也可以直接使用 HTML 语言输出著录结果。

3. 类目(字段)的设置、匹配与转换

由于制订单位的不同,应用目的的区别,上述几种元数据格式在类目(字段)的设置及其定义上也不同,但它们在主要的内容上还是基本一致的,也可以互相转换。笔者在参加前面提到的课题"因特网上的对象著录"时,曾试着以 VRA Core 为标准做过匹配比较:

VRA Core	MARC format	Dublin Core
W1. Work type	655	Resource type
W2. Title	24X	Title
W3. Measurements	300c,340b	Coverage
W4. Material	340ace3	Description?
W5. Technique	340d,538	Description?
W6. Creator and role	1XX,7XX,260b,245c	Creator,Publisher,Other contributor
W8. Date	260c	Date
W9. Repository name	535a	

续表

VRA Core	MARC format	Dublin Core
W10. Repository place	535bc	
W11. Repository number	037	Resource identifier
W12. Current site	651,752,090	
W13. Original site	651,752	
W14. Style/period/group/movement	650y,651y,655y	Subject and keywords
W15. Nationality/culture	650z,651z,655z	Subject and keywords
W16. Subject	600—65X	Subject and keywords
W17. Related works	787	Relation
W18. Relationship type	787g	Relation
W19. Notes	500,508,510,520,541,561,585	Description
V1. Visual document type	533a	Resource type
V2. Visual document format	533e	Format
V3. Visual document measurements	533e	Coverage
V4. Visual document date	533d	Date
V5. Visual document owner	533c	
V6. Visual document owner number	533n	Resource Identifier
V7. Visual document view description	245p,505,520	Description
V8. Visual document subject	600—65X	Subject and keywords
V9. Visual document source	541	Source

这个匹配并不很准确。但在比较和应用的过程中，笔者发现，从著录对象上讲，USMARC格式目前还是比较适用于纸形出版物、图像、缩微、视听资料、软件、数据库等，VRA Core、CDWA、REACH著录单元集合则更适用美术作品(如绘画、雕塑等)、古老的拓片、瓷器、陶器、家具、服装、建筑等三维实体，Dublin Core则介于它们之间，对于一些计算机文件、数据库等也很适用。

4. 规范化

元数据格式的应用过程中都要著录地名、人名、语言名称、主题等,无疑使用 USMARC 格式时要遵循国会图书馆制订的一系列的词表和文件,这使得记录本身有很高的权威性,但同时也要求有很高专业水平的编目人员。其他几种格式则不存在这方面的问题,它们的原则是"要使非编目专家也能够使用这种格式",因此一方面鼓励使用"国会主题词表"(LCSH)和其他一些专业主题词表,如"艺术与建筑主题词表(Art and Architecture Thesaurus,缩写 AAT)"等,另一方面也使用关键词(keyword)检索来保证用户的查全和查准率。

以上介绍和比较分析了几种元数据格式在数字图书馆中的应用,笔者认为,元数据格式的正确选择和应用对建立规模大、学术水平高的数字图书馆是至关重要的因素之一,而这也正是这方面的研究已成为信息技术领域中越来越引起人们注意的课题的原因。

参考文献

1 Caroline R. Arms. Access aids and interoperability. http://lcweb2. loc. gov/ammem/award/docs/interop. html

2 The national digital library program — American Memory. http://memory. loc. gov/

3 Library of Congress. Network development and MARC standard office. MARC DTDs: Documents Type Definitions — Background and Development. http://lcweb. loc. gov/marc/marcdtd/marcdtdback. html

4 Dublin Core Metadata Initiative. http://purl. oclc. org/dc/

5 Visual Resources Association. VRA core categories. http://www. oberlin. edu/ ~art/vra/

6 The Getty Information Institute and College Art Association. Categories for the description of works of art. http://www. ahip. getty. edu/cdwa/

7 Research Libraries Group. RLG REACH element set. http://www. rlg. org/reach. elements. html

8 Zeng Lei. Object description on the internet: A study of current standards and for-

mats. A Proposal Report to OCLC

9 Kent State University. What americans wore: 1820 — 1920. http://newmedia.kent.edu/waw/

10 Xiao Long. Constructing academic digital collections: A survey of research about academic libraries. "Proceedings of the International Conference on New Missions of Academic Libraries in the 21st Century, Oct. 25 — 28, 1998, Beijing, China". Beijing: Peking University Press, 1998

11 肖珑.美国国家数字图书馆项目的进展.情报学报,1998,17(3)

原载于《大学图书馆学报》,1999 年第 4 期

描述元数据结构及其扩展规则研究*

元数据根据其功能的不同,可以划分为描述元数据、管理元数据等主要类型。其中,描述元数据是用于描述或标识数字对象内容的元数据,其描述的对象可以是:

(1)简单数字对象:一个有完整意义的独立实体,如一本书、一篇文献、一个 MP3 文件、一张图片等。

(2)复合数字对象:由多个简单对象,或简单对象与复合对象嵌套组成的复杂对象,如由文字、图片、多媒体等不同载体对象组成的人物资料。

(3)数字对象集合:即按照一定主题、资源类型或用户范围等标准组成的数字对象集合(collections),也称资源集合,如数据库。

不同的数字对象或对象集合可以使用不同的元数据规范。也就是说,元数据规范可以针对数字对象的类型及其特点特性来进行专门化设计,以达到其专指性、准确性。但从另一方面来说,数字图书馆也强调元数据规范的通用性、可扩展性、元数据之间的易转换性、系统之间的互操作性等原则,以达到网络环境下资源共享的目的。

遵循上述原则,在设计具体的描述元数据规范时,首先需要确定

---

* 本文为科技部科技基础研究重大科技专项“我国数字图书馆标准规范研究”之子项目“专门数字对象元数据标准规范研究”研究与应用成果之一。参与这方面研究的单位有:北京大学图书馆、上海图书馆、CALIS 管理中心、国家图书馆、中国科学院文献信息中心、清华大学图书馆。本文与冯项云、沈芸芸合写。

的关键点：

- 元数据规范的结构：包括其核心组成及其可扩展、可个性化的部分。
- 在核心集基础上的扩展规则。

这是最重要的两个基础问题，也是本文要具体论述的内容。

一、描述元数据的基本结构及元素组成

描述元数据用于描述或标识对象内容和外观特征，它对数据单元进行详细、全面的著录描述，数据元素囊括内容、载体、位置与获取方式、制作与利用方法、知识产权甚至相关数据单元方面等，数据元素数量往往较多。由于被描述的资源对象的复杂性，在设计描述元数据规范时，为了既能兼顾不同资源的特性，又能最大限度地实现各类资源在发现和获取方法上的一致性，体现数字图书馆的整体性，各元数据标准应当从功能、内容结构、格式、语义语法等诸多方面保持一致。这种一致性和整体性也便于在更大范围内实现不同数字图书馆，或者说不同系统间的互操作和数据共享。从这个意义上说，我们在设计描述元数据时就需要考虑其基本的结构，即哪些是通用的核心元素，这些元素如何组成，以及哪些是体现个性化特征的元素，如何定义。

1. 基本结构

通过研究和实践，无论何种资源对象的描述元数据，都可以由核心元素、资源类型核心元素、个别元素三部分组成。元数据的这种基本结构形成各类型资源对象描述元数据的基本框架，将支持数据交换和检索，实现数据共享。

核心元素在各类资源对象中通用。在元数据的通用性方面，Dublin Core 无疑是最能满足通用性的元数据，而且其利用范围广泛，因此，核心元素复用 DC 的 15 个基本元素，并拟在该层上与其他系统进

行交换,支持通用的检索工具。

资源类型核心元素根据资源对象特点、参照其他元数据标准制定,在同一类型资源对象中通用。不同的资源类型可有不同的资源类型核心元素设置及其语义定义,要求体现该资源类型的共同特性。

个别元素以某种特定的资源对象为基础制定,仅适用于这类对象,不用于交换。应用时仅要求该种对象遵守其定义。

这 3 个层次的划分是为了在保证各标准的一致性与整体性的基础上,最大限度地体现不同系统和不同资源的特征,使标准具有更强的包容性和灵活性,有利于标准的推广使用。

2. 元素组成

(1)核心元素集

复用 Dublin Core 的 15 个元素作为核心元素集,其复用原则:

• 最好采用"简单 DC"(simple DC),一般来说不推荐使用"限制性 DC"(qualified DC)。即当元素本身具备很强的专指性和完整的描述性时,可以不必扩展修饰词,这样,元数据规范也可以不受日趋复杂的限制性 DC 的修饰词体系的局限。

• 严格遵守 DC 的元素语义定义,核心元素集中元素的语义不允许有交叉。

• 核心元素并非必备元素,具体应用时允许只复用其中一部分。

• 允许复用"限制性 DC"中的修饰词(qualifier),必须说明并严格遵守其语义定义。

• 允许在复用时根据资源情况重新命名元素和修饰词。

(2)资源类型核心元素集

在制定不同类型和不同资源的元数据标准时,可以根据资源对象共同的特点,制定各自所需的资源类型核心元素或修饰词,或者从其他元数据标准中复用元素或修饰词。

在制定此类元素或者扩展修饰词时,必须保持与已经采用的核心元素在语义上没有交叉,如果是从其他元数据标准中引用,必须在命名域(Namespace)中说明并严格遵守其语义定义。

"DC 图书馆应用大纲"(DC — library application profile)中的三个元素(edition,location,audience)在描述文献资源的时候具有较强的通用性,建议在需要时作为资源类型核心元素。

(3)个别元素

此类元素为某资源对象所特有,只应用于该资源对象,一般需自定义,制定的规则与资源类型核心元素相同。

(4)与 DC 的映射

考虑到数据交换和检索的需要,所制定的元数据标准应与 DC 建立映射关系(mapping):

1)映射单位可以是元素,也可以是修饰词;

2)可以建立的映射关系有一对一(一个元素与 DC 的一个元素)、一对多(一个元素与 DC 的多个元素)、多对一(多个元素与 DC 的一个元素);

3)如有不能映射到 DC 的元素或修饰词,则无须强行建立映射。

(5)元素组成举例

表 1 以古籍、拓片、舆图为例,说明古文献资源元数据规范的元素组成,其中古文献核心元素是适用于这三种古文献资源的元素。

表 1　古文献资源元数据规范

	古籍	拓片	舆图
核心元素	资源类型	资源类型	资源类型
	题名	题名	题名
	主要责任者	责任者	主要责任者
	其他责任者		其他责任者
	时间	金石年代	时间
	出版者		出版者
	附注	附注	附注
	相关文献	相关文献	相关文献
	主题	关键词	主题

续表

	古籍	拓片	舆图
核心元素	古籍语种	拓片语种	舆图语种
	时空范围	时空范围	时空范围
	古籍标识	拓片标识	舆图标识
	馆藏信息	馆藏信息	馆藏信息
古文献核心元素	版本	版本	版本
	外观形态	外观形态	外观形态
	收藏历史	收藏历史	收藏历史
个别元素		金石所在地	制图细节
		金石材质	
		书法特征	
		金石类型	

相关说明：

1）核心元素：

• 直接复用了 DC，但没有复用全部元素，并修改了部分元素名称。

• 其中资源类型（Type）作为核心元素，其定义为：有关资源内容的特征和类型，包括描述资源内容的分类范畴，功能、特性或集合层次的术语。但其建议的编码体系（DCMI Type）无法满足中文资源的情况，因此，我们为此特别制定了“信息资源名称规范列表”用于取词，如电子图书、期刊论文、会议论文、学位论文、古籍、拓片、舆图、家谱、地方志、视频资料、音频资料、图像资料、网络资源等。此元素建议不采用修饰词。

2）古文献核心元素定义：

• 版本：文献因制作方式的不同而产生的不同类型本子。指关于版刻、版本、影印的说明及相关信息。

• 外观形态：资源的外形特征，如数量、尺寸、载体形式、装订等。

• 收藏历史：文献的流传历史及相关的内容，如收藏沿革、题跋印记、获得方式、购买价格等。

3)个别元素:根据资源个性化特点定制。

二、扩展规则

元数据标准只提供最广泛意义上的描述,而在其应用到各种不同的资源对象时可能会要求更为细致精确的描述,因此,元数据规范一般都允许使用者在不破坏已规定的标准内容(如元素的语义定义)的前提下,扩充一些元素、修饰词或属性值。

1. 横向扩展规则

元数据的横向扩展指元素层次的扩展:

(1)遵守核心元素、资源类型核心元素、个别元素的结构组成;

(2)各元数据标准应最大可能采用核心元素集推荐的元数据项,并在语义上保持严格一致;

(3)对推荐的元素不能描述的特性可以增加元素,但新增元素不能与已有元素有任何语义上的重复。

2. 纵向扩展规则

元数据的纵向扩展指每一元素的向下扩展,以便更为准确地描述对象。根据 DCMI 的规定,是采用修饰词的方式对元素的某一特别的子类进行描述或者对描述元素内容时采用的编码规则进行描述。核心元素、资源类型核心元素和个别元素在向下扩展时均可以采用修饰词的扩展方式,修饰词采用 DCMI 的定义方式。

(1)修饰词有两种:

1)元素修饰词(element refinement):是对元素的语义进行修饰,提高元素的专指性和精确性。

2)编码体系修饰词(encoding scheme):包括控制词表和正规的符号或者解读方式。

(2)有必要对元素的语义进行更近一步限定时,应尽可能使用DCMI规定的修饰词(详见:http://dublincore.org/documents/2000/07/11/dcmes-qualifiers/index.shtml),以及各个应用方案中的已经确定使用的修饰词,例如 dc-education、dc-lib(详见:http://dublincore.org/documents/library-application-profile/index.shtml)。复用时要严格遵守其语义。

(3)尽可能遵循 dumb－down(向上兼容)原则,增加的修饰词的语义不能超出被修饰词(元素)的语义,修饰词只是对元素的名称及含义范围做了进一步的修饰或限定,而不是对元素的内容做修饰。

(4)如果复用来自其他元数据标准的元素或修饰词,要求必须说明来源,使用时严格遵守其语义。

(5)自行制定的修饰词必须遵循 dumb－down 原则。即修饰词的语义包含于相应的未限定元素中,在范围上对未限定元素的语义进行限定,在深度上对未限定元素的语义进行延伸。对于不具备修饰词知识的用户而言,修饰词可以像未限定元素一样来使用。

(6)其他:由于 DC 某些元素的语义外延并不清楚,元数据规范的制定者自行定义的修饰词很难确定是否兼容在该元素的语义范围中时,增加的修饰词与 DC 不做映射。

3. 修饰词扩展方式举例

表 2 以舆图元数据规范中的几个元素为例,说明元素横向扩展和纵向扩展规则的实际应用。此例中,核心元素的修饰词都做了不同程度的扩展,以便精确描述各种信息内容。资源类型核心元素有 3 个,都与核心元素没有语义上的冲突,增加外观形态元素是因为 DC 的格式(Format)元素的含义无法满足古文献的描述需要,因此,核心元素中没有格式元素(见表 1),而增加了外观形态作为古文献核心元素,并根据纵向扩展规则进行了扩展。为描述舆图资源特有的特征增加了个别元素制图细节,并做了相应的扩展。

表 2　舆图元数据规范

元素	元素修饰词	编码体系修饰词	与限制性 DC 的映射
题名			Title
	并列题名		
	交替题名		Title. Alternative
	自拟题名		
	其他题名		Title. Alternative
时间			Date
	出版		Date. Issued
	印刷		
	发行		Date. Issued
		年号纪年	
		公元纪年	
附注			Description
	缺字附注		
	相关文献附注		
	丛编		
	子目		Description. TableOfContent
相关文献	总图		Relation. IsPartOf
	分图		Relation. HasPart
	主图		Relation. IsPartOf
	附图		Relation. HasPart
	合印文献		Relation. IsPartOf
	合函文献		Relation. IsPartOf
	丛编		Relation. IsPartOf
	子目		Relation. HasPart
	书目文献		
		URI	

续表

元素	元素修饰词	编码体系修饰词	与限制性 DC 的映射
主题			Subject and Keyword
		汉语主题词表	
		中国图书馆分类法	
版本			
	版本说明		
外观形态	装订方式		
	数量		
	色彩		
	尺寸		
	附件		
收藏历史			
制图细节	比例尺		
	投影方法		
	坐标说明		
	绘制方法		

三、结语

元数据标准是实现良好的互操作性的基础之一，其选择与制定对构建数字图书馆是一项非常重要而意义深远的工作，如果不能按照统一的框架结构和扩展规则为众多的、千差万别的资源对象制定元数据，势必导致千差万别的元数据格式彼此不能兼容，为数据共享带来不必要的障碍。

建设数字图书馆就如盖楼，包含元数据标准在内的各种标准规范则是地基，只有地基打好了，数字图书馆的各种服务才能更顺畅地开展，而元数据的扩展规则又是元数据标准的核心和基础。本文希望通过元素结构和扩展规则的探讨，为描述元数据标准的研制提供参考和便利，并为以后各不同数字图书馆系统间不同资源的交换共享和互操作打下基础。

参考文献

1　肖珑，陈凌等. 中文元数据标准框架及其应用. 大学图书馆学报，2001，19(5)

2　吴建中等. DC 元数据. 上海：上海科学技术文献出版社，2000

3　张晓林. 元数据研究与应用. 北京：北京图书馆出版社（今国家图书馆出版社），2002

4　Dublincore Terms and Element Set. http://dublincore. org/

原载于《现代图书情报技术》，2004 年第 9 期

USMARC 格式中题名字段的关系与应用

USMARC 原称 LCMARC(Library of Congress Machine Readable Catalog),系美国国会图书馆机读目录的简称。1966 年以后美国国会图书馆开始向全美发行 LCMARC 磁带,并逐步向全世界推广,后改称为 USMARC。目前世界上其他一些常用的 MARC 格式,如 UNIMARC、UKMARC 等,都是在 USMARC 基础上产生的,因此 USMARC 格式可以说是世界上最早且比较重要的机读目录格式。

目前我国有一部分图书馆的西文图书编目工作是以美国国会馆的 MARC 光盘(Bibliofile)记录为基础加以修改,进而转变成为本馆的 MARC 数据库的。因此,了解、熟悉并会使用 USMARC 格式对于西文图书编目工作,尤其是西文图书书目数据的资源共享来说是很重要的。

USMARC 格式是以众多的数据字段作为它的基本组成部分的,因此只有掌握了这些字段及其关系,才能真正运用这种机读目录格式。USMARC 格式的字段中数量最多的是与题名相关的字段。本文主要谈这些题名字段间的关系,以及在编目过程中如何应用这些关系。

大致说来,USMARC 格式中共有下列提名字段:

130 主要款目——统一题名(Main entry — Uniform title)

210 缩写识别题名(Abbreviated title)

211 首字母缩略语题名或缩略题名(Acronym or shortened title)

212 变异检索题名(Variant Access title)

214 扩充题名(Augmented title)

222 识别题名(Key title)

240 统一题名(Uniform title)

242 编目机构的翻译题名(Translation of title by cataloging agency)

243 作品集的统一题名(Collective Uniform title)

245 题名说明(Title statement)

246 题名的变异形式(Varying form of title)

247 前题名(Former title)

440 从编说明/附加款目——题名(Series statement/added entry — title)

630 主题附加款目——统一题名(Subject added entry — uniform title)

730 附加款目——统一题名(Added entry — uniform title)

740 附加款目——无控制的相关/分析题名(Added entry — uncontrolled related/analytical title)

830 从编附加款目——统一题名(Series added entry — uniform title)

在分析、修改、使用 USMARC 数据时,应该注意到字段的这些关系:

一、功能不同,所记录款目类型不同

首先,这些字段分属于下列不同的"字段区"(block of fields)

1XX 字段:主要款目字段。

20X — 24X 字段,一般题名字段,常用的有 222、240、245、246 四个字段。其中最为常用和最为重要的是 245 字段,它著录的内容不仅有题名,还包括责任者说明和其他信息。

4XX 字段:从编附加款目字段,其中 490 字段除著录题名外,有时也著录人名、团体著者、会议名称等各类名称。

6XX 字段:主题检索字段。

700 — 75X 字段:附加款目字段。

800－830字段:丛编附加款目字段。当490字段著录的丛编内容为非规范的形式时,则使用800－830字段来著录其规范形式。

这些字段因为分属于不同的字段区,所以从款目的角度来说,它们属于不同类型、不同功能的款目:主要款目和附加款目,后者包括书名款目、丛编款目和主体款目。因此在编目过程中,首先要清楚所记录的内容属于哪一类款目,应放在哪一个字段区,从而进一步决定使用哪一个字段,避免造成混乱,如用来做标目的统一题名应放在130字段,如果放在240字段就错了。

二、统一题名字段——130、240、630、730、830字段间的关系

这些字段虽然都是统一题名字段,但它们的作用却有所不同。130和240字段著录的都是规范化的统一题名,130字段只是在统一题名做主要款目时才使用,通常用于佚名经典著作,如有100(个人名称)、110(团体著者名称)111(会议名称)等标目字段存在时,则统一题名只能著录到240字段中了。换言之就是编目时,130字段与240字段不能同时使用,只能做其一。如:

例一:

130 00$aBible$1Englishi. $kSelections$f1969

245 14$aThe Bible reader: $ban interfaith…

例二:

100 1$aLevie, Jean

240 13$aLa Bible, parole humaine et message de dieu. $1English

245 14$aThe Bible, word of god in words of man/$cJean Levie

630字段则与在编书题名的统一题名无关,只是在书中主要涉及的另一本书需要作为主题、成为主题检索点时,才取这后一本书的统一题名放入630字段。如:

例一:

100 1$aLings, Martin

245 14$aThe Quranic art of caligraphy and illumination

630 00$aKoran$xIllustrations.

(这本书主要是谈《古兰经》的,故以 Koran(古兰经)为主题。)

在编书的主要的统一题名放在 130 或 240 字段,其他一些次要的、相关的统一题名,包括电影名称、广播电视节目名称等放在 730 字段。如:

例一:

130 00$aBible. $pN. T. $pGospels. $1English. $sLattimore. $f1979

245 14$aThe four Gospels and the Revelation/$c...

730 01$aBible. $pN. T. $pRevelation. $1English. $sLattimore. $f1979

例二:

245 04$aThe people speak newsletter.

500 $aA summary of a radio program, "people speak"

730 00$aPeople speak(Radio program)

830 字段属丛编字段,著录的是丛编名称的统一题名,与上述统一题名字段的区别很大,这里就不再多说了。

三、丛编提名字段——440、490 与 830 字段的关系

440、490、830 字段都是丛编字段,什么时候用 440,什么时候用 490 或 830 字段,都有严格的规定。因此,若想正确使用这几个字段,就必须首先弄清楚它们的区别与联系。

从大的方面来看,从著录的角度讲,440 和 490 字段都是直接录入书上的丛编名,830 字段录入的则是丛编名的规范名称,即统一题名;从检索的角度讲,440 和 830 字段可以生成丛编题名附加款目,用于检索,490 字段则只能进行客观著录,不能生成丛编附加款目。

具体说来,440 字段具备著录与检索两种功能,当丛编名与丛编检索点一致,也就是书上的丛编名需要做丛编附加款目,同时又符合规范形式时,则丛编名著录在 440 字段中,同时产生丛编附加款目。如:

例一:

245 10 $aHigher education and social stratification…

440 0 $aFundamentals of educational planning; $v 34

(丛编附加款目为 Fundamentals of educational planning;34)

490 字段只有著录一种功能,即将书上的丛编名照录在 490 字段中,不生成任何丛编附加款目,只是一般性著录。这种客观著录在 490 字段的丛编名有两种情况:一种是丛编名本身没有意义,不做丛编附加款目(则 490 字段的第一指示符为 0);另一种是书上的丛编名不符合规范形式(则 490 字段的第一指示符为 1),必须采用规范名称做附加款目,这时候就将不规范的丛编名照录在 490 字段中,规范的丛编名录入在 830 字段中,产生规范的丛编附加款目。如:

例二:

245 10 $aHow our laws are made/ $cpresented by Mr. Brooks.

490 1 $aDocument/101st Congress, 2nd session, House of Representatives; $vno. 101-139

830 0 $aHouse document (United States. Congress. House); $vno. 101-139.

(丛编附加款目为 House document (United States. Congress. House); no. 101-139)

例三:

245 14 $aThe French revolution; $ban history/ $cThomas Carlyle.

490 0 $aThe Modern library of the world's best books

(不产生丛编附加款目)

应该注意的是,同一丛编题名,用 440 字段就不用 490、830 字段,用 830 字段,就必须先有 490 字段(且 490 字段的第一指示符为 1)

四、210、222、245 字段的关系

210、222、245 字段都是题名字段，但 210 和 222 字段是连续出版物专用字段，只用于连续出版物的著录中，245 字段则通用于各种出版物。222 字段是在 245 字段的基础上产生的，它对 245 字段加以限定，从而使其具有唯一性。210 字段则是在 222 字段的基础上产生的，222 字段是识别题名字段，210 字段是缩写识别题名字段，也就是说，210 字段是将 222 字段的识别题名缩写、去掉冠词、连词、介词后产生的，其目的是为了使检索更为敏捷。如：

例一：

110 2 $aIEEE International Conference on Computer — Aided Design.

210 0 $aDig. tech. papers — IEEE Int. Conf. Computer — Aided Des.

222 0 $aDigest of technical paper — IEEE Inernational Conference on Computer — Aided Design

245 10 $aDigest of technical paper/ $cSponsored by IEEE Computer Society, IEEE Circuit and Systems Society, in cooperation with IEEE Election Devices Society

例二：

111 2 $aIEEE INFOCOM

210 0 $aProc. — IEEE INFOCOM

222 0 $aProceedings — IEEE INFOCOM

245 00 $aProceedings/ $cIEEE INFOCOM

五、211、212、214、246、740 字段间的关系

首先说明一下 246 字段。246 字段是提倡格式一体化后重点启用

的变异题名检索点字段，它充分利用指示符的不同值来标明变异题名的特定类别，著录的内容包括有部分题名、并列题名、封面题名、附加题名页题名、文首题名、逐页题名、书脊题名等正题名的变异形式。

211、212、214、740 这几个题名字段间没有什么关系，但它们与 246 字段多少都有关系。211、212、214 这几个字段现在虽然还常在 USMARC 光盘数据中见到，但它们已经被废止了，它们的功能，相当一部分并入到了 246 字段中，如 212 字段的变异题名等，也有一部分功能，如 214 字段的扩充题名就被弃置不用了。也就是说，编目时已不再使用 211、212、214 字段了。

740 字段原来收的题名很杂，既有变异题名，也有分析题名，以后，由于变异题名越来越多，为避免泛用 740 字段而致使著录内容含义不明的弊病，变异题名就改为在 246 字段中著录。但 USMARC 的这个修改因时间不长，故现在的 USMARC 数据记录中，还常见到 740 字段收录变异题名的情况。

以上主要谈了 USMARC 格式中众多题名字段的区别、联系及其应用。对于西文编目工作人员来说，了解了这些字段间的关系，就能够正确掌握 USMARC 格式，并正确使用 USMARC 格式的书目记录，从而真正达到书目数据资源共享的目的。

参考文献

1 Library of Congress. USMARC Bibliographic Format

2 何翠华. MARC 与传统书目. 津图学刊，1991(1)

原载于《图书馆学刊》，1995 年第 1 期

基于古文献特藏的数字图书馆系统的设计与实现*

正如在传统图书馆中存在大量特藏一样，数字图书馆同样需要收藏特色资源，这部分资源我们称为数字特藏（digital special collection），是某一数字图书馆单独收藏的资源，具备特殊收藏和利用的价值。

正在建设中的北京大学数字图书馆，除收藏有数据库、电子期刊、电子图书、网络资源等数字化资源外，还拥有大量特色资源，包括：

- 北京大学博硕士学位论文；
- 北京大学著名学者教授的手稿、照片等各类收藏；
- 北京大学课程教学参考资料；
- 北京大学古籍数字特藏。

在上述特色资源中，数量最大、最具特色的堪称古籍数字特藏，它是在北京大学图书馆纸本古籍特藏的基础上建设的，与专业出版商出版的电子版《四库全书》《四部丛刊》《二十五史》等资源一起，共同构成北京大学古籍数字图书馆。它的建立，将使北京大学图书馆馆藏古籍突破时空的限制，在全世界范围内得到广泛利用，并能够长久妥善地留存于世。

古籍数字图书馆的建设代表了北京大学数字图书馆的一个方面，完整地体现了北京大学数字图书馆的建设与服务思想。本文将从资

* 本文与冯英合写。

源建设、标准规范、系统结构与新技术的应用、服务建设等方面对北京大学古籍数字图书馆进行全面介绍。

一、资源建设

北京大学图书馆目前收藏中国古籍约12万种1 600 000册(件),其中孤本、珍稀本比比皆是,并有相当数量是在公元16世纪以前印行的;被辟为特藏的敦煌卷子、家谱、舆图、戏曲小说、地方志、少数民族文字古籍、金石拓片等类型藏书,都在海内外收藏界占有重要的地位。特别是金石拓片,收藏异常丰富,计30 000种约60 000份,拓印对象包括商周甲骨、青铜器,秦汉至明清的碑刻以及砖文瓦当等中国历代金石文献,许多拓片是举世罕见或北京大学独有的。

建设中的北京大学古籍数字图书馆将选择其中一部分作为自己的收藏。

1. 古籍特藏

包括:(1)敦煌卷子240余件;

(2)宋元版书350多种5000多册;

(3)明代嘉靖(1566年)以前的版本约3000种25 000册;

(4)古代舆图500余种,名人书画近百种;

(5)写本系列:包括手稿本、名人信札、日记,影抄本、旧抄本、名人抄本,圣训、玉牒、奏折、文书、档案、地契等,在6000种以上;

(6)手绘本100多种,近千册;

(7)家谱1000余种,近万册;

(8)古代戏曲小说约4000种35 000册;

(9)地方志共4000多种60 000册。

总计约20 000余种,均为传本稀少、版本珍贵、学术价值较高的收藏。

2. 金石拓片

包括清代缪氏艺风堂、张氏柳风堂等两藏拓大家的完整收藏，以及其他著名学者、收藏家的旧藏，数量多，版本好，价值高，这些拓片将逐步经过数字化加工收入古籍数字图书馆中，约 30 000 种60 000份。

基于上述收藏，北京大学古籍数字图书馆将包括以下数据库：

- 对象数据库，包括古籍拓片图像数据库、古籍拓片全文数据库，主要通过数字扫描加工、OCR 识别转换和人工录入方式进行建设。

初期建设将对古籍和拓片进行扫描加工，建成图像数据库；之后逐步通过 OCR 技术转换（古籍）和人工录入（拓片）等方式，进行全文数据库的建设，最终实现基于内容的全文检索。

- 元数据库，即按照专为古籍和拓片设计的元数据格式，对古籍和拓片进行描述和揭示，便于读者浏览和检索，同时在该数据库中通过标识建立到对象数据库中的链接。

二、标准规范的设计与应用

数字图书馆大规模开展建设之前，首要解决的两个问题就是版权和标准规范。在北京大学古籍数字图书馆的建设中，鉴于古籍拓片年代已久，并不存在版权问题。但由于收藏类型众多，古籍印本、写本、家谱、舆图、敦煌卷子、拓片的情况各不相同，标准规范方面的工作相当复杂。

古籍数字图书馆涉及的标准规范可以从下列系统的流动过程中体现出来：

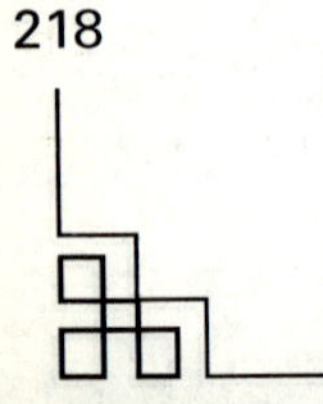

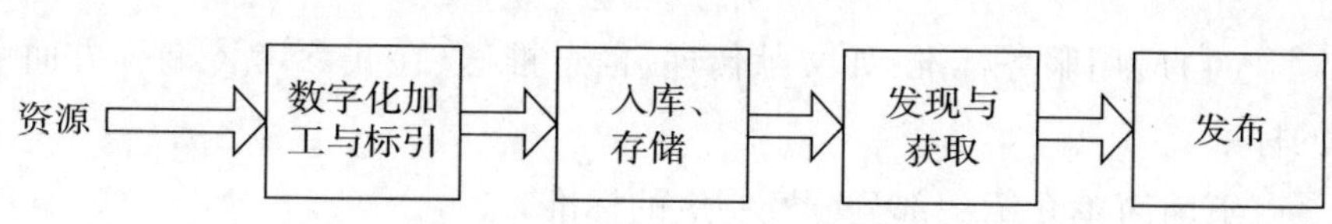

图1　古籍数字图书馆系统流动过程

具体包括：

(1)数字化加工标引过程中：

• 数字化加工标准。对不同类型的资源，如印本、写本、舆图、拓片、敦煌卷子等进行扫描加工的标准，包括加工用途、加工级别、精度及色彩要求、存储格式等。

• 元数据标准。用于描述对象，并对对象进行定位、管理，且有助于它的发现与获取的数据即为元数据；元数据标准则是如何描述某类资源的某个对象的所有规则的集合，如拓片元数据标准、古籍元数据标准等。每一类元数据标准又可分为描述元数据、管理元数据、应用元数据三种类型，其中描述元数据是针对不同类型资源设计的，管理和应用元数据则在整个数字图书馆中通用。

• 知识管理相关标准。包括知识分类体系等相关标准，以及人名、地名规范等。

• 数据封装标准。将元数据与对象数据封装在一起的标准规范，以便日后保存与存取。

(2)数据存储标准，如存储格式等。

(3)当信息对外提供服务，被外界通过检索手段发现、定位和获取时，涉及的标准有：

• 元数据交换标准：规定用于交换的元数据格式。

• 支持互检索的协议：如OAI(Open Archive Initiative)协议等。

• 结果集的整合排序规则：如结果集的整合规范、排序规则等。

• 权限管理相关标准：权限描述与管理的规则与规范。

• 对象库的存取协议。

• 对象发送的封装格式、标准。

• 电子商务的相关标准等。

(4)应用服务标准:如文献传递、信息推送、在线参考咨询等方面的标准。

下面简单介绍一部分已经制定的标准。

1. 元数据标准

在《北京大学数字图书馆中文元数据标准框架》指导下,制定了古籍元数据标准和拓片元数据标准两个描述元数据标准,以及管理元数据标准、应用元数据标准。其中描述元数据标准的组成如下:

	拓片	古籍
核心元素	1. 题名	1. 题名
	2. 责任者	2. 主要责任者
		3. 其他责任者
	3. 关键词	4. 主题词与类名
	4. 附注	5. 附注说明
	5. 金石年代	
	6. 金石类型	
	7. 资源形式	6. 资源形式
	8. 拓片标识	7. 古籍标识
	9. 铭文语种	8. 语种
	10. 相关资源	9. 相关文献
	11. 时空范围	10. 时空范围
	12. 馆藏信息	11. 馆藏信息
本馆核心元素	1. 版刻/版本	1. 版本
	2. 外观特征	2. 外观形态

续表

	拓片	古籍
个别元素	1. 拓片收藏历史(Collection history)	1. 收藏历史
	2. 书法特征(Handwriting)	
	3. 金石所在地(Location)	
	4. 金石材质(Materials and techniques)	

在各元数据标准中,按照一定的定义规则和方法分别对每个元素及其子元素、限定词下了定义,并与 Dublin Core 做了对映。为检验元数据标准是否能够准确、充分地揭示资源,并广泛听取同行对元数据的意见,先行开发了古籍、拓片的著录实验系统,目前已有国家图书馆、上海图书馆、辽宁图书馆、台湾“中央研究院图书馆”等参与了试验著录。

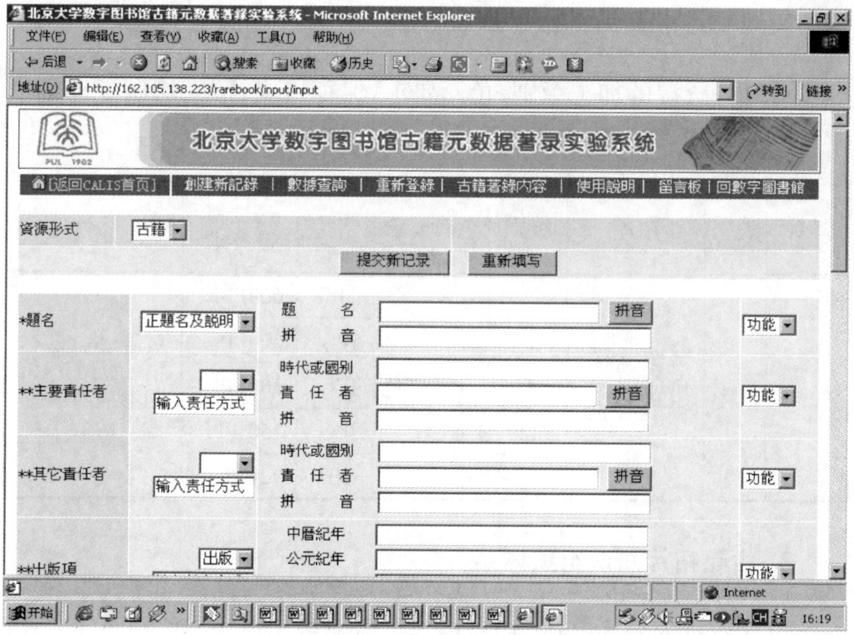

图2　北京大学古籍数字图书馆著录试验系统

管理元数据：

即北京大学数字图书馆的管理元数据标准。借鉴 OAIS（Open Archive Information System）的分类机制，主要由上下文信息（context information）、出处信息（provenance information）、验证信息（fixity information）、内容表述信息（content representation information）、评价信息（remark/comments）等 5 个方面的元素组成。

应用元数据：

为便于通过地理信息系统（Geographical Information System）来访问时空属性很重要的拓片、古籍，特别设立地理信息系统元数据（GIS metadata）项，用来描述资源对象的地理时空属性，包括 2 个元素：空间项（spatial），即数字对象所涉及的空间信息；时间项（temporal），即数字对象所涉及的时间信息。

2. 非数字化资源的数字加工标准

对每种资源的加工级别、色彩要求、保存格式、精度均做了详细规定，例如对善本的加工标准：

品种	类别	用途	级别	色彩要求	格式	最低精度要求	备注
珍善本	原书	珍藏，精密印刷，网上浏览	A	24 位彩色	TIFF	600PPI	页面向上扫描，如做 OCR 则参照对普通古籍的要求
			P		JPG	600PPI	
			L		JPG	300PPI	
			M		JPG	150 PPI	
			S		GIF	72PPI	

3. 古籍拓片知识组织体系

以元数据内容为基础，初步搭建了古籍数字图书馆的知识组织系统，并在建设过程中逐步完善。

该系统是一个树状结构体系，用户可以从古籍数字图书馆入口进入，按照古籍的知识组织体系层层深入，在叶子节点找到相关信息。

例如:古籍数字图书馆→拓片→拓片分类→三代青铜器→拓片名称→大盂鼎,即是这样一个典型应用。

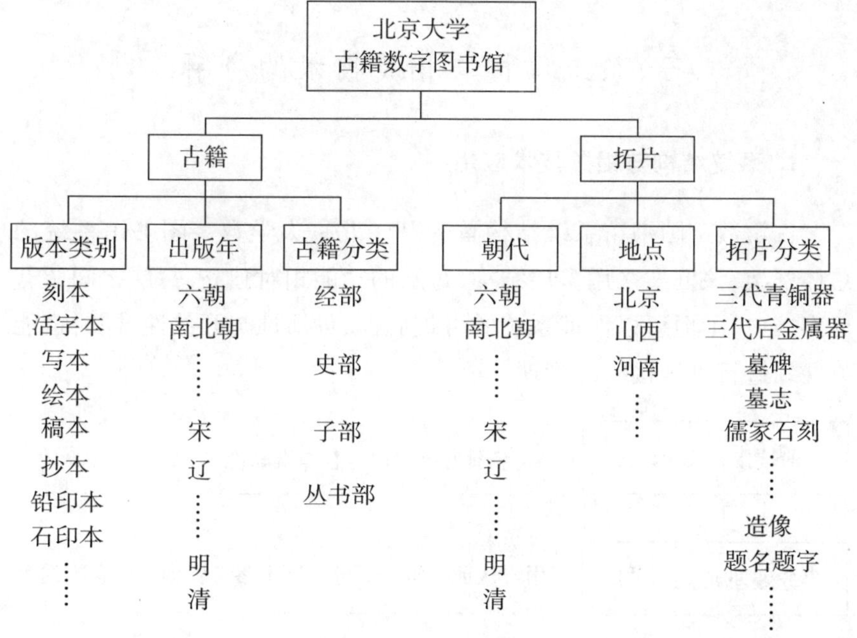

图3　古籍数字图书馆知识组织系统

4. 结果集的整合排序规则

由于出版和印刷等特殊因素所致,古籍和拓片都存在这样的现象,一种书或一种拓片有不同的版刻、版本或版印,并作为不同的对象记录在不同的元数据记录里。例如,来自一块石碑的几份拓片,因为拓印时间或技法的不同,被分别作为几个不同的记录来处理,并通过元数据来描述他们之间的关系。这种方式与现代印刷型书籍的著录方式有所不同。

因此,当用户检索的时候,就存在不同级别的结果集整合问题,即如何把内容相同,但记录不同的对象整合在一起显示给用户,整合、排序的规则又是什么。在北京大学古籍数字图书馆,古籍采取了版刻、版印、复本的三级整合方式,拓片采取的是版刻、版本、复本的三级整合方式,即在系统上搭建了三层结构,再通过不同的记录标识解决了这个问题。

三、系统结构与相关技术的应用

1. 系统结构与相关技术应用

古籍数字图书馆系统结构首先基于北京大学数字图书馆系统的总体框架,该框架采用多层结构,每层的功能相对独立,每层之间留有标准接口,不但可以保证系统的可扩展性、灵活性与开放性,同时也能方便地进行系统接入与管理。

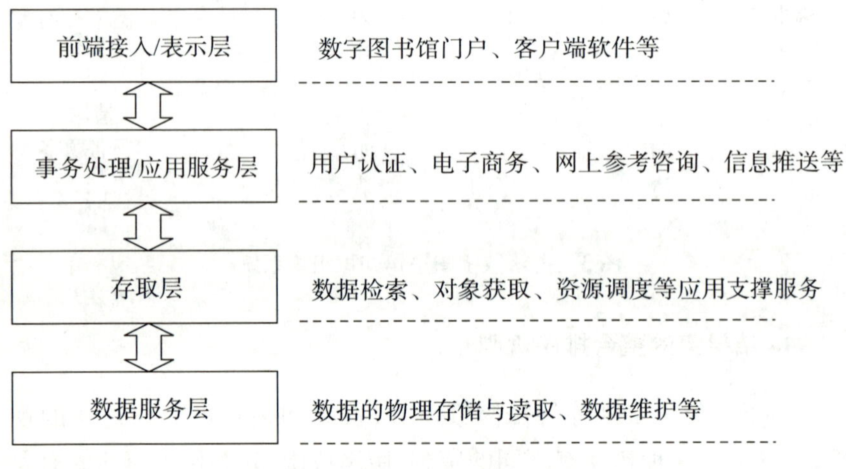

图4　北京大学数字图书馆总体框架

其中,数据服务层负责管理数据的物理存储与读取以及内部的数据维护。存取层则负责检索数据库、存取对象、资源调度等用于支撑上层应用的服务。事务处理层(即应用服务层)则处理在数字图书馆环境下的应用服务,如在线参考咨询、用户认证、信息推送、电子商务等。最上层的表示层负责与用户界面以及与用户的交互,在该层用户可以通过数字图书馆门户网站接入数字图书馆系统,也可以由专用客户端软件进行接入。

根据北京大学数字图书馆的总体框架，并结合北京大学古文献特藏的特点，我们设计了以下的系统模式。

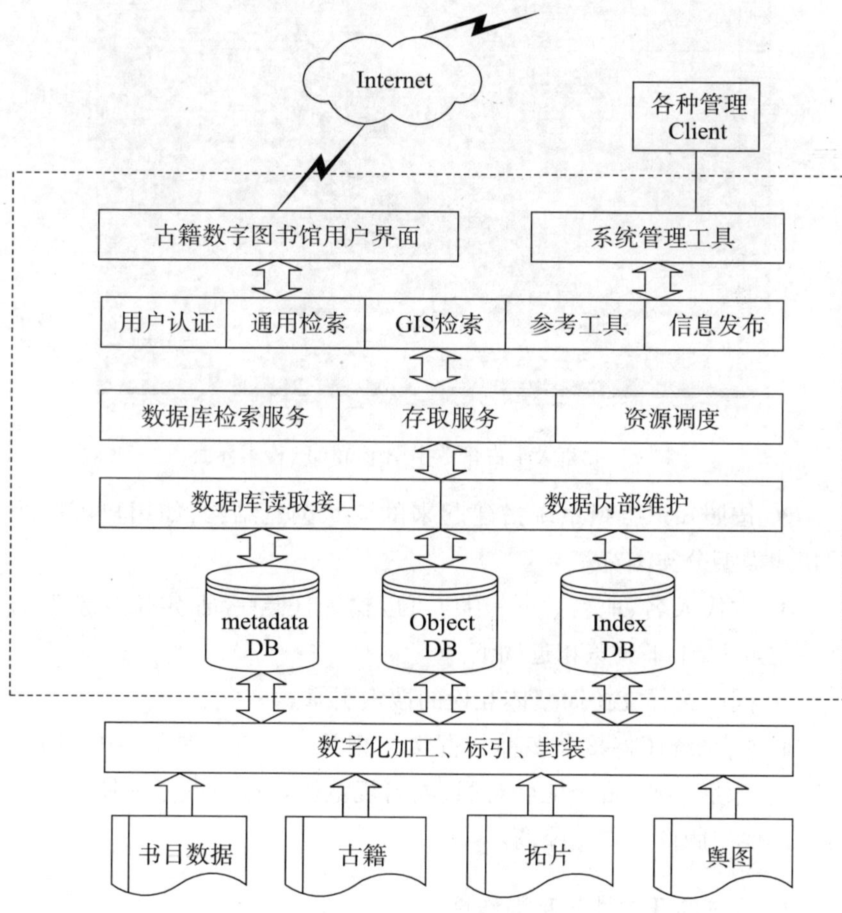

图 5　北京大学古籍数字图书馆系统结构

对于古籍拓片资源，除去采用简单检索、复杂检索等通用检索功能外，还提供了以下可以充分揭示资源特性的检索技术：

• 结合 GIS 检索技术的辅助检索工具，用户可以通过地理信息系统检索古籍拓片，突破了传统的文字检索模式，也使历史文化资源的时空特性得以充分揭示。

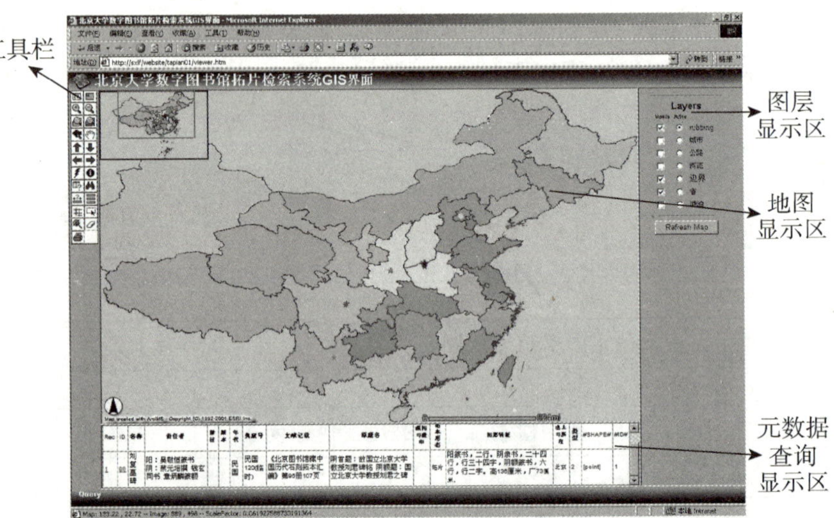

图6　北京大学古籍数字图书馆 GIS 检索界面

• 按照知识组织系统搭建起来的树状浏览结构，如用户可以按照拓片类型分类浏览。

• 古代人名、地名索引，用户可以输入任意一词，定位在索引的某一位置上，上下浏览相近词汇。

• 同时选择支持简繁体互检的搜索引擎。

此外，系统还将整合多种与古文化相关的参考工具，如中西历转换工具、康熙字典、古今地名对照、人名规范等。这些参考工具大多来自于其他出版商和数据库商。

2. 系统的开放性与互操作性

首先，在资源数字化的环节，依据制定的相关元数据标准以及数字化加工规范，对数字对象资源进行标引与封装，使之成为符合标准的数字对象。凡是符合封装标准的数字对象，都可进入北京大学数字图书馆系统。通过数据管理工具，将对象、元数据装载到相应的数据库中进行存储与管理。

在进行资源发现时，系统采用支持互操作的检索协议，如 OAI，可以方便地进行不同资源数据库的互检。通过统一的资源命名规则，系统可唯一定位到所要请求的资源。同时对不同资源的存取采用统一的数据/对象存取协议进行,然后根据对象发送的封装标准将对象结果打包成规范格式发送给代理服务器发送到客户端。

根据这样的系统模式,数据提供单位或资源服务提供者,只需要在系统的某一层上符合规定的接口标准,就可以方便地整合到数字图书馆系统中。

四、服务系统建设

服务是资源建设和系统建设的最终体现,也是最能反映数字图书馆价值的所在。北京大学古籍数字图书馆为用户提供了多种服务功能,这些功能构成一个综合性服务系统,并在数字图书馆门户上统一整合并应用。

服务功能包括:

用户认证(user authentication)。这里主要指的是用户一次性权限认证,即用户通过北京大学数字图书馆门户网站进行一次认证后,系统不再要求用户反复提供用户名和密码,而是自动将用户信息传递给各个不同的数据库。

检索(retrieving)。如上文所提,提供包括通用检索、地理信息检索、浏览、索引等多种检索方式在内的检索功能,帮助用户尽快找到所需信息。

数据下载:为用户提供限制性批量下载元数据的功能,如一次可以下载 30 — 50 条记录等。

检索辅助服务。在检索的同时,允许用户保存检索史,以便随时查询自己的检索记录,并在各个页面设立检索帮助(help)。

在线参考咨询(virtual reference)。包括三种方式:一是为用户提供一个提问接口,用户可以随时发送与利用资源相关的各类提问,并得到参考咨询馆员的答复和帮助;二是总结归纳用户提问,设立 FAQ(常见问题解答)栏目;三是提供各类参考咨询工具,如中西历对照表,古今地名、人名对照，康熙字典，中国大百科全书等。

在线培训（web training）。为用户使用该数字图书馆提供培训课件，用户可以随时学习如何使用系统查询自己所需信息。

推送服务（push service）。根据用户的要求以及保留在系统中的需求（如检索词、发送频率等），向用户定时、主动报道资源与服务的更新情况。

文献传递（document delivery）。当用户索取文献时，如资源的原件（如影印古籍、影印拓片等）允许提供复制品，则向用户提供文献传递服务。

信息发布。通过某个窗口随时向用户公开报道资源与服务的变化情况。

北京大学古籍数字图书馆试图通过上述资源、标准规范、系统和服务等方面的建设，为用户提供一个综合传统文化资源和现代化服务的数字图书馆，使这些珍贵的史籍得到更进一步的保存和更广泛的应用。

参考文献

1 肖珑，陈凌等. 中文元数据标准框架及其应用. 大学图书馆学报，2001，19（5）

2 北京大学图书馆. 北京大学古籍数字图书馆项目建议书

3 北京大学数字图书馆研究所. http://www.idl.pku.edu.cn/

4 北京大学图书馆. 非数字型资源的数字加工标准参考方案

5 李峰，王爱华. GIS 技术在古籍数字图书馆中的应用（会议报告）

6 The Open Archives Initiative Protocol for Metadata Harvesting. http://www.openarchives.org/OAI/openarchivesprotocol.htm

7 Reference Model for an Open Archival Information System（OAIS）. http://www.ccsds.org/

8 William Y Arms，Christophe Blanchi，Edward A Overly. An architecture for information in digital libraries. http://www.dlib.org/

原载于《数字图书馆——新世纪信息技术的机遇与挑战国际研讨会论文集》

高校古文献资源库的建设与发展*

高校图书馆是我国公共图书馆系统之外收藏中国古籍数量最大的图书馆系统。例如北京大学图书馆藏古籍150万册,居全国高校之首,在全国图书馆中排名第三。南京大学图书馆古籍线装书大约有39万册,3万多种。北京师范大学图书馆现藏有线装古籍37万多册。四川大学图书馆现存古籍近3万种,册数也在30万以上。其他如北京中国人民大学图书馆、清华大学图书馆,上海复旦大学图书馆、华东师范大学图书馆、广东中山大学图书馆、浙江大学图书馆、山西大学图书馆、辽宁大学图书馆、吉林大学图书馆等,都有相当数量的古籍收藏。

高校图书馆处在为学校教学、科研服务的第一线,古籍的收藏和充分利用为其重要的工作内容。因此,如何尽快实现馆藏古籍书目信息的数字化和网络化、实现古文献资源的共建共享,是目前许多高校图书馆的迫切任务。

基于此种考虑,2004年年初,在中国高等教育文献保障系统(CALIS)的支持下,由北京大学图书馆牵头,联合南京大学图书馆、北京师范大学图书馆、四川大学图书馆,筹划建立了包容多个高校图书馆古文献资源的"高校古文献资源库"。其建设宗旨是:推动我国高等院校图书馆藏古文献的数字化进程,实现高校古文献数字资源的共建共享,并相应建立起一套较为完善的古文献数字资源建设和服务体系。

"高校古文献资源库"的建设任务包括:

* 本文与姚伯岳合写。

（1）制订统一的元数据规范和数字加工标准，在此基础上设计"高校古文献资源库"的著录系统和发布检索系统。

（2）利用上述系统，帮助成员馆尽快完成其馆藏古籍的计算机回溯编目，在最短时间内将成员馆的古籍检索由卡片目录或书本式目录检索形式转变为计算机书目检索形式。

（3）建立一个集中式的古文献资源联合目录数据库（元数据库）。

（4）建立一个分布式的古文献全文和图像数据库。即在元数据库建设的基础上，进一步开展古文献全文图像和全文文本的数字化工作。

（5）建立一个可对外服务的、集中式的古文献资源库的服务门户，向读者提供古文献全文或图像的计算机网络服务。

（6）建立初步的、一定范围的古文献资源共享机制。

二、发展现状

"高校古文献资源库"是我国内地和香港地区第一个高校校际古文献数据库，到目前为止，有北京大学图书馆、南京大学图书馆、北京师范大学图书馆、四川大学图书馆、香港中文大学图书馆、吉林大学图书馆、华东师范大学图书馆参加。在各馆的努力合作下，数据库的建设取得了长足的发展。

1. 建设了古籍元数据库，初步完成了主要成员馆所藏古籍的计算机回溯编目

利用"高校古文献资源库"的编目系统和与其相应的古籍元数据规范及著录规则，在该项目实施后不到两年的时间，首批 4 个成员馆就基本上完成了本馆所藏古籍的计算机回溯编目工作，截至 2008 年年底，元数据总量已达 227 927 条，具体分布为：

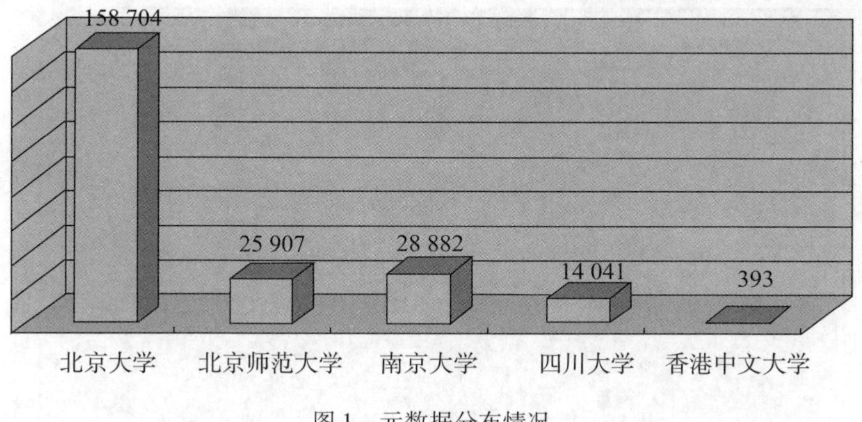

图 1　元数据分布情况

2. 初步建立了对象数据库，包含了大量的古籍书影图像和古籍电子图像

“高校古文献资源库”突破了以往联合目录仅有书目记录而无全文和图像的局限，不仅提供各成员馆的馆藏目录，而且还在元数据中给出全文及图像的链接，采用了图像、书影、电子书多种形式并重的建库方式。截至 2008 年年底，已完成全文图像扫描 10 万多册，书影 3 万多幅。

表 1　全文图像分布情况

	书影（幅）	电子书（册）
北京大学图书馆	25 000	8.8 万
北京师范大学图书馆	4000	1300（未挂接）
南京大学图书馆	900	10 000（未挂接）
四川大学图书馆	800	5000（未挂接）
总计	35 700	10.43 万

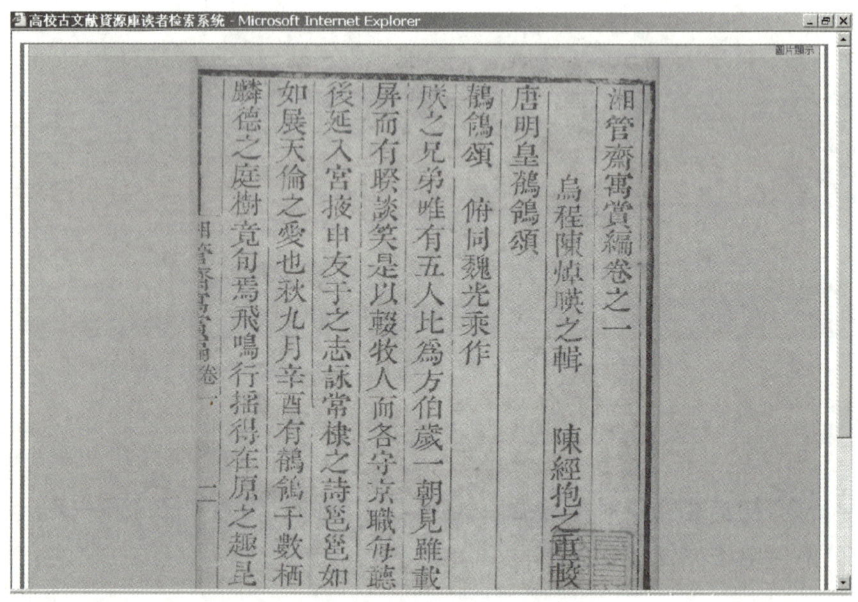

湘管齋寓賞編卷之一

烏程陳焯映之輯　陳經抱之重較

唐明皇鶺鴒頌

鶺鴒頌　俯同魏光乘作

朕之兄弟唯有五人比爲方伯歲一朝見雖載屏而有聆談笑是以輟牧人而各守京職每聽後延入宮掖申友于之志詠常棣之詩邕邕如如展天倫之愛也秋九月辛酉有鶺鴒千數棲麟德之庭樹竟旬爲飛鳴行搖得在原之趣昆

湘管齋寓賞編卷一　二

图 2　数据库中的书影图像

3. 制订了完整的标准规范

作为项目实施的第一步，首先完成了标准规范的建设。包括：

（1）元数据规范和著录规则，如《古籍描述元数据规范》和《古籍著录规则》、《舆图描述元数据规范》和《舆图著录规则》、《拓片描述元数据规范》和《拓片著录规则》作为数据库系统设计的蓝本及各馆进行元数据著录的依据。上述文件同时还被列为国家科技部科技基础性工作专项资金重大项目“专门数字对象描述元数据规范”的子项目，将获推荐为国家标准。

（2）古文献数字化加工标准。经过反复讨论和实践摸索，制订了《古文献资源数字加工标准参考方案》《古文献数字化加工流程及实施方案》《古籍数字加工图像文件命名规则》等一系列古文献数字化加工标准。事实证明，现已实施的这套数字化加工标准是成功的、可行的。

(3)知识管理相关标准。初步设计了数据库的知识管理框架图，以及一些具体的标准，如《中国历史朝代名称著录规范表》《版本类别与版印说明规范表》等。

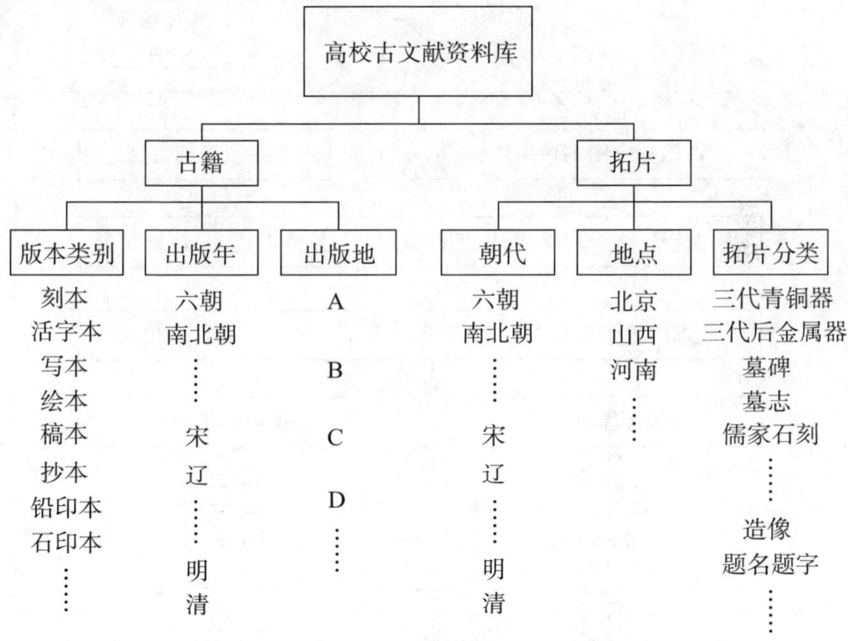

图3　高校古文献资源库知识管理框架

(4)系统互操作协议。如元数据交换标准、互检索协议等，以及其他应用服务标准，如文献传递标准等。

4. 构建了从加工到发布多个子系统的系统平台

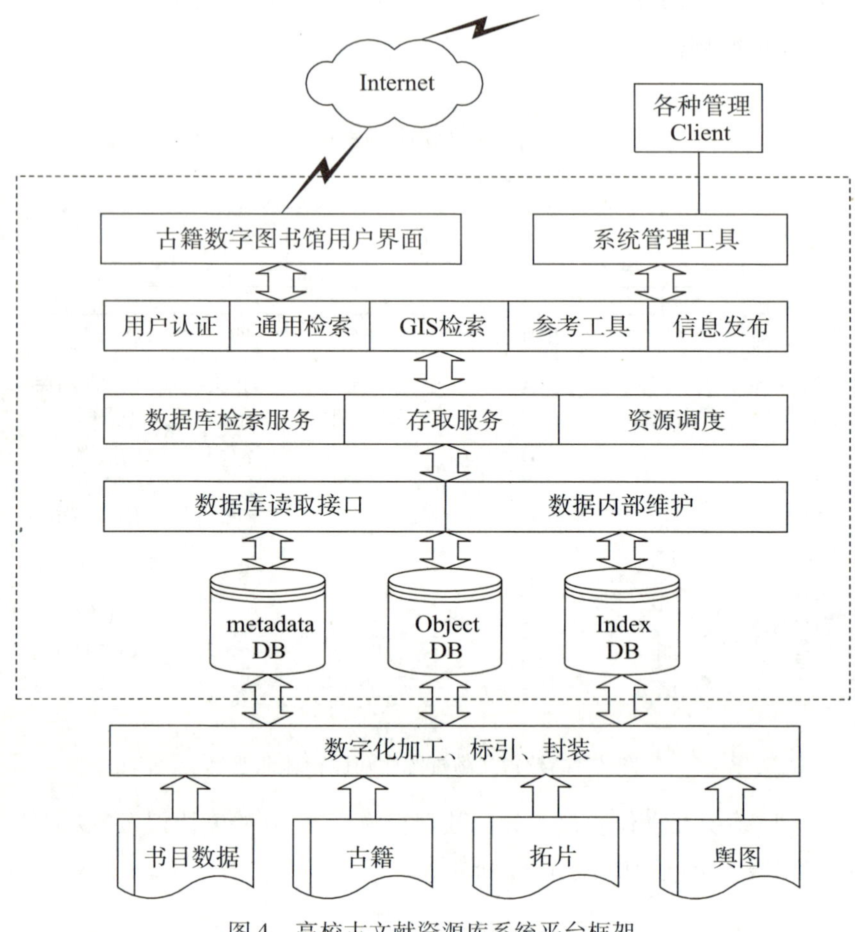

图 4 高校古文献资源库系统平台框架

5. 初步构建了包括数字加工、元数据著录、发布服务等多个子系统在内的系统平台

其中比较重要的有：

(1)著录系统。目前仅开发的"高校古文献资源库古籍著录系统",系根据专门编制的古籍元数据规范进行设计,同时附有相应的古籍著录规则提供给成员馆使用。今后随着"高校古文献资源库"所收古文献类型的增加,还将增加拓片、舆图等古文献类型的著录界面。

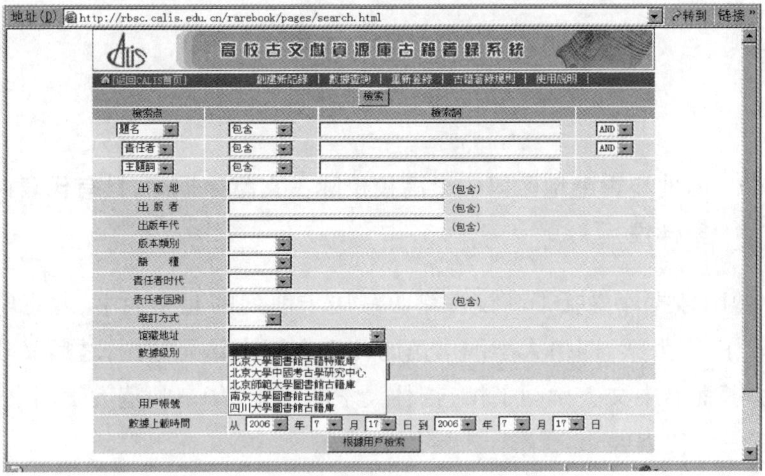

图 5　“高校古文献资源库”检索界面

(2)基于古文献特色的检索系统“学苑汲古”。作为“高校古文献资源库”的服务门户，该系统可提供检索/浏览服务、元数据记录下载服务、全文部分提供服务、个性化服务等，开始试验运行后，用户反映颇佳。

图 6　“学苑汲古”登录界面

二、成就与特点

1. 内地和香港地区第一个高校校际古文献数据库，具有代表性和多样性

（1）数据库囊括了高校古籍收藏居于前列的北京大学、北京师范大学、南京大学、四川大学图书馆的几乎全部古籍元数据，之后又陆续增加了香港中文大学图书馆、吉林大学图书馆、华东师范大学图书馆，具有一定代表性。

（2）内容不仅仅限于元数据，同时还包含了大量的古籍书影图像和古籍全文电子图像等，已超出联合目录的范畴，具备了一个古文献数字图书馆的雏形。

2. 初步建立了古文献资源共建共享模式

即元数据/缩略图面向全球开放共享，全文资源在一定范围内共享；高校图书馆参加共建，就可共享全文直接下载（部分）、文献传递（部分）等服务。

3. 先进和实用的数字图书馆模式和标准规范

（1）是高校中第一个按照数字图书馆的模式来开发系统架构的古文献数据库，同时制定了完整的古文献资源建设与服务的标准规范。

（2）数据库采用了最新的元数据技术和规范，实用、便捷，能够很好满足各馆快速完成古籍计算机回溯编目的需要。

（3）系统支持 CNMARC 格式、Excel 格式、XML 格式元数据的导入和导出，实现了同一系统内部或不同系统之间不同格式元数据的互操作，便于成员馆古籍元数据的批量上载，也为今后各成员馆分别建立各自的古文献资源库创造了便利条件。

4. 基于元数据的联机编目系统和联合目录，具备集中性和兼容性

(1)高校古文献资源库采取“分散建设，集中服务”的方式，由各成员馆通过联机编目等形式，向 CALIS 中心服务器提交古籍元数据，形成集中的馆际古籍元数据库，同时由统一的发布系统为读者提供功能完备的各成员馆藏古籍元数据检索利用服务。

(2)为了减轻元数据录入的工作量和促进各成员馆之间古籍元数据的相互参考，高校古文献资源库古籍著录系统允许对所有的古籍元数据进行套录，并为之设计了专门的功能。

(3)由于希望通过该项目帮助各成员馆根据其现有卡片目录尽快完成计算机回溯编目，所以对古籍元数据的提交不要求查重，著录规则也不要求照录卷端题名和责任者。此外，不设专门的数据质量监控组，各成员馆对各自提交的元数据质量负责。

5. 具有古文献特色的服务服务平台，完备而灵活

(1)针对用户需求精心设计的“学苑汲古”，向读者提供了一个具有简单检索、高级检索、浏览、索引等完备功能的新型检索系统。

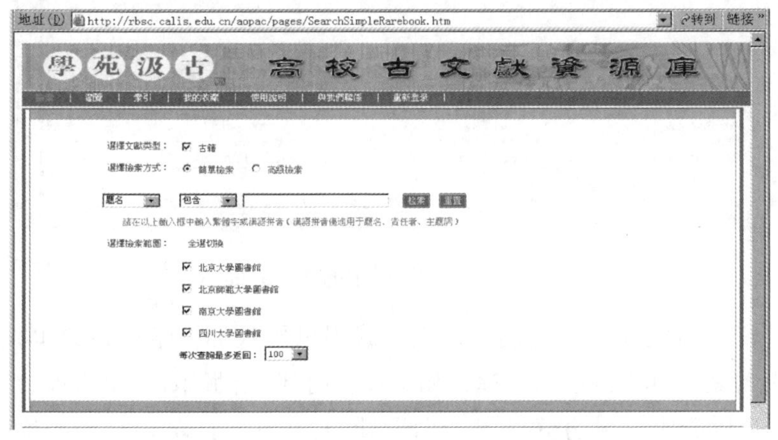

图 7 “学苑汲古”中的简单检索界面

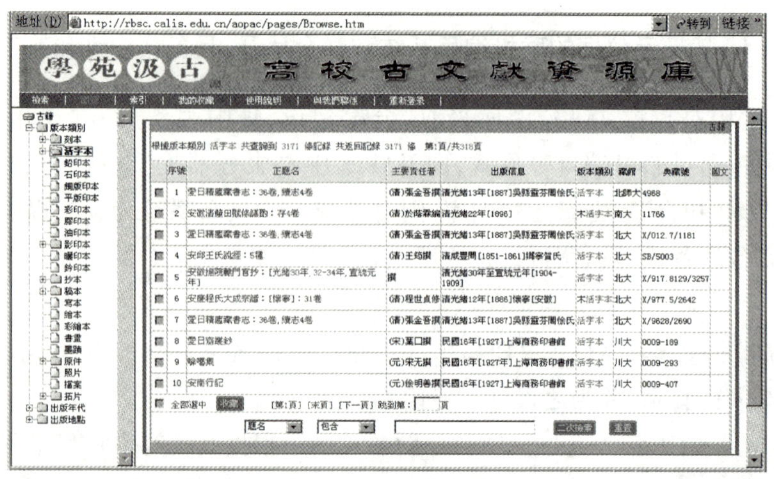

图 8 “学苑汲古”中的浏览界面

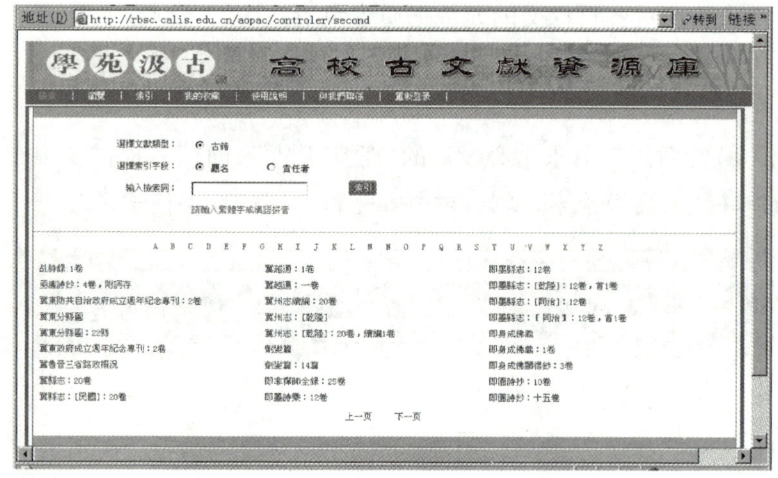

图 9 “学苑汲古”中的索引界面

(2)“学苑汲古”的高级检索方式提供了各种检索途径的单独和组配检索。其中许多检索途径如责任者时代、出版年代、出版地、出版者、版本类别、装帧方式等是专门设计的,并且允许单一途径的检索。这一设计冲破了现有电子书目检索体制的束缚,极大地提高了高校古文献资源库的学术利用价值。

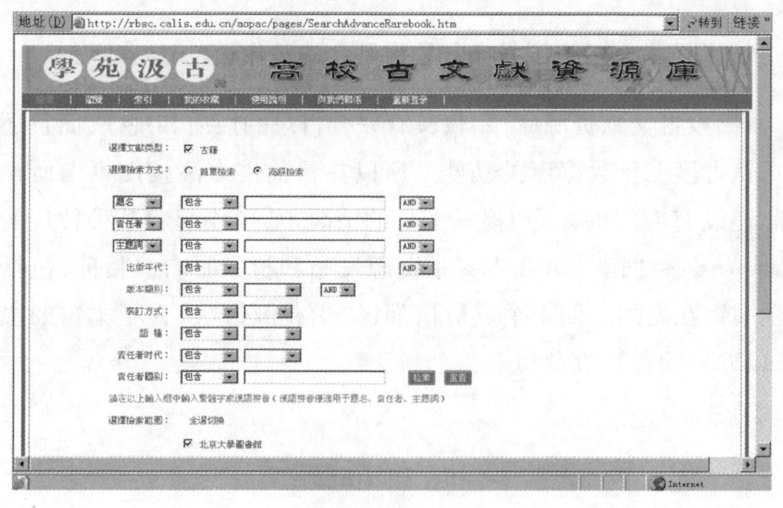

图 10 “学苑汲古”中的高级检索界面

(3)专设的文献传递功能也赋予了“学苑汲古”更加丰富的内涵，使各高校图书馆古文献的共享机制真正开始落实。

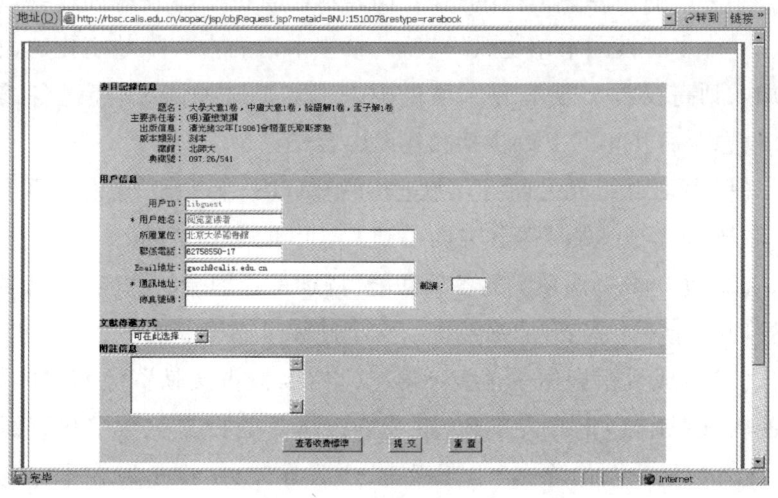

图 11 “学苑汲古”上的“文献传递请求”界面

6. 单馆古文献资源发布和检索平台的替代性

"高校古文献资源库"不仅具有联合目录的性质和规模,而且还具有单馆古籍书目数据库的功能。所以在目前许多高校图书馆所藏古文献还没有专门的发布、检索平台的情况下,还能起着某种替代的作用,成为各参建馆的馆藏古文献资源发布和检索平台。目前,包括北大图书馆在内的一期 4 个成员馆都将"学苑汲古"放在了本馆的主页上,以方便读者的检索利用。

三、设想和展望

经过几年的建设,高校古文献资源库已经初步展现出其功能的先进性和地位的重要性,成为各成员馆不可缺少的资源和工具。目前,现有成员馆的建库热情持续高涨,均表示愿意进一步发展和完善该资源库。许多高校图书馆也纷纷表示,希望本馆的古文献数字化建设能够加入到高校古文献资源库项目中来。鉴于这种情况,经过各馆协商,设想今后几年的发展步骤和建设内容是:

(1)争取继续成为即将开始进行的 CALIS"十一五"建设的重点项目,在技术、资金、人员等各方面得到 CALIS 的必要帮助。

(2)进一步完善系统的各项功能,特别是管理端的功能,以满足系统管理和统计的需要,加强系统的安全性和可靠性。

(3)各成员馆根据本馆实际情况,将"高校古文献资源库"作为主要的古文献数字化开发平台,继续进行本馆的古文献数字化资源建设,所有数据和图像除在"学苑汲古"上发布之外,也争取在本馆的相关系统上发布利用。

作为该项目的牵头馆,北京大学图书馆已经首先不再使用原有的古籍著录系统,把原著录系统中的十余万条古籍记录和 2000 多幅古籍书影图像全部导入到"高校古文献资源库"中,并转而完全利用"高校古文献资源库古籍著录系统”继续进行今后的古籍编目和古籍数字化工作。“高校古文献资源库古籍著录系统”中的北大馆古籍数据将同时发布到本馆的“秘籍琳琅”和“高校古文献资源库”的“学苑汲古”中。也就是说，今后，“高校古文献资源库古籍著录系统”将同时成为北大图书馆的古籍著录和数字化平台。

(4)各成员馆共同努力，相互配合，不断增加各馆书影或全文电子图像的数量，使“高校古文献资源库”早日成为一个名副其实的古文献资源数字图书馆。

(5)建立和完善各成员馆之间的古文献数字资源共建共享机制，如：各成员馆全文图像的存放方式，各成员馆和非成员馆读者的相关服务方式，文献传递的操作方法，等等。

关于各成员馆自己扫描或拍摄的古文献数字图像，设想由各馆存放在本馆的服务器上，但在提交给“高校古文献资源库”的元数据中提供链接方式，读者须在专门的地点(如本馆古籍阅览室)或通过特殊的方式(如专用的账号和密码)才能打开。关于文献传递的操作方法，可以考虑将读者提交的需求自动发送到相关文献收藏馆的指定电子邮箱地址，由相关文献收藏馆直接处理。

这些问题都是具有开拓性的课题，如何妥善解决并建立相关机制，对于计算机网络环境下的图书馆古籍服务工作具有里程碑式的意义。

(6)建设拓片和舆图数据库，在“高校古文献资源库”中增加拓片、舆图的著录和检索功能，并允许挂接相应的全文和图像。

(7)广泛征询高校各图书馆的意见，在 CALIS“十一五”建设期间吸引更多的高校图书馆加入到“高校古文献资源库”中，使之逐步成为一个真正意义上的全国性高校古文献资源数字图书馆。

我们相信，在 CALIS 的大力支持下，在高校各图书馆的共同努力下，“高校古文献资源库”必将不断更新、完善和发展，并带动全国高校图书馆古文献资源的数字化进程，其影响将是广泛和深远的。

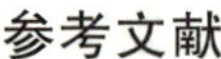

参考文献

学苑汲古——高校古文献资源库. http://rbsc. calis. edu. cn/aopac/index. htm

原载于《两岸三地中文文献资源共享概述:第七次中文文献资源·共建共享合作会议论文集》

数字图书馆服务体系的三维化拓展

互联网的开放性及其信息资源共享和交换的能力，吸引了大量用户，越来越多的机构和个人在网上发布、查询和使用信息。据中国互联网络信息中心2009年1月公布的最新统计报告，截至2008年12月31日，中国网民规模达到2.98亿人，普及率达到22.6%，超过全球平均水平，是1997年的480倍。其中，手机上网网民规模达到1.176亿人，较2007年增长了133%。农村网民规模达到8460万人，增速超过城镇；网络新闻用户为2.34亿人，博客作者增长到1.62亿人；依赖网络和经常上网的重度、中度用户数量超过网民总体规模的50%以上。

与网民飞速增长形成对比的是，图书馆的传统服务在持续减弱，用户对图书馆的利用在减少。以北京大学图书馆的统计和调查为例：

• 在近10年的统计中，高峰时期的年借书量为107万册，2008年已经下降到83万册；通过网络提供的咨询服务，最多时可以达到7000余个/年，2008年已经下降到5450个。

• 到馆读者特别是到馆查询资料的读者也在减少，每月到图书馆1次和一个学期都不到图书馆的读者超过被调查的师生数量的三分之一（如表1所示）。

• 大多数用户首选的信息检索途径为搜索引擎，而不是传统的图书馆目录，也不是图书馆提供的商用学术电子资源（如图1所示）。

• 用户对图书馆提出的要求越来越高，例如希望图书馆提供文献管理服务、报道最新资源的短信服务、数字加工服务等。

表1　北大师生到中心馆的到馆频率统计表

类型 到馆频率	学生	老师	总计	所占比例
每天2次及以上	14	1	15	2.84%
每天1次	17	0	17	3.22%
每周2—3次	64	28	92	17.42%
每周1次	39	23	62	11.74%
每月2—3次	64	79	143	27.08%
每月1次	39	114	153	28.98%
本学期未到中心馆	6	40	46	8.71%

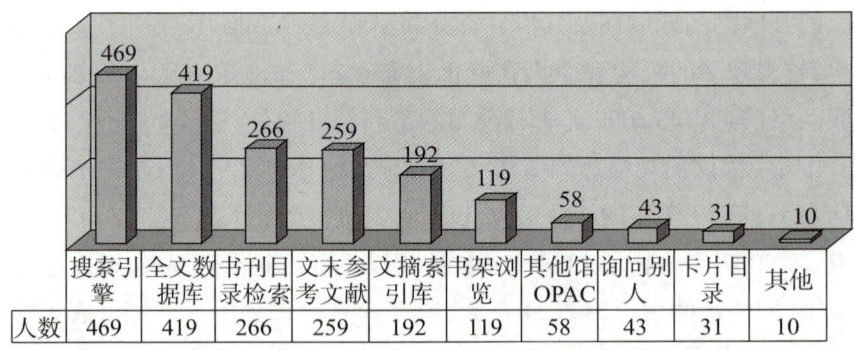

	搜索引擎	全文数据库	书刊目录检索	文末参考文献	文摘索引库	书架浏览	其他馆OPAC	询问别人	卡片目录	其他
人数	469	419	266	259	192	119	58	43	31	10

图1　用户检索途径排序表

由此可见，在大学的教学科研向e-science、e-learning和e-everything发展的时代，大学图书馆既面临着"去职业化"的危险，也处在从信息集散中心转变为科研文化服务中心的关键时刻，堪称是挑战与机遇并存。在对图书馆重新定位的过程中，如何发展和创新数字图书馆服务体系，成功完成第二代（lib2.0）甚至第三代数字图书馆（lib3.0）角色的升华与转变，是需要我们思考和亟须解决的问题。

综合起来看，在这个问题上，目前的研究与建设工作大多集中在某一个方面，例如倾向于技术解决方案/数字图书馆系统的开发，或者单纯的资源数字化建设，或者仅考虑如何利用现成的网络服务手段（如Web2.0的一些服务措施）来进行服务。这些都是必需的，但又是片面单一的，仅仅某一个方面的发展必然在进行到一定阶段之后，受到其他落后方面的制约；只有建设一个全方位、立体化的数字图书馆服务体系，在资源、服务、人、技术等多种因素的相互作用、相互支持下，数字图书馆才能有全面的、可持续的发展。从这点来说，引入信息服务产业三维化结构理论，制定数字图书馆服务体系的三维化拓展战略，正迎合了这种全方位、多元化的需求。

信息服务产业三维化结构理论源自于管理学，在商业发展模式理论中有较多应用。本文以该理论为基础，结合北京大学图书馆的发展实例，为数字图书馆服务体系的发展战略提供一个新角度的参考。

一、数字图书馆服务体系的三维结构

高校图书馆作为大学最重要的信息化服务机构，它的服务体系与信息化服务产业的构成是相同的，即由机构/人、资源、服务内容/方式三者共同构成的三维化结构。而作为其中越来越重要的网络服务——数字图书馆的服务体系，其结构也是如此。三维化结构是全方位、立体的，由于机构、资源和服务内容/方式 3 个作用轴的互补、互相支撑、互相促进和互相作用，合力而稳定地支撑了信息服务的开展（如图 2），因而将图书馆发展成为渗透到教学科研各方面的网络空间（cyberspace）。在这个体系中，任何一方的发展，都会带动整个体系的发展；任何一方的削弱，都会导致服务体系的萎缩。

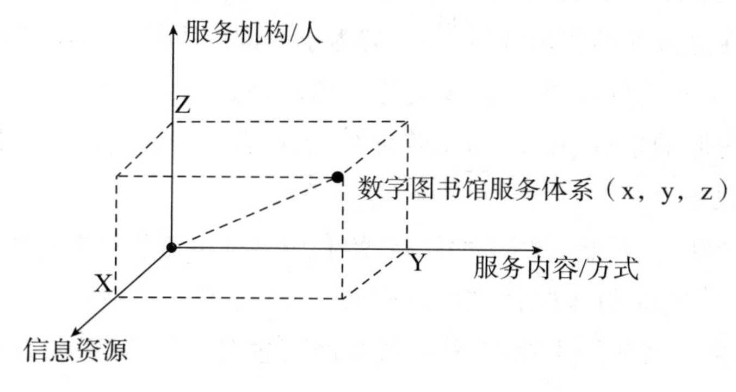

图 2　数字图书馆服务体系的三维结构

北京大学数字图书馆的发展始于1997年,由最初的研究、实验逐步到实施,迄今已12年,最初的目标——发展电子资源并提供其服务、建立基于网络的文献传递和虚拟参考咨询、研制元数据体系并发展学位论文等特色资源、构建整合数字化资源和统一认证、联邦检索等服务的学科化门户,等等——已经全部实现,取得了诸多突破性进展,为教学科研提供了高水平、全方位的文献信息资源保障服务。

为了进一步适应用户需求,建设新一代数字图书馆服务体系,北京大学图书馆又在近年来制定了新的战略发展规划,以数字图书馆服务体系的三维结构理论为基础,拓展了诸多发展措施,包括资源、服务和机构3个方面;无论是从理论还是实际情况分析来看,三方面既各自发展,又互相作用、共同促进,整体和稳步发展。

二、X轴:以用户需求为核心,拓展新型资源

信息资源发展是数字图书馆服务体系的基础,截至2008年年底,北京大学图书馆馆藏总量已达近800万册,其中总馆馆藏600余万册,各类数据库443种/466个,电子期刊47 010份,电子图书100多万册,自建各类数字资源总量达20TB以上,居国内高校图书馆前列。

随着用户对网络多媒体服务越来越多的利用,北大图书馆认识到,要在文献信息资源领域内开拓学术多媒体资源和服务,尽早填补图书馆在这方面的空白,满足用户的需求。即以本校的教学科研为基础,结合学校信息素质教育、文化生活需求,构建对音频、视频、图像等多媒体资源的采集、加工整理、管理存储、读者服务在内的一体化数字多媒体服务。

从2006年开始,北大图书馆开始利用多种渠道建设多媒体资源:

(1)采购商用多媒体在线数据库,如“新东方网络课程数据库”“KUKE数字音乐图书馆”“爱迪科森网上报告厅”“知识视界视频教育”等。

(2)多方拓展渠道进行采集和受赠,建立自己的特色多媒体馆藏,提高多媒体资源的竞争力。例如,采集具有北京大学独特学术价值的专题讲座、会议讲座、讲座课、论坛讲座等珍贵多媒体信息资源,提供报道揭示和点播讲座的“北大讲座”服务,目前已拥有讲座资源1000余部2000余小时(发布时长)。由于北京大学的学术地位,大量的名人学者在北大举办讲座,这些讲座的内容吸引了大量读者。其他如接受校友捐赠“西南联大”校史、中央电视台节目主持人崔永元的电影史资料等。

(3)利用新技术,整合传统的模拟媒体资料,提供数字化服务。如开发数字多媒体点播系统,将原有的语言学习录音带(约1000多种)、电影/戏曲录像带或DVD(近10 000部)在读者点播后,转成模拟数字信号,在版权许可范围内,为读者提供单用户方式的近线、在线播放等。

与此同时,图书馆还同时建立了多媒体学习中心、多媒体欣赏区、多媒体研讨室等信息共享空间设施,为读者提供了大量新型多媒体服务。

由于多媒体资源和服务符合现代信息技术和网络环境下读者对图书馆学习环境和服务功能的新要求,越来越多地受到了读者关注和欢迎,服务量不断增长,例如2008年的点播量即比2007年增加了20多万次。而随着多媒体服务对教学科研的影响力不断扩大,图书馆在教学科研中的辅助作用也在不断加强。

三、Y轴:创新服务,深入社区

图书馆2.0的思想,强调了以用户为核心,在服务中要加强与用户的对话、深入用户社区、用户的参与和体验、用户的共享等,从而使图书馆逐步从收藏中心转化为读者中心、文化中心,其信息服务能够真正满足用户需求,取得最大效益。正是基于这样的思想,北大图书馆提出了“贴近用户、便利用户”的指导方针,把自己的服务触角逐步深入到学校的科研社区,创新了一系列服务措施,使图书馆的服务逐步做到无时无处不在。

(1)改进网络咨询服务。北大图书馆的网络咨询服务一直是利用OCLC 的 QuestionPoint 系统和 CALIS 的 CVRS 咨询系统进行,原有的咨询系统对用户来说使用并不方便,服务量也一再下降。在这种情况下,图书馆积极改进,开始采用 MSN 和 QQ 等用户熟悉的方式提供咨询,同时将咨询服务扩展到网络社区——学校 BBS 图书馆版。新的手段不仅让用户很方便地使用咨询服务,随时随地感受到图书馆无处不在的服务,BBS 的读者还可以参与服务、共享经验;改进后的第一个月,用户咨询量即增加了两倍。

(2)充分利用用户熟悉的网络技术,提供各类便利服务。例如,用于提醒还书的短信发送服务;方便读者利用图书馆的工具条服务;电子书借阅服务等。这些服务虽然只是一些小的服务措施,但却大大方便了读者,体现了图书馆服务的人性化和细致入微。

(3)电子教参服务:在建立本馆电子教参服务系统的基础上,与北京大学网络教学平台 Blackboard 系统(简称 BB)整合,努力实现在网络教学环境内提供随时随地的教参服务的目标,包括:

• 师生可以在 BB 教学平台上直接使用教学参考资料全文。

• 解决全文使用涉及的版权问题。由于 BB 平台可以提供用户数据(选课学生数据),并通过接口将用户数据传递到图书馆的电子教参平台上,因此只有上课的学生才可以使用电子教参全文。

• 解决教师提供教参目录的问题。此前,因为需要教师另外填写图书馆的空白教参书表格,很多教师并不热心向图书馆提供教参书单;而通过 BB 平台,教师在备课过程中可以随时随地提交教参目录,图书馆电子教参系统则可以从 BB 平台上直接获取课程信息和教参目录。

(4)数字加工服务:在学校的支持下,建立了北京大学数字加工中心,作为学校的公共服务机构,面向全校各教学科研、教学科研辅助、行政管理等单位，提供集成式、一体化、综合性、高水平的数字化加工和数据加工服务。其功能包括：

• 数字化加工/采集/制作。包括文本/图像资料扫描、数码翻拍、录音录像资料数字化、电视/多媒体节目采集、学术活动（会议、讲座等）摄制、实物/实体资源拍摄等。

• 数字信息资源整理、编辑、学科分类，如数字资源编目、元数据加工，内容整理、编辑，形式整理、课程网页制作等。

• 资源发布利用。在委托单位/个人授权的前提下，提供资源发布、检索、浏览和点播服务，包括个人数字图书馆的制作。

• 资源保存。提供完善的存储方案，以及光盘存储、普通硬盘存储、学校数据中心存储等多种形式。

数字加工中心建立的主旨，是"以服务为核心带动资源建设"。也就是说，对教学科研来说，数字加工中心提供的是数字加工、数据加工、发布和存储等服务，而图书馆通过加工任务的进行，积累了大量的特色数字资源，服务反过来为资源建设创造了条件。

数字加工中心建立以后，受到学校各方面越来越多的注意，承接来自院系的加工工作越来越多，到目前为止，已经为校内加工了大约26个TB的书刊、图像、多媒体资源，极大地解决了学校的教学科研需求。

四、Z轴：调整机构，支撑新服务体系的运行管理

数字图书馆新服务体系的发展，包括资源、服务内容与服务机构/人3个方面。因此，为了支撑资源和服务体系的拓展，就需要不断调整服务机构以及相关的人力资源机制。

（1）在内部调整方面，北京大学图书馆根据用户需求和服务的变化，合并了若干原有的旧部门，建立新的服务部门，例如：

• 由于印本期刊的利用率降低、电子期刊利用率不断增加，将原

有的期刊阅览部与信息咨询部合并，以进一步整合电子期刊与纸本期刊的服务、理顺原来分布在两个部门的馆际互借与文献传递服务，提高服务效益。

- 建立了多媒体部，开展多媒体资源的建设和服务。
- 与学校信息化办公室联合成立了北京大学数字加工中心，为教学科研提供数字加工、数据加工、资源存储发布服务。

（2）在外部调整方面，在学校的支持下，构建了北京大学文献信息资源体系——由总馆、学科分馆、院系分馆等不同规模的图书馆为主组成的公共服务体系，将服务体系真正分布在教学科研机构、师生中间，便于随时随地、有针对性地提供学科化服务，从而使图书馆真正成为大学基础建设的重要组成部分，成为大学培养高素质人才、提高教学科研水平、增强学术竞争力的重要保障。北京大学文献信息资源体系的建设具体又包括以下四方面。

- 将总—分馆制作为北京大学文献信息资源体系的基本体制。即遵循“文献分藏、读者分流、资源共建、服务共享”的原则，协调发展，逐步将全校院系分馆/资料室纳入文献信息资源体系中统一建设，并按学校学部设置建成理学、信息与工程学、人文科学、社会科学和医学等学科的学科分馆。在总—分馆体制下，分馆的行政、人员归院系主管，在业务上接受总馆管理和指导。总馆负责体系的全面规划与建设，提供文献信息资源与服务的最终保障；学科分馆面向一个或几个一级学科、收藏相关学科的文献并提供服务；院系分馆针对所在院系（所/中心）的教学科研工作收藏文献并提供服务。同时成立该体系的管理和协调机构——北京大学图书馆工作委员会（简称校图工委），由总馆馆长和主管领导、部分院系/职能部门的主管领导和分馆负责人、读者代表、总馆部分业务部门负责人组成。
- 优化资源结构，做到文献结构和布局科学化，提高信息资源保障水平。根据“整体规划、合理布局、资源共享、减少重复”的方针，制定总、分馆文献资源发展政策，按学科协调印刷型文献和电子文献的采访与收藏，形成全校文献资源合理布局。其中，总馆主要侧重基础性、综合性和跨学科资源的收藏，以及电子资源、外文资源、多媒体等资源的采购；学科分馆根据其服务对象和工作任务，收藏本学科范围内的正式与非正式学术出版物，尤其是本学科领域的研究级文献；院系分馆侧重本专业和相关交叉学科文献的收藏，并重视本专业非正式出版的学术特色资源和本院系师生学术成果的收藏。

• 以学科为基础，创新服务体系，提升服务能力，科学规划整体服务布局。总馆和各分馆本着“走近教学、融入科研”的服务方针，开展服务体系的整体化建设，总馆负责建设全面的服务体系，各分馆在保障查询借阅等基本服务的前提下，提供学科化、深层次的服务，包括：为学校、各院系、学者个人的发展提供“北京大学学术影响力分析报告”等决策信息和竞争情报分析服务；为科研课题提供更具学科特色的专业化服务，如科研成果前沿报道、课题开题咨询、研究动态综述、成果查新等；为科研工作者提供个人参考文献收集和管理，最新文献报道等服务；为特定的学科或者专业提供特色资源的数字化加工、采集和发布服务；拓展信息素质教育，为教师、研究生、本科生等不同层次的读者提供不同水平的信息素质教育课程或培训服务，使师生随时可以获得相关信息获取和利用的培训或指导；与学校教学平台整合，为教师或课程提供电子教参、多媒体课件制作等服务；利用 lib2.0 等现代化技术手段，拓展服务，使服务更加方便快捷。

• 扎实做好基础设施工作。在总馆指导下，加强各馆馆舍空间、信息空间等基础设施的建设；建立合理的人力资源体系，优化人员结构，在整个体系内配备能够涵盖全校主要学科、具备文献信息资源管理知识和相关技能的图书馆员队伍；多方面积极筹集经费，并通过科研项目、争取捐赠以及参与高等教育文献资源共建共享体系建设等方式为自身的发展争取更好的条件。

五、融入校园信息化体系建设，稳固三维结构

数字图书馆服务体系的拓展，既包括自身的三维化延伸，也要积极地将体系整体置身于大学的基础设施建设，从而稳固服务体系，进一步得到学校的支持。

北京大学图书馆因此积极参加了学校的信息化规划和实施，在包括教学科研、电子校务、信息资源、信息门户等多方面内容的校园信息化建设中，图书馆主要从信息资源方面介入，其目标是：以学科为核心，以为教学科研服务为目标，统筹建设北京大学信息资源共享体系，包括图书馆文献资源、院系文献资源、重点学科资源、档案资源、博物馆资源等；建立统一的采集加工、管理与存储以及服务平台；形成一个整体化、数字化、自动化、网络化的信息资源保障系统；最终以信息资源共享大平台的形式，实现资源的有效共享、保障服务，并实现长期保存和管理。

图3是北京大学信息资源建设与服务平台建设示意图。从中可以看出，图书馆可在信息资源存储、数字化与数据加工、信息处理、信息发布与服务等多方面发挥自己的优势和作用，并通过校园统一认证、学校教学平台等多方面与信息化校园紧密衔接，成为网络校园中不可或缺的重要组成部分。

数字图书馆的服务模式有多种，无论是图书馆与用户互动模式、以资源促进服务的资源建设模式，还是基于学科和个人需求的个性化服务模式等，都无法脱离资源、服务、机构/人三维化的发展体系，当然，还有支撑这个体系发展的经费、人事管理制度以及技术水平等。北京大学图书馆的实践证明，数字图书馆三维服务体系的拓展，需要从整体化、全方位发展的角度来进行规划和实施，唯有3个轴向互相支撑，缺一不可，才能够推动图书馆真正成为大学科研文化的服务中心。

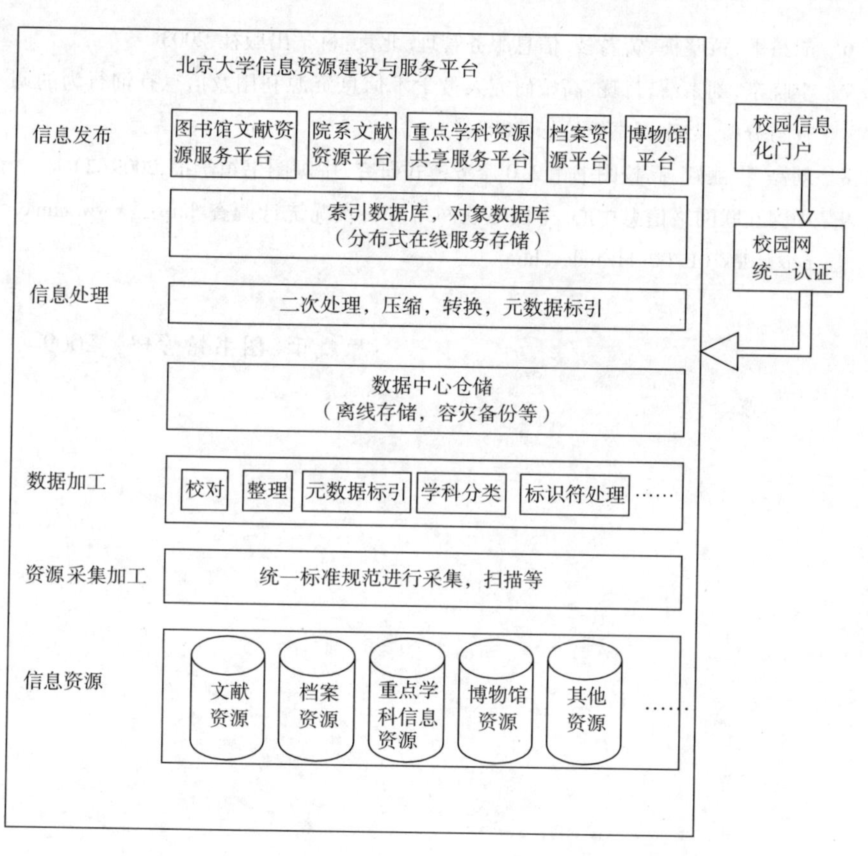

图3　北京大学信息化校园建设规划之信息资源部分

参考文献

1　Stephens M, Collins M. Web 2.0, Library 2.0, and the Hyperlinked Library. Serials Review, 2007(33)

2　北京大学图书馆. 北京大学文献信息资源体系战略发展纲要(2009—2012). 北京:北京大学图书馆, 2008

3　北京大学图书馆. 北京大学信息化建设规划及实施方案(2006—2015年)——信息资源部分. 北京:北京大学图书馆, 2006

4　陈传夫, 吴钢. 图书馆业态的变化与发展趋势. 中国图书馆学报, 2007(3)

5　Frey T. The Future of libraries beginning the great transformation. Available. http://davinciinstitute.com/page.php? ID=120

6 胡昌平,黄晓梅,贾君枝. 信息服务管理. 北京:科学出版社,2003

7 李晓东,刘素清,肖珑. 高校研究人员学术信息资源利用及信息查询行为的调查与分析. 数字图书馆论坛,2009(1)

8 刘磊,穆丽娜. 高校图书馆 2.0 服务模式研究. 中国图书馆学报,2009(2)

9 中国互联网络信息中心. 中国互联网络发展状况统计调查. http://www.cnnic.net/index/0E/00/11/index.htm

原载于《图书馆管理》,2009 年

高校图书馆战略发展规划制定的案例研究

高校图书馆战略发展规划的制定是战略管理中的首要环节。所谓高校图书馆的战略管理，是从高校整体利益和需求出发，保障高校图书馆长期、稳定的生存、发展并提供可持续的服务，进行战略目标、愿景、使命的规划并进而指导、实施、评价、有效控制图书馆中长期发展的一个动态过程。在这个过程中，战略规划的制定是最为基础性并对今后若干年的实施都具备指导性的工作。

一般来讲，图书馆的战略发展规划主要由以下内容框架组成：

1）战略目标、愿景、使命、核心竞争力；

2）外部与内部环境扫描；

3）主要发展任务、建设内容；

4）行动计划、实施方案；

5）基本保障要求。

既然战略规划的制定如此重要，那么制定高校图书馆战略发展规划，就需要遵循全局性、长远性、前瞻性、适用性、模糊性、创新性、挑战性、竞争性、法规性等原则。换言之，要有充分的调研、一定的战略高度和长远眼光、多角度的整体考量、符合行业和机构的发展特点、能够满足用户的需求，同时也要为今后的实施奠定坚实的基础。

鉴于目前关于图书馆战略发展规划的高水平理论研究文章已经颇多，本文就以笔者主要参加起草的两个规划作为案例，结合上述内容框架和笔者的一点体会，探讨高校图书馆战略发展规划制定的出发点和需要考虑的问题,以此为同行制定高校图书馆战略发展规划提供借鉴和参考。

这两个案例分别是:①高校三大文献保障体系之一的 CASHL 中长期战略发展规划——《中国高校人文社会科学文献中心(CASHL)中长期发展计划(2010—2020):实现"国家人文社会科学信息资源平台"的战略目标》(以下简称"CASHL 中长期战略规划");②北京大学图书馆的战略发展规划——《北京大学文献信息资源体系中长期发展规划纲要(2010—2020)》(以下简称"北大图书馆中长期战略规划")。这两个案例有所不同,各有特点。前者是面向全体高校的图书馆联盟战略发展规划,后者则是针对单个高校的单体图书馆战略发展规划,二者之间各自独立却又互相关联。

一、宏观考量:以国家的发展战略作为外部环境

国家的宏观环境是图书馆制定战略发展规划的外部决定因素,也代表了社会对图书馆发展的要求,决定着图书馆未来生存的大方向和各种客观条件。高校图书馆是为高等教育教学科研服务的,制定战略发展规划需要考虑与高等教育发展相关的各种宏观环境因素,包括政治、经济、社会文化乃至信息技术等多个方面,尤其是相关的国家发展战略。尽管这些因素和战略规划与图书馆不一定有直接的关联,但却深刻地影响着图书馆的发展。

以"CASHL 中长期战略规划"为例,CASHL 是教育部根据高校人文社会科学的发展需要引进专项经费建立的,是由 17 家全国大型高校图书馆以及文献资源、信息服务、软硬件系统、一系列运行管理制度组成的、第一个目前也是全国唯一的、面向全国人文社会科学教学和科研提供文献服务和最终保障的人文社会科学信息资源国家平台,和科技部的国家科技图书文献中心(NSTL)合称为我国科学研究的"车之双轮、鸟之双翼"。

鉴于 CASHL 是同时为高等教育和国家人文社会科学研究两方面来服务的,"CASHL 战略规划"的制定就考虑了两方面宏观因素。一是我国高等教育的现状以及未来中长期发展的走向;二是我国人文社会研究的现状以及未来中长期发展的走向。

在高等教育的未来发展方面,除了对现状进行调研外,"CASHL 中长期战略规划"比较多地参照了《国家中长期教育改革和发展规划纲要(2010－2020 年)》。我们可以从中读到高等教育今后的几个关键发展点:一是要全面提高高等教育质量,二是要提高人才培养质量,三是要提升科学研究水平,四是增强社会服务能力。这几个关键点为 CASHL 的发展提供了宏观的背景环境,进而可以从中提炼出外部大环境 CASHL 的宏观发展形势和要求,包括:

(1)服务于高等教育的 CASHL,与高等教育和科学研究一样,面临着前所未有的发展机遇和挑战;同时,这种发展必须是稳步推进、基础扎实的,不是大跃进式的。

(2)CASHL 既要有普遍的资源和服务,也要有尖端的资源和一流的高端服务,既要服务于普通的学者学生,也要满足一流大学的顶尖需求。

(3)CASHL 既要服务于高校的教学科研,也要为社会服务,因此要具备服务于国家战略和社会发展的能力,要能够满足多层次的需求。

在人文社会科学研究的未来发展方面,则主要参照了中共中央 2004 年下发的《中共中央关于进一步繁荣发展哲学社会科学的意见》(简称中央 3 号文件)。我们可以从中提炼出人文社会科学的繁荣发展的纲领,包括以建设"面向现代化、面向世界、面向未来,具有中国特色的哲学社会科学"为目标,以如下要点为发展战略:①努力建设具有时代特点、结构合理、门类齐全的学科体系;②建设服务于国家发展战略和国家创新体系的人才发展和自主创新体制;③随着国力的增强,加强中国人文社会科学走向世界、与国际对话的能力;④在高等教育调整结构、提高质量的过程中,扩大人文社会科学教育领域,以有利于学生形成正确的人生观、价值观、职业道德和社会责任感,促进学生认识人类的文化与文明;⑤在教育信息化的过程中,要加强现代化教学手段的利用;等等。

同时,CASHL 还注意到了我国人文社会科学研究在中央 3 号文件指导下快速发展的现状。特别是,作为在全国人文社科机构与人员中占比 85% 以上并发挥主要作用的高等学校,近年来人文社科研究事业更是飞速发展,2009 年的在研科研项目已经达到 19 万项,比 2005 年增加近一倍;科研经费达到 36 亿元,比 2008 年增加 24% 。科研成果更是每年均有增长,达到专著 27 024 部,论文 312 816 篇,咨询报告 5679 份。

中央 3 号文件和人文社科研究的发展现状,实际上是从人文社会科学的角度对 CASHL 提出了资源和服务的全面需求,从国家战略层面对文献资源建设与保障服务提出了系统化建设的要求:

(1)人文社科文献既要包含重点学科、传统学科,更要重视新兴交叉学科、边缘学科,以适应学科体系的建设,扩大人文社会科学的发展领域。

(2)既要有新出版的文献,也要有时间跨度长的回溯性历史文献;既要有正式的出版物,也要有各类非正式出版的灰色文献和原始资料,为人文社科创新积累底蕴。

(3)既有中文和英文等常见语种,也要有其他东、西方语系乃至非洲语系文献,包括随着中国在全球政治、经济、军事、外交等各方面的崛起,对各个地区和特定国家的综合性研究(如非洲研究、美洲研究、东南亚研究等)文献,从而强有力地支撑人文社科的国际对话能力,支持人文社科走向世界。

(4)既包含书刊等传统印本文献,也要包含数字资源等多种媒介,为人文社会科学的信息化数字化发展提供支持。

如《国家中长期教育改革和发展规划纲要(2010 —2020 年)》和《中共中央关于进一步繁荣发展哲学社会科学的意见》这样的国家发展战略,虽然对 CASHL 的未来没有直接的影响、直接的要求,但却代表、也形成了CASHL发展的外部环境,"CASHL中长期战略规划"充分分析和考量了这些因素,以求形成自己正确的战略目标、愿景、核心竞争力甚至中长期的实施计划。

二、行业扫描:形成自身的核心竞争力

行业扫描是一种横向考察和比较,通过同行业的比较分析,在发现本机构特点与优势的同时,还可以参考其他机构的做法,进而形成自己的愿景、目标、核心竞争力等;同时在行业内开展合作与竞争。

高校图书馆的行业审视,不仅仅限于图书馆行业,而是应该把自己置身于现代信息服务产业当中,一方面与同业的图书馆比较,拥有自己特色的资源和高质量服务,吸引读者;同时也与业内其他图书馆开展合作,形成更大的图书馆联盟,提高核心竞争力水平。另一方面也要与信息咨询服务机构,如百度、谷歌、情报所、咨询公司等进行比较分析和竞争,找到自己的特色所在,争夺资源和用户,同时寻求一定程度的合作,以发挥优势、扩大影响力和吸引更多读者。

仍以"CASHL中长期战略规划"为例。CASHL首先对业内图书馆情况做了调研。在人文社科资源和服务方面,发现了业内图书馆以及自身的以下问题所在:①外文文献资源收藏量不足,存在结构性缺失问题。如1949年以后的高校人文社科外文图书的收藏量很低,共45万种,仅为哈佛大学、耶鲁大学和牛津大学三校藏量(212万种)的五分之一;当年出版的新书采购不足,基础较好的学校,如北京大学、复旦大学、武汉大学等,文科外文图书的引进数量最多才能达到年度四五千册,还不到欧美地区一流大学的十分之一;小语种(如日、俄、韩文等)图书的保障率低,目前我国高校小语种图书年收藏量平均为4000种左右,与哈佛大学、耶鲁大学和牛津大学三校的收藏量相比,还不到十分之一;对某些高价(数万至数十万美金)的大型、大套文献(原始资料、原创性经典性系列图书)购买力不足,缺乏第一手资料的保障;

等等。②服务能力不足，服务水平低。这方面主要的原因是相关投入少，导致二次文献数据库建设、资源报道、文献传递、馆际借书等工作进展缓慢，服务平台等信息基础设施也有一定程度的落后，难以迅速扩大服务面，服务水平和文献保障能力难以提高，例如，CASHL 2009年手工完成的原文传递服务量为15 万件，但由于投入经费低于所需成本，经费、人力不足，导致服务平均完成时间徘徊在2—3 天左右，大大落后于其他同类机构。

其次，在与其他信息咨询机构进行比较分析时，发现 CASHL 的主要特点和问题在于：资源很有特色，学术性很强，但比较孤立，嵌入性不够，整合性差，导致 CASHL 资源不能像收入到 Google Scholar 中的资源那样，随时随地被快捷发现和被方便利用，因此竞争力比较不足。

分析了上述因素之后，CASHL 根据自己的特点和所长，确定自己的竞争力主要可在面向人文社会科学的外文文献收藏与信息服务方面，兼顾非正式出版的中文灰色文献，以达到世界一流的人文社会科学文献保障水平为自己的核心目标，同时在国家的支持下，坚持公益性、公平性、普惠性原则。具体可以描述为两个方面：①作为国家层面的文献资源保障体系，要从国家发展战略角度和国家创新体系需要出发开展文献资源建设，成为人文社科领域最高层次、最全面和可持续的文献资源中心，提供资源的战略性保障。②建设具备强大共享服务能力的公共服务体系和服务平台，集成揭示国内外人文社科文献信息资源，整合相关领域及第三方的服务，不断创新，形成“可见又可得”、7×24 小时、文献保障率达 98% 的网络化公共文献信息服务环境，为国家人文社会科学战略发展和重大创新提供竞争情报服务，为科研教学人员提供学科化、专业化、个性化、高层次、全面、准确、方便、快捷的文献信息服务。

除此之外，还要有相应的运行管理制度和经费保障。通过核心竞争力的建设，保障 CASHL 的基本价值所在，能够为用户提供具备较大价值的特色服务，并做到可持续发展。

三、微观审视:确定愿景和目标的最终要素

高校图书馆在制定战略发展规划中,在扫描宏观环境、行业形势之后,更重要的是要对自己所在的微观环境——也就是内部环境——进行发现和分析,包括:①对自己所在的母体机构——大学现状与未来发展的分析;②对高校图书馆自身特定用户群的需求进行分析;③对高校图书馆机构自身优势、劣势的发现与分析;等等。这几个方面与高校图书馆的发展息息相关,直接决定着高校图书馆未来的走向甚至是具体的实施规划,是确定高校图书馆发展愿景和目标的最终决定性因素。

以“北大图书馆中长期战略规划”为例。在规划制定过程中,为了能够对机构自身所在微观环境进行清晰发现与分析,正确定位,满足用户需求,北大图书馆先后采取了多项专门或相关措施:

一是在全校范围内进行广泛讨论。2008 年 5 月,学校支持并召开了“北京大学文献资源体系建设工作会议”,出席会议的人员有校长、主管副校长、各院系所主管分馆和资料室工作的院长或主任、总图书馆领导及相关部门负责人、各分馆和资料室的负责人、学校相关职能部门负责人等。在这次会议上,确定了北京大学文献信息资源体系由总馆、学科分馆、院系分馆等不同规模的图书馆为主组成,对外总称“北京大学图书馆”;与会人员共同分析了北京大学文献信息资源体系的现状,探讨如何促进学校公共服务体系建设、加强全校文献信息服务体系建设的整体规划,以及配合一流大学建设目标、提供优质文献信息服务的发展举措。

二是广泛开展用户需求调查。除了平时注意积累用户需求外,北大图书馆于 2010 年 6 月底,通过纸质问卷、网上问卷、馆内读者座谈会、院系教师座谈会等形式,在全校范围内广泛开展了读者需求调查。通过调查,获得了读者在馆藏满意度、查找目录、发现资源、主页使用、

信息查找途径、电子资源检索、书刊借阅、用户培训、学科服务、数字加工服务、软件服务、移动服务以及图书馆新增服务、信息基础设施、空间环境,甚至读者与图书馆沟通渠道等多方面的使用习惯、满意程度、意见、建议等,为战略发展规划的制定摸清了情况,奠定了基础。

三是把制定战略规划任务纳入正式的组织机构工作中。2010 年 12 月,由学校发布文件并召开成立大会,正式成立了由校领导、学校职能部门负责人、校外专家、院系领导和教师代表、总图书馆领导和部门负责人、分馆负责人等组成的北京大学文献信息资源战略发展委员会和北京大学图书馆工作委员会,共同起草、讨论、修改和审核"北大图书馆中长期战略规划"。在这次会议上,学校对北京大学文献信息资源体系的发展明确提出了要求:①要配合学校的学科建设,提高文献信息资源的保障水平;②为学校人才队伍建设做贡献;③成为学校信息化建设的重要力量之一。

通过对学校发展要求和读者服务需求以及北京大学图书馆自身情况、优势劣势的一系列分析,最终完成了"北大图书馆中长期战略规划",用于指导北京大学文献信息资源体系的未来发展。规划提出的中长期发展目标是:根据北京大学中长期发展规划纲要提出的到 2020 年建成世界一流大学的目标,相应地要建成总、分馆协调发展、有效运行的北京大学文献信息资源保障体系。通过合理配置文献资源,推进文献资源数字化和规范化建设工作,提升对教学、科研的学科信息服务水平,实现全校文献资源的通查通借通阅通还,使图书馆对全校教学、科研的文献资源保障与支撑达到世界一流水平。在这个目标下,"北大图书馆中长期战略规划"具体包含的任务涉及组织与管理体制、文献信息资源、服务体系、基础设施、人力资源等多个方面。

四、重视实施:战略规划中的后续保障

高校图书馆的战略发展规划是指导今后 5 — 10 年发展的指导性

文件，不是空中楼阁式的理论性文件，因此要充分考虑如何付诸实施，要以框架和纲要的方式，提出具体的建设任务、完成指标以及所需要的建设保障，以保证战略规划能够得到正确而有效的执行。

以“CASHL中长期战略规划”和“北大图书馆中长期战略规划”为例。二者的内容大致分别如下：

中国高校人文社会科学文献中心(CASHL)中长期发展计划(2010－2020)

一、序言

二、指导思想

三、战略目标

四、建设任务

1. 外文文献资源战略体系：整体规划，全面收藏
2. 整合中文研究成果，促进我国人文社科研究走向世界
3. 公共文献信息服务共享平台：高可用性，高保障率
4. 运行管理机制的创新完善

五、组织实施

1. 组织与人力资源保障
2. 经费保障

北京大学文献信息资源体系中长期发展规划纲要(2010－2020)

一、建设目标与原则

二、建设任务

1. 建立分布式管理的总—分馆基本体制
2. 优化结构，提高文献信息资源保障水平
3. 以学科为基础，创新服务体系，提升服务能力
4. 大力开展数字资源建设和资源数字化加工
5. 服务共享平台建设

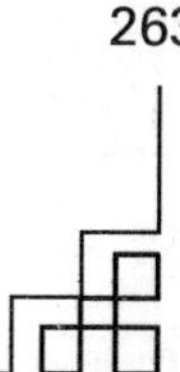

6. 改善基础设施条件

7. 建设结构合理的人力资源队伍,提升馆员素质

三、实施方案

第一阶段:2010—2013 年

第二阶段:2014—2016 年

第三阶段:2017—2020 年

四、建设保障

1. 经费保障

2. 人事制度保障

在这两个战略规划中,目标和愿景被进一步孵化成为具体的建设任务,每一个建设任务都提出更具体的完成目标。例如:CASHL 的第一项建设任务“外文文献资源战略体系:整体规划,全面收藏”被进一步细化为:针对不同学科的需求开展外文文献资源保障建设,加强对跨学科领域(如区域学)研究的支持,提高数字资源、原始资料、小语种文献的建设力度,要在 2020 年达到外文图书(含非英文的其他语种图书)年收藏量 8 万—10 万种,占全球学术出版物年度出版量的 90%,总量达到 200 万种;基本收藏全球外文学术期刊,总量达到 2 万种(含非英文的其他语种期刊),其中现刊为 70% 以上;大型原始资料收藏完整;电子资源达到现在的 10 倍以上。

这些具体的建设任务和目标是在经过广泛调研和对自身评价的基础上产生的,使得总体战略规划目标、愿景成为实在的、可行的。当然,无论是愿景目标还是建设任务,在实施过程中还需要根据当时当地情况,不断调整和校正。

最终实现战略规划目标和建设任务,是需要运行机制、经费和人力资源投入的,所以上述两个规划都不同程度地规划了这方面的发展目标,以保障中长期规划的实施。例如“北大图书馆中长期战略规划”就在人事制度方面明确提出了图书馆人员结构的组成,应该由固定编制(事业编制)人员+流动编制(合同制)人员+学生助理构成。

综上所述,“北大图书馆中长期战略规划”和“CASHL 中长期战略规划”经历了复杂的调研、起草、不断讨论、反复修订的过程,即便如此,这两个规划今后还是要在实践中不断修正和调整。由此可见,高校图书馆战略发展规划的制定是一个动态过程,需要具备全局的、长远的、创新的眼光,进行脚踏实地的调研和分析,才能最终完成一个建设性、可实施、可持续的战略发展规划。

参考文献

1 徐建华.现代图书馆管理.天津:南开大学出版社,2003

2 柯平.图书馆战略研究.情报资料工作,2010(3)

3 北京大学图书馆.北京大学文献信息资源体系中长期发展规划纲要(2010—2020)(内部讨论稿),2010

4 CASHL 管理中心.中国高校人文社会科学文献中心(CASHL)中长期发展计划(2010—2020):实现“国家人文社会科学信息资源平台”的战略目标(内部讨论稿),2010

5 余倩,陶俊.国外最新图书馆战略规划体例评析.图书馆建设,2009(10)

6 张玲.国外高校图书馆服务战略规划的分析与启示.图书馆建设,2009(10)

7 国家中长期教育改革和发展规划纲要(2010—2020 年).http://www.gov.cn/jrzg/2010-07/29/content_1667143.htm

原载于《图书馆建设》,2011 年第 10 期

后数图时代的图书馆空间功能及其布局设计

随着大规模、集成式的数字图书馆建设逐渐进入尾声，以泛在知识环境（ubiquitous knowledge environments）为主要特点的后数字图书馆（post digital library）时代来临[1]——数字图书馆资源和技术体系走向成熟并广泛应用于服务，用户越来越多、随时随地在互联网上获取信息、文献、数据和知识，图书馆开始超越以印本文献为核心的传统服务，跨界发展新服务，向城市和校园第三空间的演变趋势已成必然，也成为图书馆转型的最大亮点，正如专家所说“未来图书馆会体现两方面的价值：场所的价值和服务的价值”[2]。

国内外的图书馆，纷纷在建筑发展、空间设计上做足文章，无论是新馆建设还是旧馆再造，大胆突破，颠覆传统，敢于创新，希望打造成家庭（生活）空间、工作空间之外的最佳社会空间（第三空间）[3]。这一系列的巨大变化，因其范围广、对图书馆和公众影响大并成为未来发展的主流方向之一，堪称是图书馆历史上的一次空间革命。

在这场空间革命的设计、建设和实施中，有很多问题值得我们思考和不断总结，例如：未来的图书馆空间（以下简称新空间）的功能都有哪些？其核心功能有变化吗？新增哪些服务功能，又保留哪些传统的功能？根据这些功能，新空间如何分区、组织和布局？基于这些功能的空间和环境基本设计要求是什么？等等。本文将针对上述问题，主要以大学图书馆空间发展为例，结合北京大学正在进行筹备的东楼改造工程，试图对图书馆的空间创新、空间再造提出一个功能和需求框架,以供这方面的发展和工作实施参考。

一、新空间的功能构成及其框架体系

传统图书馆的空间功能以藏书为核心,在功能分区上紧紧围绕着藏书、藏书数量和收藏方式、相关书刊借阅服务展开,其核心服务是书刊借阅及其他相关功能。因此传统图书馆的空间功能包括藏书空间、借阅空间以及按图书采访编目流程布局的内部工作空间等。

现代图书馆在逐步确立了“普遍开放、平等服务、以人为本”的基本服务原则(中国图书馆学会《图书馆服务宣言》)之后[4],以成为开放的知识与信息中心为目标,以满足用户的信息和知识需求作为图书馆的核心服务功能。与此相适应,未来新空间的功能也开始向以人/用户为核心的方向发展,以适应用户对印本资源使用的减少和不断增长的新需求。

在具体的空间功能上,现代图书馆的未来新空间要考虑两个方面。一方面,图书馆是拥有悠久历史的社会服务机构,在社会飞快发展、信息更新频繁的今天,其历史感的体现尤为重要,因此应该依然重视、尊重图书馆的传统,为藏书和围绕着藏书开展的各类服务保留空间,并对这类空间重新进行布局、设计方面的改造、创新,保留图书馆的“书文化”核心服务功能;另一方面,要超越、延伸历史功能,为读者创造一个精神家园般的文化环境,新增大量单纯用于服务的空间,如学习空间、创意空间、休闲空间、交流空间、体验空间等,这些空间旨在为用户的学习、研究、交流提供友好的、有启发性的文化场所,与藏书关联不多,可以统称为“空间服务”,未来会逐步成为图书馆的新核心功能和发展亮点。

下面将以大学图书馆为例探讨具体的功能分区。大学图书馆是校园的重要公共服务空间,是为师生服务的知识中心、学习中心、教学服务中心和文化中心,同时也体现着大学的历史和文化品位。从这个角度出发，现代大学图书馆未来新空间的功能分区应包括如下部分。

表 1　大学图书馆未来新空间功能分区

空间名称	功能	详细分区	备注
1. 入口区	图书馆人流交通的枢纽。包括入口、咨询、指引、等候等	门禁系统，咨询台，全馆的标识体系，休闲/等候区域	咨询台和标识体系既有物理的，也有数字虚拟的
2. 咨询/借阅服务区	可以进行书目检索、咨询、书刊借阅	检索区，咨询台，人工借阅区，自助借阅区	
3. 藏书区	集中藏书的区域	封闭式藏书区，开架藏书区	视各馆藏书量而定，可按学科、文献类型、文献语种、文献使用频率划分区域
4. 学习空间	用户阅览书刊、检索电子资源和多媒体咨询、体验新设备新技术、研究学习的空间	书刊阅览区，电子资源和多媒体资源学习区，新技术体验区，自习区，小型研究厢	
5. 共享空间	用户交流讨论、协同学习、社交往来、学术会议、培训教学、影视欣赏等	研讨室，休闲区，报告厅（演讲厅），音乐厅，会议室，培训中心	人流多，有噪声，需要与其他区域相对分离、独立，或者隔音较好
6. 创意空间[5]（也称制造空间、创客空间等，英文为 makerspace、thinkLab 或 tech shop）	提供材料、工具和技术，用户可以委托加工制作，或者自行开展动手性探索与学习（即 DIY 的地方）	数字加工区，DIY 制作区	如数字加工、自助打印、复印、3D 打印、数字媒体制作、传统手工艺品制作等

续表

空间名称	功能	详细分区	备注
7. 展示空间	举办展览、展示图书馆历史和学校校史	馆史展览区，普通展览区	可根据各馆的情况决定是否设立馆史展览区。人流多，有噪声，可设在入口区外，一般参观者也可进入
8. 技术设备空间	图书馆开展服务的技术环境	服务器/交换机机房，空调机房，消防/安保监控室，能源管理室	对管线、用电、用水及放射噪音环保要求比较高，需独立
9. 内部工作空间	馆员业务办公和行政办公区域	采编区，行政办公区，图书修复区	采光和通风条件要求高，需独立

以上9类空间里，1、2、3、7、8、9类空间属于传统图书馆就有的；在未来新空间中，这类空间要进行优化重组，例如藏书区要适当压缩其在整体面积中的占比，其中的开架藏书区也不再占据全部的重要空间，逐步有“退居二线”的意味；入口区、咨询/借阅服务区和展示区则需要在设计上再做创新；技术设备空间需要留出不断扩容发展的余地。9类空间中，4、5、6类空间则属于创新、发展、增加的新“空间服务”，虽然如书刊阅览空间、自习区也是原有的，但在功能、环境、布局的设计上都需要做大的改变，也就等同于新的了。

新空间各功能区不同，但关系紧密。下图是从用户进入图书馆的角度来显示图书馆未来新空间的功能区组成以及功能区之间的关系。其中，咨询/借阅服务区以及学习空间和共享空间等空间服务，将逐步成为用户利用频繁的核心服务。

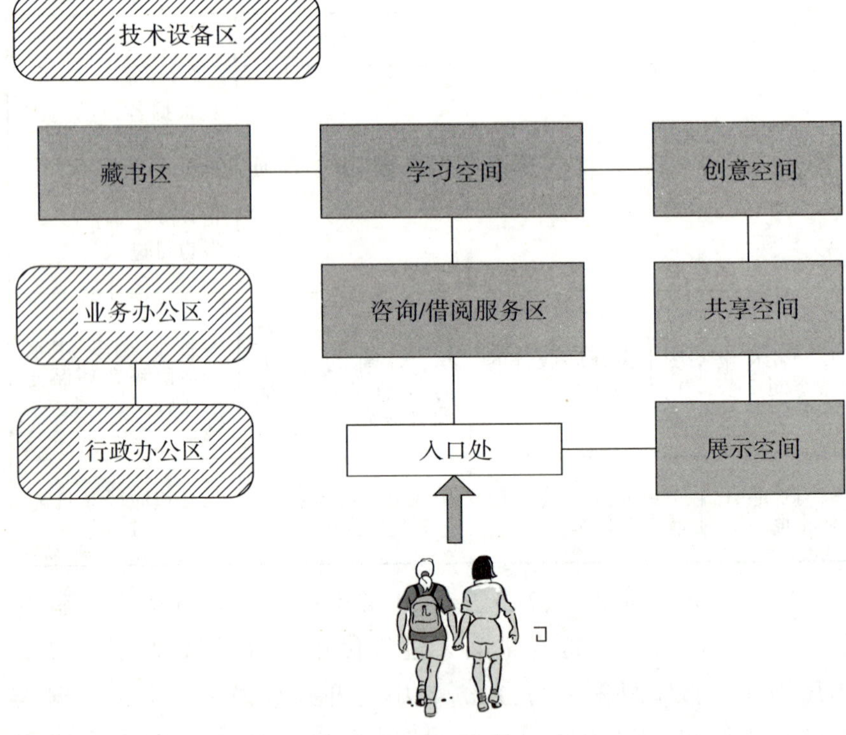

图1　未来新空间的功能区框架体系[6]

二、新空间布局与组织的基本要则

传统图书馆的空间布局组织是围绕着书刊借阅服务等核心服务来进行的，因此强调藏、借、阅功能占据图书馆大部分空间，并且保证它们的分区清晰、彼此功能之间的流畅和高效率，尤其是书库、阅览室、借书处的布局与组织。

现代图书馆渐渐不再把书刊借阅服务作为唯一和第一位的核心服务，而将未来甚至有可能超过书刊借阅服务的空间服务提升到了同等重要的地位。因此未来新空间布局与组织的侧重点也有所变化，要做到两大核心服务间的平衡，以及各功能区合理、有序、科学的布局与组织,可考虑以下基本要素与守则。

1. 减少藏借阅的空间,增加空间服务的区域

这里的"减少",是指在直接面对用户的空间服务中,藏借阅空间面积的比例要有所减少,这并不意味着会大量减少藏借阅的面积,相反,图书馆承担着保存人类文明成果的角色,一些大中型图书馆还要不断增加藏书区面积。只是由于读者对印本书刊使用的减少以及查询目录的方便,部分藏书区(特别是使用频率较低的书刊)可以与服务区相距较远而已。

以英国牛津大学图书馆为例,该馆首先在25英里之外建设了一座可藏书800万册的储存图书馆(depository),然后将校内总馆附近的书库藏书运到储存图书馆收藏,再进一步把书库改造成可以提供空间服务的新馆,既解决了藏借阅物理空间的问题,又为读者提供了新空间的服务。

2. 处理好藏借阅服务与空间服务的区域关系

毋庸讳言,印本书刊在短时间内(至少10—20年,有人预言更长)不会消失,特别是人文社科、理科类图书使用频率还很高,外文图书和各类特藏则因其稀缺性也成为必备。在这种情况下,未来新空间的发展要保持二者之间的平衡关系,不可过于偏重一方,使空间布局有失偏颇。

以北大图书馆总馆为例,由于其历史悠久、藏书量大,目前藏书区(包括闭架书库和开架藏书区)与读者可使用空间面积约为2∶1的比例;未来可以考虑将部分使用频率低的书刊——如已经有电子版的印本期刊、日俄文图书、中文图书复本等迁移到储存图书馆,腾出一些面积用于空间服务,从而将这个比例逐步调整到1.5∶1。

3. 调整"三分开"原则,坚持"内外分开"和"闹静分开"

传统图书馆主张"三分开"原则:内部办公区和服务区域分开,

“闹区”和“静区”分开，不同读者的阅览室分开。未来图书馆增加了大量空间服务之后，“三分开”原则就需要有所调整，保证各功能区能得到充分高效的利用。

其中，“内外分开”的原则是普遍得到认同的。

但“闹静分开”原则在近年开始不断引起争议，有人认为图书馆既然增加了大量的空间服务，就应该包容噪音，允许吵闹。据媒体报道，2012 年年底开放的广州图书馆新馆和 2013 年 8 月开放的郑州图书馆新馆，一开始没有将闹静区分开来，以致公共活动区和少儿阅览区声音过于嘈杂，其他读者为此提出意见。

大学图书馆主要是为用户的学习和研究服务的，即便是讨论、交流、教学、培训和制作等活动，也都是学习和研究活动的一部分，用户(特别是学生)非常需要一个安静和舒适的环境；同时这也是图书馆有别于其他公共空间的重要特色之一。因此，大学图书馆不仅要继续贯彻“闹静分开”的原则，而且要尽量减少噪音的产生。例如对在馆内打手机、高跟鞋响等行为要控制；公共活动的共享空间、展示空间因为人流多、有噪声，在布局上要相对独立或者做到隔音条件好。

至于“不同读者的阅览室分开”原则，则可以考虑不再执行。毕竟增加了空间服务之后，空间的组织趋向复合化、多元化，很难再用“阅览室”这样的概念去划分区域了。

4. 按“最近距离”原则分层布局

图书馆楼层大多为 4 —6 层 + 地下 1 —2 层，通常人们把 1 —2 层视为主层(如果地下一层通透性好，也被纳入主层)。传统图书馆在布局上，基本遵循“常用服务离读者最近”的原则，即把检索区、咨询区、借阅服务的出纳台等读者使用最为频繁的服务放在主层，以方便读者就近使用。而最少用的服务则放在最远、楼层最高的区域。

现代图书馆，越来越多的新服务需要向读者宣传，其中很多服务又是以自助的方式提供给用户的——特别是使用智能管理系统的空间服务，很多时候读者只需刷卡便可以使用，无须工作人员介入。在这种情况下，图书馆也有必要参考超市和商场的做法，在主层留出新服务空间，将一些使用少、需要推介的服务布置在这里，以便引导读者使用。

也就是说，现代图书馆的空间布局，不仅要遵循传统图书馆方便读者的做法，也要加入向读者营销服务的因素，将常用服务、最新服务按"最近距离"原则组织、布局在主层。使整体环境不仅方便舒适，也不断融合新元素给用户。

5. 空间组织的多元化、复合式

传统图书馆是围绕着藏书区、借阅区来组织和划分空间的。现代图书馆则应该以人——包括用户和工作人员——为核心，研究"用户流线"和"工作人员流线"，并围绕着用户行为和需求，在空间组织上做到多元化、复合式，以尽量方便用户，提供"一站式"服务。在具体做法上，可根据用户使用资源、服务、空间的频率和路径布局，各服务区域围绕着 1－2 项主服务为主进行综合性、无障碍、流转顺畅的设计。如：将普适性服务、综合性收藏放在比较开放的大空间中，力求服务的整合和方便，其中可融合借阅区、电子资源检索区和小型研究厢、研讨室、休闲区、自助服务区等在一起，同时，把特色服务、专藏特藏放在相对封闭的小区域里，保障环境的安静、服务的专业和深入。

6. 采用模块式图书馆设计，加强空间的开放性和灵活性

现代图书馆的动态发展，要求未来新空间既可以按职能空间进行分区，同时也要具备开放性、灵活性、通透性、随意性和自主性，例如各类空间的使用可以互换，家具可以灵活移动、按用户的使用要求临时组合，各区域的面积可大可小，功能分区可以按流线合理组织，平面布局更是能够随着图书馆的发展随机调整，等等。既满足现在的功能要求，又为未来的发展留出弹性发展余地。

在这种情况下，传统图书馆布局固定的设计方法因缺乏灵活性早已被现代图书馆淘汰。而半个多世纪以来流行的"模数式"设计，因为其统一柱网、统一层高、统一荷载的“三统一”原则，虽然能满足空间使用的开放性、通透性等要求，却也造成部分空间的浪费，而二次空间设计也受限于单一的柱网、层高、荷载。因此，“模块化”设计方法渐渐浮出水面，即将“模数式”设计与功能块划分结合，适当分区设计荷载、柱网、层高，既保证了空间的使用效率，也可以满足灵活性、自主性要求[7]。

三、新空间及其环境的主要设计需求

图书馆空间及环境设计，是在基本功能建设完成之后，对建筑的二次创作。它是图书馆建筑中，直接面向用户表现图书馆、引导用户使用和理解图书馆的核心元素。近年来，我国高校图书馆开始逐步重视这方面的工作，很多新馆的建设都开始加强空间及环境的设计，而用户对图书馆空间及环境方面的要求也在不断发展。

以北京大学图书馆为例。2012 年，在图书馆指导下，北大学生完成了“挑战杯”竞赛项目《北京大学图书馆学习共享空间设置研究》[8]，为图书馆即将进行的东楼改造工程开展前期准备工作。在这个项目的用户调查中，参与用户均对图书馆空间及环境提出了新的要求。下图显示出了这些需求的重要程度。其中偏向 A 点的项目，意味着服务满足程度较高或者服务需求程度较低。而偏向 D 点的项目，即意味着服务需求程度较高、满足程度较低、存在很大提升的必要。也就是图书馆在空间服务和环境设计上要考虑发展的方向和内容。

图书馆新空间的不同功能区是有各自的设计要求的，例如阅览空间是大开间设计、采光好、环境安静、书架和阅览桌椅的摆放相对比较固定[9]；而共享空间则因人流多、噪音大，空间比较独立隔离，相当一部分区域的家具都比较轻便、可以灵活组合。本文仅对空间及其相关环境设计中比较共性的基本需求进行概括总结。

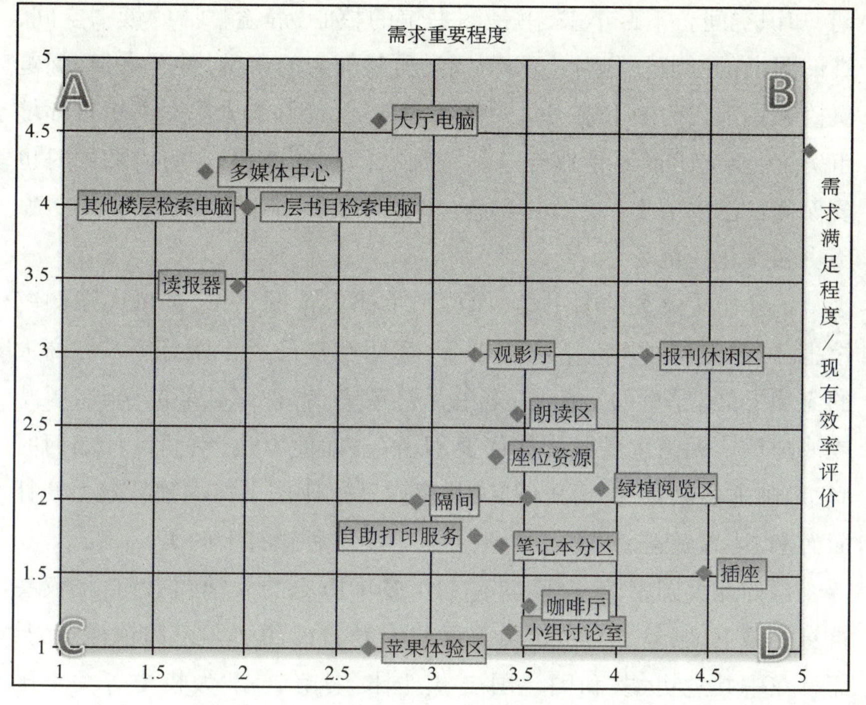

图2　用户对图书馆空间需求的调查分析

1. 过程:用户的高度参与

未来新空间的核心服务是围绕着满足用户需求而不仅仅是文献流转展开的。因此提倡从设计初始用户就高度参与的建设模式。曾经设计过80余个图书馆的美国建筑师协会(The American Institute of Architects,简称AIA)工程师Geoffrey T. Freeman曾经说过[10]:在图书馆空间需求设计之前,就应该组织一个由图书馆馆长、行政人员、学校理事会成员、学生、教师组成的团队来共同开始这样的工作。唯有用户的参与,才能使图书馆真正成为用户心目中的公共文化空间,为图书馆所在的学校服务。

2. 审美:突出自然、诗意、传承的图书馆文化

作为第三空间,图书馆不仅是公共空间,更是历史悠久的文化空间、知识空间。千百年来，书是图书馆的核心，静谧整洁的读书空间，查询图书的一屉屉卡片，知识丰富、和蔼可亲的馆员，甚至书架、阅览桌椅家具都成为图书馆文化的代表和象征。因此，未来图书馆在环境审美上，要突出而不是摒弃这种精神家园般的文化，在时尚的同时也要保持自己的历史特色，在环境空间的审美设计上要做到自然、诗意、历史和文化的传承。

国外历史悠久的图书馆，如英国牛津大学图书馆、剑桥大学图书馆、美国伯克利加州大学图书馆等，都拥有自己的主阅览室——高大的倚墙书架、厚重的桌椅、古老的吊灯或者台灯、宗教般的壁画、雕塑或油画等。无论世界风云如何变幻，科技如何发达，空间设计如何时尚，走进这些阅览室，历史感、文化感以及这座图书馆的独特魅力便扑面而来，让人敬畏、喜爱，愿意坐下来享受这种精神上的美。

再如北大图书馆，这座拥有 110 多年历史的大学图书馆，不仅在自身的藏书、服务、馆舍、馆员方面具有独特的历史印记和精神魅力，而且在中共党史、共和国建国史、中国图书馆史、北大校史等关乎国家、行业、机构的各个方面，也拥有一席之地。因此在未来新空间的设计上，应充分将时尚与历史结合，“一馆有古今，层层不同天”，创造出自己独有的审美环境。例如可以考虑如下设计：复制一间拥有经典元素的大阅览室，恒久不变；将放有近百年历史、数百万张目录卡片的目录柜布置成古色古香的目录角，让读者从字体漂亮的手写卡片中看到图书馆的悠久历史；在不同的楼层，通过画廊、雕塑、展览、橱窗、实物等展示不同主题的历史，如校史、馆史；将与北大、北大图书馆有关的名人、事件等的雕塑、油画、山水画等摆放起来，与各类不同的空间充分结合。

在设计上传承图书馆文化，并不意味着处处因循守旧，敢于挑战传统、做一些颠覆性的时尚设计也同样需要。例如武汉大学图书馆的情侣学习间、香港大学图书馆长达 150 米的 S 型大长桌、美国玛丽华盛顿大学包括 3D 打印机和其他工具的创意空间等，来源于传统图书馆的功能，却又突破了过去的框框，大胆、前卫、时尚。也就是说，在设计中要充分把握好传统与时尚之间的平衡。

3. 使用：人性、亲和、舒适、灵活

传统的图书馆，桌椅家具摆放整齐，让人觉得肃穆庄重却又有些刻板，缺乏亲和力和舒适感。现代图书馆则主张空间的设计要随意、人性化，让读者自由自在地阅读、休息甚至按自己的使用要求重新组织，就像在自己家中的书房一样。例如，座椅可以多样化，从普通的木头靠椅、长椅到一人沙发、多人沙发，甚至有些地方只在地板上放几个靠垫，既可以读书也可以倚靠休息；有些台阶可以使用木质材料，既可以走路也可以随时靠坐；桌子可以有厚重的阅览桌，也可以有灵活可以随意组合的轻便桌椅；灯具，既有吊灯、顶灯，也有读者随手可以开关的台灯、墙灯等。这些都充分体现了图书馆的人文关怀。

4. 管理：智能、科学、绿色环保

随着图书馆未来新空间功能以及读者自助服务的不断增加，空间管理越来越复杂，也越来越要求做到智能化、科学化，即要求采用高度集成的计算机管理系统，对空间服务和建筑物本身进行科学化管理。

与图书馆空间设计和服务相关的智能化系统，一是通信自动化系统，包括结构化综合布线系统、网络集成控制系统、程控交换机、多媒体通信系统、视频会议管理系统、互联网络服务、空间与座位使用登记、微波与卫星传送等；二是楼宇自动化系统，包括消防自动化系统、空调系统、安保管制系统（防盗报警、闭路电视、门禁管制、巡视管理）、电视广播系统、能源系统（具有节能功能的变配电系统及照明控制管理系统）、给排水管理系统、电梯管理等，具备节能管理、设备监测与控制三大功能。

具体而言，管理的智能、科学要达到以下基本要求：

- 安全性：包括设备的安全，有效工作及信息传输安全可靠等。
- 开放性：便于馆内外各种信息资源交换与共享。
- 标准化：遵循国家和国际标准及规范。

● 实用性：在考虑其先进性与超前性的同时，适当地考虑经济性，以系统的实用性为首要原则。

● 经济性：选用经济指标优化的设备与系统，保证运行与维护的经济性。

● 实时性：各系统应实时可靠，保持每天24小时连续正常工作。

● 完整性：设备齐全、功能完善、协调工作，系统集成简单便捷。

● 可扩展性：要适应图书馆技术与业务不断向前发展要求，系统要有足够的灵活性与可扩展性，扩容、增线、换线等应灵活方便。

● 易维护性：界面应清晰，易于操作，有足够维护空间，维护人员少，工作量轻，节省时间。

所谓绿色节能环保，主要是指能源得到更高效的利用，资源得以保存，环境质量得到提升，促进可持续发展，营造健康的学习环境和良好的学习氛围。具体的措施可以包括：

(1)采用清洁能源。指在新技术基础上，系统地开发利用的可再生能源，如太阳能、风能等，具有污染少、储量大的特点。例如可考虑在楼顶设置太阳能电池板，实施光伏发电，而后通过并网转为电能。

(2)采用节能环保配套设施。目前主要是指节电和节水两方面。如：控电、控水装置最好放在易操作的地方，以方便夜间巡逻发现跑水和未关闭电源时及时关闭；各楼层采用灯具智能化控制，如光控灯具——靠窗的灯具开关单独控制，阳光充足时可以不开灯，比较亮的地方可以完全不开，或降低亮度；书库内可改为红外感应控制灯具；灯具可考虑采用节能灯；洗手间冲水是否可以考虑使用中水，或预留中水管道；水龙头阀门最大出水量可适当减小。

(3)安装计量能耗的仪表，以便检测分析全馆能效数据。

(4)使用安全环保的装修材料。选择装修材料时，可依照环保局等有关部门制定的相关标准，如《木制板材中甲醛的卫生规范》等，进行采选；尽量选择原木、水溶性涂料、符合国家安全要求的高分子材料；施工过程中注意劳动保护，并尽量向外界通风，防止有机污染物飘散全馆；装修后要做室内环境监测，如甲醛可以用甲醛试剂盒检测，氡等放射性物质可用放射性测量仪检测等。

未来的图书馆发展,将坚守传统与创新服务并存,尊重历史与跨界超越同在;一方面发扬以藏借阅为核心的"书文化"传统,一方面不断拓展空间服务的内容,增加新功能,设计新环境,进行新的空间布局与组织,最终把自己打造成为人气旺、关注度高的公共书房、起居室、交流室,成为用户喜爱的"第三空间"。

参考文献

1 National Science Foundation. NSF Post Digital Library Future Workshop. http://www.sis.pitt.edu/~dlwkshop/

2 金鑫. 图书馆推开数字化大门. 中国新闻出版报,2013-06-20(8). http://data.chinaxwcb.com/epaper2013/epaper/d5558/d8b/201306/34465.html

3 Stephanie A. Clemons, et al. University Libraries as Third Place. http://www.ifla2009.it/online/wp-content/uploads/2009/06/Final.Clemons.pdf

4 中国图书馆学会. 图书馆服务宣言. 中国图书馆学报,2008(6)

5 美国高校与研究图书馆协会著;邓玉编译. 制造空间进驻高校图书馆. 图书情报工作动态,2013(2)

6 鲍家声. 图书馆建筑设计手册. 北京:中国建筑工业出版社,2004

7 鲍家声. 现代图书馆建设设计. 北京:中国建筑工业出版社,2002

8 谢玉婷等. 北京大学图书馆学习共享空间设置研究(北京大学学生挑战杯竞赛报告),2012

9 付瑶. 图书馆建筑设计. 北京:中国建筑工业出版社,2007

10 Geoffrey T Freeman. The Library as Place: Changes in Learning Patterns, Collections, Technology, and Use//Library as Place: Rethinking Roles, Rethinking Space. Washington, D. C.: Council on Library and Information Resources, 2005

原载于《图书情报工作》,2013 年第 20 期

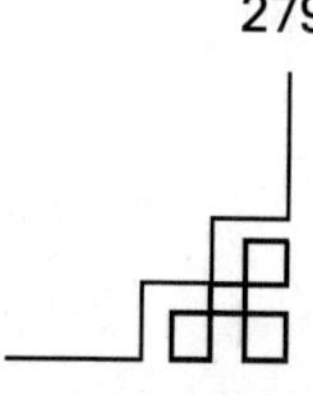

人文社会科学繁荣发展的软性基础设施建设*

科学研究的发展，离不开科研基础设施的建设。所谓科研基础设施，是指开展科学研究所需的经费、硬件（网络和计算机）、科研信息和成果的共享应用平台、实验室、文献保障体系等。科研基础设施的发达和先进与否，代表着一个国家的科研环境是否良性，是一个国家的科研工作能否吸引人才、能否可持续发展的重要基础[1]。在这方面，发达国家一直是非常重视其投入和建设的，以美国和欧洲为例，其科研基础设施的建设约占全部科研投入的1/5－1/6，科研环境也从功能性不断向以人为本和舒适性转变，以培育创新、吸引人才[2]。

与自然科学相比，人文社会科学研究的基础设施同样重要，这是人文社会科学研究繁荣发展的重要条件和基本保障。但由于人文社会科学的主观性、相对性、积累性、连续性、民族性、地域性等特点[3]，其科研基础设施的内涵与自然科学有所不同，例如对实验室基本没有需求、在硬件设施上的要求也略低，但在文献信息资源的保障条件上却要求很高，因此人文社会科学被称为“文献倚赖型学科”。近年来，国家不断加大对人文社会科学研究的投入，硬件环境也在不断改善，相比之下，软性基础设施——科研信息和成果的共享应用平台、文献资源保障体系等方面建设不足的问题就逐渐暴露出来。

* 本文系教育部人文社会科学研究规划基金项目“高校人文社科外文文献资源的布局与保障研究”（项目编号:08JA870002）课题成果之一。

本文从国家战略的角度出发,就我国人文社会科学学科发展需要的软性基础设施——特别是文献资源保障体系建设的需求、现状及其宏观战略规划进行论述,旨在为开展人文社科学科服务和学科资源建设的文献信息机构和相关学者、科研管理部门提供建议和参考。

一、人文社会科学的发展对软性基础设施建设的创新需求

人文社会科学是人们认识世界、改造世界的重要工具,是推动历史发展和社会进步的重要力量。任何时期,人文社会科学都具有不可低估的战略地位和不可替代的重要作用[4]。我国人文社会科学的发展,自2004年贯彻执行《中共中央关于进一步繁荣发展哲学社会科学的意见》(中发〔2004〕3号)以来,开始逐步进入繁荣阶段。而随着《国家中长期教育改革和发展规划纲要》的全面部署,我国教育事业开始进入了前所未有的蓬勃发展时期。其中,作为与自然科学同等重要的人文社会科学教育与科研,更是得到进一步兴旺发达的助力。

人文社会科学的繁荣发展以建设"面向现代化、面向世界、面向未来,具有中国特色的哲学社会科学"为目标,其主要发展战略包括:努力建设具有时代特点、结构合理、门类齐全的学科体系;建设服务于国家发展战略和国家创新体系的人才发展和自主创新体制;随着国力的增强,加强中国人文社会科学走向世界、与国际对话的能力;在高等教育调整结构、提高质量的过程中,扩大人文社会科学教育领域,以有利于学生形成正确的人生观、价值观、职业道德和社会责任感,促进学生认识人类的文化与文明;在教育信息化的过程中,要加强现代化教学手段的利用。

作为在全国人文社科机构与人员中占比85%以上并发挥主要作用的高等学校,近年来人文社科研究事业更是飞速发展。据教育部社科司的统计,2009年,高校在研社科科研项目已经达到19万项,比

2005 年增加近一倍;科研经费达到 36 亿元,比 2008 年增加 24%。科研成果更是每年均有增长,达到专著 27 024 部,论文 312 816 篇,咨询报告 5679 份。

人文社会科学的繁荣发展引发了对软性基础设施建设的更高要求,具体表现为两个方面,其中文献资源保障体系的需求尤为强烈。

1. 要求文献资源体系向全面保障发展

人文社会科学的发展,强烈要求改变目前文献资源分散不成体系、数量不足且有重复、类型单一、语种少的现状,建设新型的、能全面满足需求的、系统化的文献保障体系。即:

(1)人文社科文献既要包含重点学科、传统学科,更要重视新兴交叉学科、边缘学科,以适应学科体系的建设,扩大人文社会科学的发展领域。

(2)人文社科文献既要有新出版物,也要有时间跨度长的回溯性历史文献;既要有正式的出版物,也要有各类非正式出版的灰色文献和原始资料,为人文社科创新积累底蕴。

(3)人文社科文献既要有中文和英文等常见语种,也要有其他东、西方语系乃至非洲语系文献,包括随着中国在全球政治、经济、军事、外交等各方面的崛起,对各个地区和特定国家的综合性研究(如非洲研究、美洲研究、东南亚研究等)文献,从而强有力地支撑人文社科的国际对话能力,支持人文社科走向世界。

(4)人文社科文献既包含书刊等传统印本资源,也要包含数字资源等多种媒介,为人文社会科学的信息化数字化发展提供支持。

2. 用户信息行为的变化呼唤全面创新的科研环境

近年来人文社会科学文献的出版环境发生了巨大变化,从传统纸介质发展到了数字文献,据不完全统计,近年全球人文社科类西文学术图书的年均出版量约 7 万种左右[5],人文社科类和综合学科类数据库达到 1.5 万种,其中数据库是 1985 年的 8 倍多[6]。这种变化导致用户对数字文献的需求激增。

人文社会科学用户的研究行为也在发生变化。用户的教学科研已逐步呈现 e-learning、e-science 的发展态势，其教学科研环境也向网络化数字化发展，搜索引擎和网络全文数据库成为用户最常用的工具；教师在网上授课与学生互动；科研团队的交流在网上进行；用户的自我服务能力不断提高；研究成果不仅仅在研究项目结束后产生，而是在研究过程中随时随地以报告、预印本、数据等阶段性成果方式出现；特别是移动上网的快速发展，用户开始随时随地进行自己的研究工作。

用户信息行为的这种巨大变化，要求哲学社会科学的基础设施建设全面创新，提供与其相适应的科研环境。包括：

（1）建立数字基础设施，例如能够整合、发布、保存诸如报告、预印本、数据等各类社会科学研究过程成果的公共服务平台，便于用户获取，并将成果进一步在实际中转化应用。

（2）能够提供档案、图像、原始手稿、报告、学位论文、多媒体资料等各类介于正式与非正式出版之间的灰色文献，满足人文社会科学繁荣发展的创新和国际化要求。

（3）将文献的发现和获取工具嵌入用户的研究环境，使用户能够不受时间和地域限制、随时随地获取准确适合的文献。

（4）帮助用户获得高质量、按知识组织的文献信息，免受信息杂乱、良莠不齐的噪音污染。

（5）帮助用户按照自己的个性化需求开展研究。

二、我国人文社会科学软性基础设施的现实问题

面对人文社会科学的发展提出的要求，应该与其配套的软性基础设施落后的问题却逐步凸显出来，难以支撑高水平人文社科研究和创新。

一是文献资源结构性缺失，收藏品种少，可持续发展不足。据统计，我国高校1949年以后的人文社科西文图书的收藏量只有45万种，仅占哈佛大学、耶鲁大学和牛津大学三校藏量（212万种）的五分之一；包括教育部的"高校文科图书引进专款项目"在内，高校每年采购的外文新书约为4万种，只占欧美地区年度文科学术图书出版量的50%—60%[7-8]；高校尚未收藏的、全球出版的人文社科类外文学术期刊大约有1.7万种[9]；人文社科类外文数据库仅有200余个，不及国外一流大学如哈佛大学的三分之一。此外，由于书刊每年涨价、国家的投资却没有相应稳定的增长，已经购买的外文文献资源都存在可能会中断续订、不可持续的问题。

二是文献资源的规模化服务能力不足，已购买的外文资源集中在一部分高校图书馆中，没有充分向公众揭示报道，文献共享服务水平低，导致资源的重复建设，不能充分发挥资金效益。而人文社会科学领域这方面的问题远比自然科学领域要突出。例如，教育部在人文社会科学领域的文献资源保障项目共有两个（"高校文科图书引进专款项目"和"中国高校人文社会科学文献中心"（CASHL）项目），年投资额约为4000万，其中用于服务基础设施建设的资金不足10%，无论是投资总量还是服务投资上都远远低于国家科技部的同类项目——国家科技图书文献中心（NSTL）。

三是缺乏国家级的公共平台对哲学社会科学领域的研究成果进行整合，无法提供更大范围的共享，缺乏整体的科研环境。以教育部所属的135个人文社科基地为例，经过多年的建设，基地已经拥有大量的研究成果，其中的一部分专著、期刊已正式出版，但还有大量的灰色文献——如讲座、论文、报告、数据、会议资料等以及研究过程中的原始资料，因资源分散、数据库规模小、建设效益低，亟须按照学科和文献进行整合，采用统一的标准，进行统一的揭示、报道，以提供更大范围的信息服务和共享，促进利用，促进人文社科研究的发展，为我国人文社科建设成果走向世界奠定基础。

三、做好宏观战略规划，加强人文社会科学软性基础设施建设

上述需求和问题，在我国港澳台地区及国外也都存在，只是程度不同而已。经过对美国、日本、英国、澳大利亚、欧洲及我国香港、台湾地区的调研，可以归纳出一些主要的做法。

(1)由政府主导并投资，以实体文献资源为基础，建立虚拟的网络共享环境和共享服务体系，如联合国教科文组织的“世界数字图书馆”(WDL)[10]、美国各州的州立“图书馆与信息合作网”(如加利福尼亚数字图书馆 CDL[11]、俄亥俄州图书馆信息网 OhioLINK[12]等)。

(2)共享资源包括印本资源和数字资源，逐步趋向数字化。

(3)共享服务手段现代化、网络化、数字化，便于快捷准确地发现和获取。

(4)按学科领域开展共享，如我国台湾的“人文及社会科学研究图书设备计划”[13]，其设立目的就是为了促进台湾地区人文及社会科学学术研究之长远与整体效益，整合与共享资源，提升台湾地区人文社科成果的质量与国际化。

(5)图书馆与学界专家、科研管理部门协作，以图书馆合作体作为文献资源共建共享的最主要方式，如英国联合信息系统委员会(JISC)[14]等。

(6)建立相对独立的小型实体机构，如项目管理机构、协调机构等，负责共同体的运行管理维护。

要解决人文社会科学的繁荣发展与落后的科研基础设施之间的矛盾与问题，除参照国外的做法外，更重要的，是要遵循人文社会科学教育科研发展规律，深入调查研究，创新发展，坚持公益性、公平性、普惠性原则，全面提高人文社会科学软性基础

设施水平，为我国意识形态领域需要和人文社会科学繁荣发展服务。

在此前提下，人文社会科学软性基础设施的发展应制定以下宏观战略目标：以建成世界一流的人文社会科学文献保障体系和科研环境为核心，整体收藏全球出版人文社会科学外文学术文献，全面整合国内人文社科领域研究成果，充分利用国家增量投入盘活各高校和科研机构的存量文献资源，逐步构建大规模、有特色的文献资源战略体系，针对人文社会科学特点开发先进、实用的文献信息服务系统，形成强大、高效、全方位的公共服务能力，促进和推动全国人文社会科学文献信息资源和成果共享，为我国人文社会科学科研教学提供全面和最终的文献信息资源保障，为中国人文社会科学走向世界构造一流的成果展示平台。

软性基础设施的实际建设工作，可以考虑分以下几个方面进行。

1. 遵循人文社会科学的研究特点，全面建设文献保障体系

从科学研究的特点和规律来看，相比较自然科学而言，人文社会科学研究具备认识的主观性和相对性、发展的积累性和连续性以及地域性、民族性等特点，博大精深，包容一切，允许个性化和各个学派的发展。因此其对文献的要求也是多方面的、综合的，没有绝对的规律，更乏对某种某类文献的特指。因此，文献保障体系的建设要考虑从以下原则出发来制定战略规划和实施。

（1）从国家发展战略角度和国家创新体系需要出发开展文献资源建设，要建立人文社科领域最高层次、最全面和可持续的文献资源中心，提供资源的战略性保障。

（2）文献资源收藏要完整、内容要全面，要达到学科、语种、文献类型、时间跨度的全方位保障，全球出版的重要外文学术出版物要在国内都能收藏——至少做到“中国高校有一份”，从而为国家提供最终的文献服务。

（3）从国家宏观调控出发，开展协调建设和学科联合保障，尽可能

避免重复建设，整体规划，统筹安排，加强调控，保证重点，兼顾一般，实行各校按学科和按类型的分工保障机制，把有限的资金尽可能充分发挥效益。

（4）要能够做到持续储备、长期保存，在各种灾难以及不可控事件发生时，永久和可持续性拥有资源。

从上述规划原则出发，要达到文献资源的全面和最终保障，以高校为例，应该达到以下目标并投入建设：高校每年外文图书年收藏量 8 万—10 万种（含西文和其他语种图书，以及对经典图书的回溯补藏），占全球学术出版物年度出版量的 90%；基本收藏全球外文学术期刊，总量达到 2 万种（含非英文的其他语种期刊和重要过刊），其中现期期刊为 70% 以上；电子资源达到现在的 10 倍以上。此外还要充分考虑大型原始资料和灰色文献，做到尽可能收藏完整。

2. 科学创新，营造人文社会科学的数字化公共科研环境

数字环境下的科研环境建设是很复杂的工作，目前国内外都没有建设完成的案例。国外基本采取首先建设机构知识库的方式，如哈佛大学、麻省理工学院、普林斯顿大学、斯坦福大学、剑桥大学、牛津大学等，用于本机构科研信息和成果的收集、共享、展示、管理、保存和交流，为本机构科研人员逐步建设数字式科研环境。

我国国情是政府可以统一协调做大事，因此可以一方面鼓励各科研机构建立自己的科研环境；另一方面可以由政府出面，从学科建设出发，科学创新，发展人文社会科学研究的大中型公共基础设施。

例如，可以以教育部 135 个人文社科重点研究基地为基础，兼顾国家社科基金重大攻关项目、研究项目、教育部人文社科研究项目等各类研究的成果，整体规划，统筹安排，合作开展我国人文社科资源——特别是灰色文献，如讲座、论文、报告、统计数据、会议资料、开放获取的期刊/学报以及研究过程中的原始资料等——的整合服务，最终完成人文社会科学科研成果的收集、上载、共享、展示、检索、咨询、管理、保存和交流的公共服务平台(可以姑且命名为"中国高校人文社会科学知识库"),形成系统的人文社科知识组织体系,使之成为人文社会科学研究的公共科研环境的重要组成,既促进科研信息和科研成果的传播与交流,为科研人员提供服务,也是向世界展示中国人文社会科学成果的国际化平台。

3. 应用新技术,建立高可用和高保障的信息服务共享平台

无论是文献保障体系还是知识库建设,都离不开公共服务的开展,有了服务,才能真正建成可用、高效的科研基础设施。因此,应考虑结合人文社科领域特点和人文社科发展需求,联合各高校图书馆和其他信息服务机构,建设具备强大共享服务能力的公共服务平台,集成揭示国内外人文社科文献信息资源和科研信息,整合相关领域及第三方的服务,不断创新,形成"可见又可得"、7×24 小时、文献保障率达 98% 的网络化公共文献信息服务环境,为国家人文社会科学战略发展和重大创新提供竞争情报服务,为科研教学人员提供学科化、专业化、个性化、高层次、全面、准确、方便、快捷的文献信息和科研成果服务。

建设高可用和高保障的信息服务共享平台,应以国家战略和用户需求为主导,以人文社科领域的发展特点为基础,以提供高满足率服务为前提,创新服务,创新平台,创新团队;应坚持公益性、公平化、普惠性原则,努力促进文献信息资源和科研成果共享;应建设中心式、数字化服务平台,形成网络虚拟文献服务环境,开展方便、准确、快捷的"一站式"服务;应建立具备学科化、专业化、个性化特点的软性服务,按人文社科领域的学科、文献类型、用户类型、用户需求设计知识组织体系,整合资源和相关服务,并逐步形成开放式的信息服务环境。

以中国高校人文社会科学文献中心(CASHL)的服务平台建设为例,可以充分体现上述建设原则和目标。

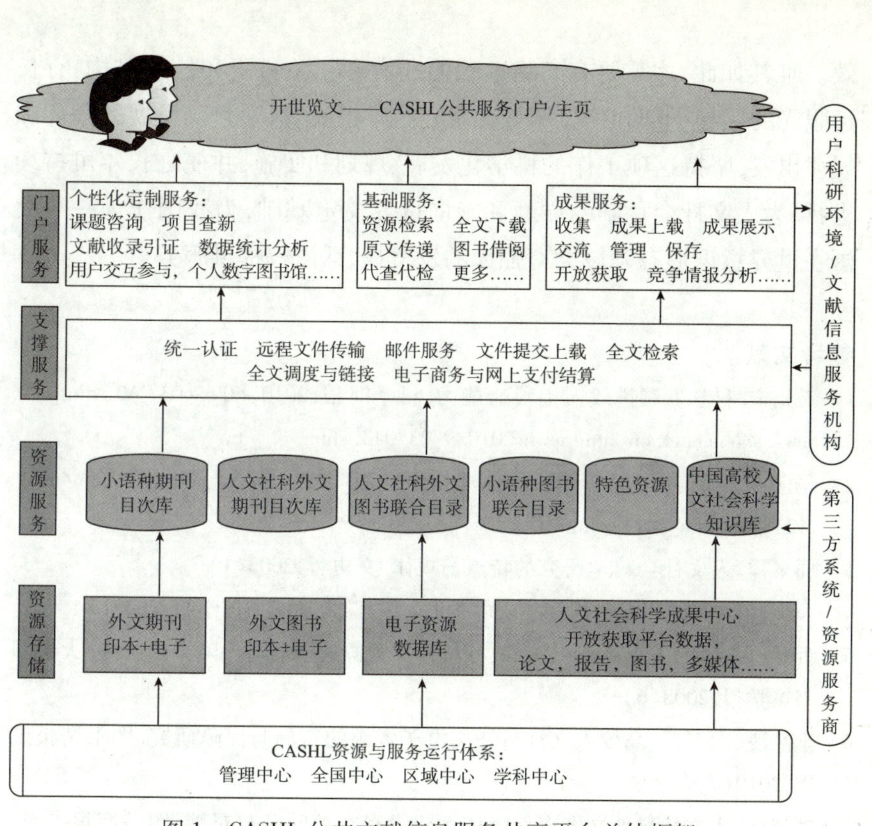

图1 CASHL公共文献信息服务共享平台总体框架

在实际建设中，上述3个方面都离不开这两个关键因素的支撑：一是硬件环境——如计算机硬件、网络设施、应用系统、通用软件、数据存储和安全、服务保障系统等；二是运行维护管理机制，如经费保障、人力资源管理和培训、服务运行体系、公关宣传推广、知识产权解决方案及其他法律保障、规章制度和业务规范等。限于篇幅，也考虑到在任何公共服务基础设施的建设中，这两方面的支撑都不可缺乏，在此就不做更多赘述。

人文社会科学与自然科学同等重要，人文社会科学的基础设施也和自然科学的基础设施一样，同样需要国家投入、规划和建设。由于人文社会科学的特点，建设其科研基础设施特别是软性基础设施是一项比较“隐性”的工作，不容易见政绩，更需要比较长的时间才能见成效。唯其如此,才需要有高瞻远瞩的政府和相关科研和信息机构、有长远眼光的领导干部和信息服务人员,从人文社会科学繁荣发展的角度和规律出发,坚持这项工作的科学化发展、规划和实施,并使之长年可持续进行,为人文社会科学的创新和走向世界奠定基础,为我国作为一个大国在世界意识形态领域拥有强大的发言权、话语权提供服务。

参考文献

1 王元丰.科学发展挑战人类科研能力.科学时报,2010-09-03(A3).http://news.sciencenet.cn/htmlnews/2010/9/237043.shtm

2 杨卫平.从美国科研环境看中国人才政策.http://www.gotoread.com/mag/11213/sarticle_34137.html

3 周来祥.人文社会科学研究的特点与规律.文史哲,2003(1)

4 人文社科文献资源共建、共知、共享北京宣言.大学图书馆学报,2007(2)

5 肖珑,燕今伟,关志英.高校人文社科外文资源的布局与保障方法研究.大学图书馆学报,2008(6)

6 李浩凌,廖三三.高校人文社科外文电子资源的布局与保障研究.图书情报工作,2010(7)

7 钟建法.人文社科外文图书保障体系建设存在的问题与对策.图书情报工作,2010(7)

8 张洪元,崔琼.高校人文社科英文图书缺藏分析与补缺策略.图书情报工作,2010(7)

9 武桂云,龙向洋,金环.高校人文社科外文印刷版期刊布局及保障初探.图书情报工作,2010(7)

10 World Digital Library. http://www.wdl.org/

11 California Digital Library. http://www.cdlib.org/

12 Ohio Library and Information Network. http://www.ohiolink.edu/

13 台湾地区"人文及社会科学研究图书设备计划".http://www.lib.ncku.edu.tw/www2008/human/intorduce.htm

14 Joint Information Systems Committee. http://www.jisc.ac.uk/

原载于《图书情报工作》,2011 年 1 月

为人文社会科学研究提供可持续发展的信息资源共享服务*

一、前言

随着国家"繁荣哲学社会科学"政策的贯彻,近年来我国人文社会科学研究得到了快速发展,仅以高校为例,目前教学和科研人员已达到35万人,每年在研项目近10万项,因此对文献的需求量急速增加。但从整体来看,由于资金不足,高校的人文社会科学文献信息资源的收藏率却呈下降趋势,即使如北京大学、复旦大学等文科基础较好的学校,文科外文图书的引进数量最多才能达到年度四五千册,还不到欧美地区一流大学的十分之一,造成文献资源缺漏,收藏品种减少,结构失衡,无法满足文科研究需求的增长。

鉴于单个图书馆或信息机构无法独立满足这样大量的需求,为保障文科文献信息资源的整体和可持续增长并建立面向人文社会科学研究的信息资源共建共享机制,教育部于2004年3月15日正式启动了"中国高校人文社会科学文献中心"(China Academic Social Sciences and Humanities Library,简称CASHL)项目。近4年来,作为国家和教育部"繁荣哲学社会科学"计划的组成部分以及为人文社会科学提供

* 本文系国家自然科学基金资助项目"我国信息资源共建共享的可持续发展研究"(项目编号:04BTQ002)课题成果之一,与关志英合写。

服务的公共平台，CASHL 把“建设国家人文社会科学信息资源平台，为国家人文社会科学研究提供最终保障”作为自身的最终发展目标，贯彻“以资源为基础、以服务为根本”的发展方针及“整体建设、分布服务、共知共享、讲求效益”的发展策略，在资源建设上取得了长足的发展，为人文社会科学研究提供了大量文献信息服务。

2006 年年底，教育部将 1982 年启动的高校文科图书引进专款项目（简称文专图书项目）的共享服务正式整合到 CASHL 平台上，以集成文献信息资源，提高图书的利用率，充分发挥其效益。截止到 2007 年年底，CASHL 已拥有的资源包括：国外人文社会科学印本期刊 7534 种，占国外人文社会科学期刊总量的 50% 多。其中包括核心期刊 3219 种，完整收藏了 SSCI 和 AHCI 收录的核心期刊；电子期刊 900 多种；“高校人文社会科学期刊目次库”目次数据 610 万条；人文社会科学外文图书近百万余种；“高校人文社会科学外文图书联合目录”24 万种；电子图书 26 万种。目前已有 268 所高校以及中国社会科学院文献情报中心等 7 所非高校机构（如中国社会科学院）正式签约成为 CASHL 的机构用户，1.5 万人直接注册成为 CASHL 的个人用户，直接面向服务的最终用户逾百万人。

随着 CASHL 资源的不断增长，越来越多的用户对 CASHL 反应热烈，使用 CASHL 的服务，CASHL 收藏的资源得到了 100% 的充分利用，“高校人文社会科学期刊目次库”和“高校人文社会科学外文图书联合目录”检索总量已接近 3000 万次，其中目次被检索最多的刊达到 60 多万次，电子资源全文下载 119 万篇，CASHL 收藏的期刊全部都被发送过文献传递请求，原文传递总量已突破 20 万篇。

在资源和服务不断发展的同时，CASHL 在信息资源共建共享的可持续发展方面也做了有益的探索，并在组织与运行机制、资源与服务的创新发展及其绩效评估等主要领域不断创造自己的特色。

二、完善的组织与运行机制：CASHL可持续发展的有力保障

所谓信息资源共建共享的可持续发展，一方面是指提高信息资源建设投资效益，减少重复投资，提高信息流通和信息服务水平，提高现代人获取信息能力的稳定性保障；另一方面是指随着经济、信息技术、网络的发展，信息资源共建共享能够动态调整，资源日渐丰富，不断满足用户日益增长的需求。

作为面向人文社会科学的信息资源共建共享组织，CASHL的愿景是发展成为国家人文社会科学信息资源平台，因此在组织架构设置、资金投入、运行机制等方面都从国家战略角度出发，起点高，框架清晰，灵活而有弹性，既满足可持续发展在稳定性、动态性方面的要求，也具备了人文社会科学的学科特点。

1. 完整而清晰的组织架构

CASHL采取的是“资源分布收藏、服务集中开展”模式，面向全国高校、哲学社会科学研究机构和工作者提供综合性文献信息服务。对用户来说，他们看到的只是一个CASHL中心平台，而支持这个平台有效运行的机构是一个庞大的、半虚拟半实体的组织，这样的架构既充分发挥了CASHL各中心馆原有的资源和服务优势，又可以进一步提高整体信息收藏和服务能力并不断创新。

CASHL组织架构包括最高管理层、中间管理层和具体运作层。各层之间分工明确，整体协调运作。

最高管理层即CASHL指导委员会，由教育部主管领导、CASHL管理中心所在学校领导和图书馆领导组成，负责对CASHL进行宏观指导，如制定CASHL发展方针，审批发展规划和经费预算，检查和评估CASHL的工作，决定重大活动和重要人事任命等。

中间管理层由 CASHL 管理中心和专家组组成。其中管理中心设在北京大学，是项目的日常运行和管理机构，负责制定发展规划、实施方案、经费方案，组织各中心馆开展资源建设和服务工作以及相关评估，制定各类管理办法、工作规范和评估标准，建设、维护和运行 CASHL 网络服务平台等；管理中心的常设机构包括中心馆馆长联席会议、办公室，办公室又下设高校馆际互借协调组、评估工作组。专家组为专业咨询机构，由高校和非高校系统的资深管理人员以及学者组成，主要目标是加强对 CASHL 整体规划的协调和指导，使 CASHL 的发展规划、工作评估、资源发展、服务发展等更加科学和合理。

具体运作层由 CASHL 全国中心、区域中心和学科中心三级服务体系组成，其职责为系统收藏印本和电子资源，协调开展二次文献数据加工工作，提供培训、宣传、文献检索、馆际互借和原文传递等服务。其中全国中心设立在人文社会科学文献资源丰富的北京大学、复旦大学，区域中心设立在武汉大学、南京大学、吉林大学、中山大学、四川大学等基础好的 5 所综合性院校，学科中心则设立在具有不同学科特色的北京师范大学、东北师范大学、华东师范大学、兰州大学、南开大学、山东大学、清华大学、厦门大学、浙江大学、中国人民大学等 10 所综合性院校。这 17 个收藏资源并提供服务的 CASHL 核心图书馆被统称为“中心馆”，以区别于使用 CASHL 服务的“用户馆”。

此外，由 CALIS 管理中心提供数据库建设和技术支持服务，教图公司提供印本和电子资源采购服务。

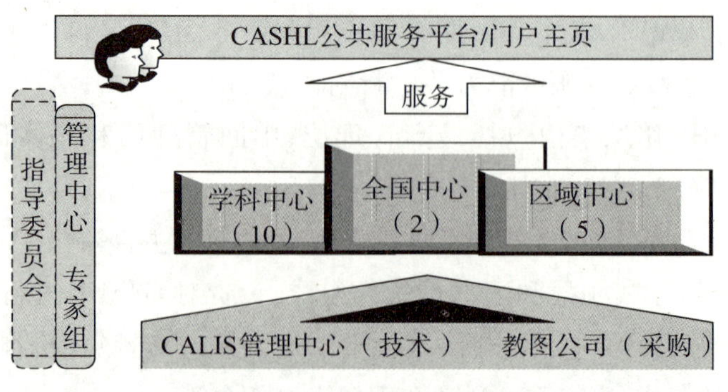

图 1　CASHL 组织架构图

与国内外其他信息资源共建共享组织——如美国联机图书馆中心(OCLC)、研究图书馆中心(Center for Research Libraries,简称CRL)、加州数字图书馆(California Digital Library,简称CDL)、英国信息系统联合委员会(Joint Information Systems Committee,简称JISC)、中国高等教育文献保障系统(CALIS)、全国文化信息资源共享工程(文化共享工程)、国家科技图书文献中心(NSTL)等——相比,CASHL的组织架构在宏观上采取了基本类似的设置,结构清晰、完整而稳定,以保证CASHL发展的长期可延续性;在微观设置上则突出了人文社会科学的学科特色,为CASHL的资源与服务建设奠定了基础。

2. 政府行为与资金的稳定投入

与国内外成功运作的信息资源共建共享组织相同,CASHL也带有鲜明的政府行为特点,得到了教育部的大力支持,同时在宏观上进行整体规划,打破了不同高校图书馆、不同信息资源共建共享项目之间的界限,避免了重复建设,提高了资源利用效益,并充分考虑了各参与中心馆的利益。

在这种情况下,CASHL的运作资金首先来源于政府财政的稳定投入,2006和2007年的投入均为图书经费300万美金,期刊与电子资源经费1500万人民币,在后者的1500万投入中,又有约15%用于二次文献数据库建设以及平台的运行维护。

其次,由于CASHL的资金投入方针是“相对集中,讲求效益”,因此资金和资源主要分布在CASHL的17个中心馆,既保证了中心馆的利益,也调动了各中心馆配套资金的投入,目前在CASHL收藏的期刊中,约有50%的期刊来源于各馆自身的经费采购,另外各馆在提供服务方面也有相当大的投入。

同时,也引入了一定的市场机制,即一部分服务——如数据库检索服务、一般咨询服务等——是免费的,而馆际借书和原文传递服务则低价收取一部分成本费,用于补偿各中心馆在服务上的投入,在一定程度上弥补政府资金的不足。

由此可见,CASHL 的资金来源是以政府投入为主,以各中心馆配套资金为辅,兼向用户收取部分成本费,这样的资金结构比较具备确定性因素,保证了信息资源共建共享发展的稳定和可持续。

3. 灵活而有弹性的机制

在稳定的组织架构基础上,信息资源共建共享组织的运作机制需要具备一定的灵活性,以便不断调整,适应外部环境——如用户需求、网络、技术等——的变化。

(1)具备开放性,融入外部共享大环境,加强与其他信息资源共建共享组织的合作与协调,充分利用社会化共建共享的建设成果,而不是成为"孤岛",追求封闭式的小而全,自得其乐、孤芳自赏。只有这样,资源才能够被用户充分地发现、认识并利用,不断扩大资源共享;才能不背上任何多余的"包袱",保障信息资源共建共享体系的高效率、规范化运行和调整。为此,CASHL 主要有如下举措:

- 与 CALIS 合作,充分利用 CALIS 已经建成的联合目录、数据库建设平台和服务平台,把建设"高校人文社会科学期刊目次库"和"高校人文社会科学外文图书联合目录"数据库以及开发维护中心服务平台和各中心馆馆际互借系统的工作委托给 CALIS 管理中心下属部门,既节省了空间和大量人力、财力开支,也能够专注于资源和服务建设,更好地了解和满足用户需求的变化。
- 在标准规范方面,与 CALIS 以及国内外其他信息资源共建共享体系保持一致,以便 CASHL 自己的系统能够灵活地和其他系统互相接入,共享彼此的资源和服务,真正成为全国信息资源共建共享体系的重要组成部分。
- 在采购电子资源方面,参加 CALIS 已经运作成熟的集团采购,从而降低采购成本和资源价格,并获得高水平的学术资源。
- 与其他非高校系统的文献信息机构——如中国社科院文献情报中心——开展战略合作,双方互利互惠,互相交换提供资源和服务,既充分利用了各自的资源,高校系统和社科院的用户也因此从中大大受益。

(2)加强 CASHL 体系内部的横向联系,保持经常的沟通交流机制。面对用户,CASHL 是一个中心式平台,但背后支持这个平台运行的却有多个机构(如图 1 所示)。要使这样一个复杂的联合体真正成为正常、高效运行的团队,并能应对各种变化,就要有充分的、开放的沟通交流和议事机制,互相尊重、理解和信任,既平衡和保障了各中心馆的利益,也能调动大家的积极性。

在这方面,CASHL 建立了不同层面的沟通机制,如:最高管理层的专家咨询组会议,负责讨论工作进展和未来发展规划;中间管理层的中心馆馆长联席会议,参与 CASHL 的管理和协调工作,制定年度工作计划,协调日常工作;具体运作层的高校馆际互借协调组会议,就服务层面的具体计划和问题进行讨论,共同制定工作规范并约定在日常工作中共同遵守。

在此基础上,逐步建立了内部运行管理体系,制定了一系列关于服务平台、服务评估、服务结算、服务协调、财务管理、人力配备等各方面的管理办法和制度,加强了 CASHL 的管理,使 CASHL 逐步进入到正常的运行轨道。

(3)充分尊重各高校图书馆的选择,对各高校图书馆是否参加 CASHL 体系、使用其服务不勉强、不下行政命令,而是由各馆在平等自觉自愿的基础上自主决定并签署协议书认可。当然,CASHL 也会通过各种宣传活动、优惠措施来吸引高校系统内外的机构加入。这样的做法,既调动了各馆参与共建共享的积极性,也为 CASHL 的扩大与发展留出了空间。

(4)融入一定的市场机制,实行有偿共享,以保证服务的质量和长期可持续发展。这部分内容前面已有详细分析。

(5)逐步建立了绩效评估机制,包括对资源、服务的评估,以保证服务质量和运行效益,监督和保障 CASHL 的可持续发展。这部分内容将在后面做详细论述。

三、多元化和创新的资源与服务体系：CASHL 可持续发展的雄厚基础

资源和服务是信息资源共建共享的基础和最终实现，共建共享体系的可持续发展，就是资源和服务不断深化、扩大发展的过程，就是共建共享组织存在价值的体现。因此，如何统筹协调规划建设一个完整、合理、多元化的资源体系，如何根据用户需求不断调整创新各种服务措施，就成为 CASHL 的主要工作目标。

CASHL 从国家战略发展角度出发设计了自己的资源和服务，其公共服务平台包含资源体系和服务中心两部分（如图 2 所示），用户可以在 CASHL 平台上检索、浏览、发现资源并获取文献信息。在“国家人文社会科学信息资源平台”的目标愿景下，CASHL 将发展成为大型人文社科文献收藏中心和服务中心，进而为 CASHL 的可持续发展奠定雄厚基础。

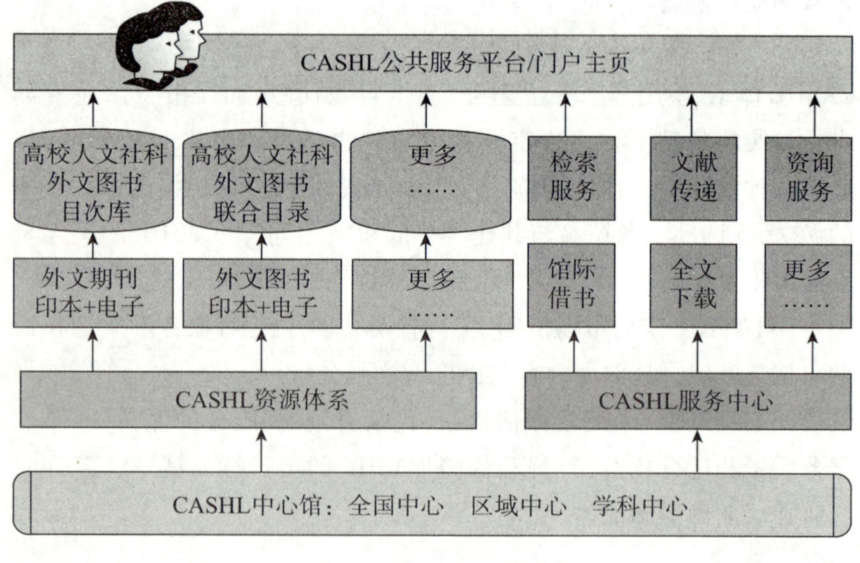

图 2　CASHL 资源与服务体系

1. 建立多元化的资源体系

从国家人文社会科学研究发展战略角度出发,CASHL 的资源建设具备数字信息资源体系的特点,兼顾了当前与长远两个层次,不断拓展,完整收藏并整合了国内外不同类型、不同学科的人文社会科学重要学术资源,科学地划分了公益性免费资源和非公益性的收费资源,合理地规划了核心资源和外围重要资源,并使资源得到长期保存,可以永久使用,从而逐步成为国家人文社会科学研究的最终资源保障基地,实现资源的可持续发展。CASHL 已经和即将实施的资源建设方针如下:

(1)建立多元化的资源体系,以学术图书、核心期刊等外文资源作为核心层,包括:以现有的印本核心期刊和外文学术图书为基础,逐步加强数字资源建设;以当前外文资源为基础,逐步增加重要中文资源;以现刊、新书为基础,逐步增加回溯资源;以正式出版物为基础,逐步增加自建的、重要的特色资源。

(2)重视二次文献数据库建设,特别是要加强"高校人文社会科学期刊目次库"和"高校人文社会科学外文图书联合目录"的深度加工,使资源得以充分揭示,并免费提供给公众使用。

(3)以人文社会科学各学科为基本,逐步调整和优化,加强和突出学科建设重点,同时兼顾边缘学科、交叉学科、重大应用领域和重要新兴学科等。

(4)逐步成为国家人文社会科学资源长期战略保存基地,在保存现有印本文献的基础上,选择重点数字资源进行永久保存。

(5)逐步建立资源的绩效评估机制,不断监督、调整资源的发展,使资源能够符合不断变化的用户需求,这是保证资源可持续发展的有效措施:

- 资源的数量和规模评估,特别是增量效益:即 CASHL 资源的增加,使高校人文社科外文资源总量有了多大幅度的增长。如 CASHL 订购了 2529 种核心期刊,使全国中心、区域中心各馆总计增加了 1341

种外文印本核心期刊;CASHL 每年增加 3 万种左右的外文文科学术图书,据在北京大学、复旦大学、武汉大学、北京师范大学等图书馆调查,占这些图书馆外文文科图书年进书量的 60% 以上;CASHL 购买的电子图书 Eighteenth Century Collection Online(ECCO)和 Early English Books Online(EEBO)为各中心馆增加了 26 万种早期外文图书;等等。

• 资源的内容与质量评估:可通过资源被利用情况来进行,例如印本期刊被 100% 利用和发送过文献传递请求;平均每种期刊被检索 1466 次;电子资源在开通短短 10 个月内就下载了 119 万篇全文;等等。说明其内容和质量是上乘的。

• 资源的体系与结构优化评估:例如期刊的结构评估,按照使用统计,60% 的期刊的总利用率达到 95% 以上,70% 的核心期刊总利用率达到 70% 以上,等等,说明期刊的结构是非常合理的。

• 资源的永久使用和保存评估:作为国家人文社会科学研究的最终资源战略保存基地,这方面的评估尤其重要。

• 数字资源获取与信息组织能力评估:即对信息的有效整合、组织、揭示和技术服务的评估,如何提高资源的易用性和可获取性,达到资源的有效利用。

• 资源的成本效益评估:包括采购运作成本和价格成本等。

2. 创新的服务平台

作为国家大型人文社科文献服务中心,CASHL 以用户需求为基础,积极采用先进的信息技术,整合各类人文社科信息资源,不断创新服务措施,增加服务手段,扩大服务范围,提升自身的服务能力,以持续促进 CASHL 资源与服务的共建共享,发展出适合人文社会科学研究的创新型信息服务平台。CASHL 已经和即将具体实行的发展战略有:

(1)建立人文社科资源与服务的整合系统,构建面向国内人文社会科学研究的信息资源综合性服务平台,为共建共享的可持续发展做好基础性框架工作。包括:

• 整合图书、期刊、电子资源等多种类型文献，打破收藏机构和资源类型的界限，利用 CASHL 平台建立的人文社会科学学科体系将分散的不同类型资源集成起来，使其得到充分利用。

• 整合资源检索、图书借阅、原文传递、全文下载、代查代检、参考咨询等多种服务。这些服务以前都是独立分散且彼此间没有衔接的，现在则在 CASHL 平台上集成为一个互相关联的整体，用户只要浏览或者检索到自己需要的文献，就可以直接下载文献或者发送借书和原文传递请求。

• 在整合的过程中，不断丰富和增加服务内容，尽可能扩大服务范围和服务面，如从单纯的文献传递增加全文下载，从书目检索扩展为可以馆际借书，从目次和书目等二次文献检索扩展到电子资源检索，等等。

(2)充分利用先进的信息技术，奠定共建共享的技术基础，如门户构建、全文检索、基于网络的馆际互借与文献传递、统一认证、资源调度、个性化服务等，不断创新服务，在资源与服务之间尽可能做到"一站式"无缝衔接，同时持续推进主页平台的更新升级，以适应用户的各种需求变化。

(3)构建覆盖面广、有效运行的服务推介网络，组织和支持各中心馆在各地区、各省份深入宣传 CASHL 的服务，开展各种名目的推广活动，以使服务得到尽可能广泛的应用，如"CASHL 西部文献保障工程""CASHL 区域宣传推广活动""'CASHL 走入东北'之黑龙江行"等分地区、分省的活动。

(4)建立高效率的服务体系，逐渐提升服务能力和服务质量，包括：加强馆藏核对，提高文献传递满足率，加快服务完成时间，保证文献扫描质量，假期照常提供服务，等等。高质量高效率的服务，将保持用户对 CASHL 的信心和满意度，这是服务可持续发展的最前沿的要求。

(5)建立服务绩效评估机制，以便及时发现问题，不断调整和改进服务，促进服务的发展。其评估对象主要是单类型服务，如馆际互借与文献传递、检索服务、咨询服务等，具体的评估内容和评估指标体系则包括服务条件、服务政策、服务内容、服务质量和效果、服务共享等多方面。目前首先是针对馆际互借与文献传递服务制定了评估办法，并从“肯定成绩、鼓励先进”的角度出发，针对全国中心、区域中心进行了两次评估实践，达到了促进和规范 CASHL 文献传递服务的发展、调整经费使用、提高服务效益的目标。

表 1　CASHL 文献传递服务评估指标（指标定义、数据来源、评分办法略）

一级指标	分值	二级指标	分值	一级指标	分值	二级指标	分值
基础设施	15	网络通信条件	5	服务能力	15	资源数量	6
		软硬件设备	5			馆藏提交	3
		人员配备	5			资源报道	3
服务效果	30	服务导航	5			系统运行	3
		注册用户数量	5	服务质量	40	业务量	20
		提交请求数量	5			满足率	10
		发展用户馆数量	5			完成时间	5
		培训	5			成本核算	5
		用户满意度	5	总计			100

四、CASHL 可持续发展面临的问题

与其他信息资源共建共享体系相似，CASHL 目前也面临着几大问题，这些问题都影响着 CASHL 的可持续发展。

一是资源的结构性缺失问题。例如：目前外文图书平均年进书量 3 万种，与欧美主要国家出版西文文科学术图书年度总量 6 万—7 万种相比，还不到 50%；CASHL 期刊为全球出版的人文社科期刊的 50%多，品种不全，而且有一部分不是现期期刊；人文社科类电子资源，特别是原始文献——如期刊、档案、事实、数值数据等——不足甚至基本没有，电子资源的长期保存工作尚未开始；回溯性数据拥有量不够；缺

少重要的中文资源以及如学位论文、会议文献等自建特色资源;二次文献的深度加工不足,例如期刊目次没有文摘,图书书目没有摘要,小语种(如俄语、日语等)期刊尚没有加工;等等。这些问题都导致 CASHL 的资源体系不够完整,总量不足。

二是资源共享程度明显不足。例如:由于缺乏统一的信息加工和发布渠道,外文图书联合目录规模小更新慢,服务仅限于一部分院校,馆际交流合作程度低,没有为全国高校的哲学社会科学研究提供有效的服务。期刊与文献传递服务方面,目前尚有诸多省份、诸多学校不了解、不知道、未加入、未使用 CASHL。这些都说明,CASHL 的资源与服务共享,还需要进一步的深入宣传,扩大应用。

三是与一些强势的信息服务渠道——如 Google、Jstor、Web of Science等——相比,服务竞争力弱,表现为:开放性不够,特别是对外部共享环境的融入有限,因此用户对 CASHL 资源难以发现和认识;服务效率和服务质量都有待提高,特别是服务完成时间需要加快,因此需要在服务方面加大投入力度;服务手段还比较单一,除检索、馆际互借与文献传递外,要不断让服务多元化,以适应用户的不同需求。

由于 CASHL 还处于初期发展阶段,因此存在上述种种问题是可以理解的。而这些问题的解决,需要政府部门一如既往地主导、支持和调控,以及增加在资源和服务上的财政投入,同时也要根据用户需求不断调整服务和运行机制,唯其如此,CASHL 才能够真正为广大的人文社会科学工作者提供高水平、深层次的信息资源共建共享服务,才能够真正实现良性的可持续发展。

参考文献

1 中国高校人文社会科学文献中心. http://www.cashl.edu.cn/

2 ARL Statistics. http://www.arl.org/stats/annualsurveys/arlstats/index.shtml

3 姚晓霞,冯英,陈凌. 信息资源共建共享可持续发展的运作机制研究. 大学图书馆学报,2008(1)

4 李晓东. 国外信息资源共建共享可持续发展的比较研究. 图书情报工作,2008(5)

5 About OCLC. http://www.oclc.org/asiapacific/zhcn/about/default.htm

6 About CRL. http://www.crl.edu/

7 肖珑,陈凌. 美国大学图书馆及图书馆联盟考察报告. 高校数字图书馆,2007(1). http://www.calis.edu.cn/calisnew/calis_index.asp? fid=70&class=2

8 About JISC. http://www.jisc.ac.uk/aboutus.aspx

9 中国高等教育文献保障系统. http://www.calis.edu.cn/

10 全国文化信息资源共享工程. http://202.204.214.104/

11 国家科技图书文献中心. http://www.nstl.gov.cn/index.html

12 肖珑,李浩凌,徐成. CALIS数字资源评估指标体系及其应用指南. 大学图书馆学报,2008(3)

13 燕今伟. 图书馆联盟的构建模式和发展机制研究. 中国图书馆学报,2005(4)

14 孙建军,柯青. 论国家数字信息资源战略体系的构建. 中国图书馆学报,2007(5)

原载于《图书情报工作》,2008年5月

从参考咨询走向信息服务

——论高校图书馆参考咨询工作的现代化

随着“信息高速公路”的建设和信息社会的到来及计算机网络的普遍应用，图书馆面临着一个最具挑战性的问题：当人们不再受时空的限制，坐在终端前就可以从“信息高速公路”上获取所需的各种信息时，他们还需要到图书馆来吗？图书馆会不会因此而失去用户，失去自己的社会地位，重新沦为“藏书楼”抑或是“历史博物馆”？

在图书馆的各项工作中，首先面对这种挑战的就是处在前沿领域、与用户接触最多的中心工作——读者工作。而作为读者工作的一部分，同时也是读者工作高水准体现的参考咨询工作，由于它在图书馆业务中占有举足轻重的地位，在与读者接触的过程中，所表现出来的水平直接关系到图书馆的社会地位和影响力，所以，当它因自身封闭、被动的服务方式不再适应信息社会的发展潮流而无法面对新的挑战时，它的改革就成为图书馆当前首当其冲的重要工作，成功与否都将对图书馆的现代化进程起到直接的决定性作用。本文将主要论述高校图书馆参考咨询工作的改革问题。

笔者认为，所谓参考咨询工作的改革，是指现行参考咨询工作现代化的问题，即如何实现现代化服务水平的提高、现代化服务内容的增加、现代化服务方式的扩大，而它的最终目标，就是将参考咨询工作发展成为现代化的信息服务。

一、现代化信息服务的特点及与参考咨询工作的区别

何谓参考咨询工作？翻开美国著名图书馆学教授威廉·卡茨所著《参考工作导论》，

它的解释是："（参考咨询服务）最基本的含义是解答各种问题。某位读者遇到了关于某一课题的疑难，来到参考服务台前，希望图书馆员能为他提供解答或者指明可以到哪里，怎么样去寻找答案。"卡茨的这个定义可以说是对传统参考咨询工作的最简洁明了的解释。

现代化信息服务，是高校图书馆参考咨询工作走向现代化的最终目标（现在也有许多图书馆将参考咨询改为信息咨询，这也是参考咨询工作走向现代化的过程之一），它除去包含原有的参考咨询工作内容外，要增加以下三项内容：

（1）不断为用户寻找、发展和提供新的信息源，即不仅仅以本馆所藏书本式文献作为信息源提取信息，还要不断增加电子文献，开发网上文献，以增大信息量，并使这些信息得到不断更新。

（2）提高信息传递的准确性，使信息的价值得到最大程度的体现，即主动接触和了解用户，以校内读者为对象，向他们宣传自己的服务，了解他们的需要，包括教学内容、科研课题和状况、知识水平、职业需求等。

（3）加强信息的有序性，根据信息量的快速增长，根据用户的需要快速有效地组织信息，将信息源中大量无用信息删掉，科学地组织对用户有益的内容，就成为图书馆信息服务的一项主要工作。

可以看出，参考咨询工作与现代化信息服务相比，它们之间有很大的区别，其中最根本的一点就是现代化信息服务提供的信息量大，信息传递的速度快，准确程度高。这种根本的区别具体体现在以下几方面：

（1）服务内容的增加。即在参考咨询工作原有的咨询服务的基础

上，扩展成为包含咨询服务、定题服务、书目服务、调研服务、宣传服务、培训服务等内容在内的综合性信息服务。这方面，尽管现有的参考咨询工作也不乏上述内容，但还仅限于被动式的和偶然性的，并未成为主动性、常规性的服务。

(2)服务手段的先进。即利用各种现代化技术，使信息服务所依据的信息源不再像传统参考咨询工作那样仅仅来自于本馆所藏的书刊，而是增加了电子文献和网上文献，包括只读光盘(CD-ROM)的利用、各种商业数据库的联机检索、Internet 网上各项服务的开发等。与此同时，按读者需求收集、整理、利用电子文献和网上文献中的各类信息，以各类小型数据库的形式向读者输出信息服务成果。此外，对读者进行培训，教会读者最有效地运用现代技术获取所需信息，使读者直接参与到信息服务过程中来，也是现代化服务手段的一个重要体现。

(3)服务方式的转变。一是由被动等待读者改为主动与用户接触，包括了解用户的现状与需要、向师生宣传图书馆的服务、为读者举办各种与利用图书馆有关的培训、征询读者意见以改进自己的服务等；二是由仅限于参考咨询部的工作发展成为以参考咨询部(信息咨询部)为龙头，由全体工作人员及各部门参与的服务，使用户随时随地享受到各种形式的信息服务，无时无处不感到图书馆的存在，继而充分认识到图书馆的重要性。

由上所述，从参考咨询工作向现代化信息服务的发展就成为高校图书馆现代化进程中最重要的组成部分。只有实现了这个发展目标，图书馆的现有读者(主要是校内师生)才会继续依赖图书馆，而那些潜在的用户(包括校外的社会用户)则会在“信息高速公路”上逐渐感觉并认识到高校图书馆的存在及其重要性，高校图书馆的影响和作用会因用户的增加越来越大，社会地位也会逐步提高，从而实现将自身发展成为现代化图书馆的目标。

二、怎样实现从参考咨询工作向现代化信息服务发展的目标

1. 采取主动性原则，使图书馆的信息服务从被动变为主动

传统的参考咨询工作，是读者问什么回答什么，读者需要什么解决什么，完全处在一种被动的状态下。这种被动型的服务，会使读者在有了其他更为方便、快速的获取信息的途径时，放弃对图书馆的利用。因此，高校图书馆参考咨询工作要向现代化信息服务发展，首先就要改变这种状况，转而采取主动性原则，即树立一种参与意识，积极参与到学校的教学、科研、管理活动中去，成为学校各个方面都不可缺少的组成部分。

主动性原则是实现现代化信息服务的关键，它会使传递给用户的信息内容新、速度快、准确程度高。当然，在我国各高校的现有形势下，在开始采取这种主动性服务时，有些读者可能还不习惯，因而会抱有不信任的态度，但只要我们坚持不懈，热情服务，最终会得到读者的认可，会有一种“缺图书馆不可”“唯图书馆为先” 的看法。

2. 运用专业性原则，提高信息传递的准确性，充分实现信息服务的价值

传递给用户的信息要具有很强的专业性、准确性，使信息的价值因用户的充分利用而得到最大限度的体现。

(1)专业性原则应首先体现在图书馆员身上，也就是说，图书馆员的知识结构要有所改变。随着每天新的信息的大量产生，要整理、利用这些信息，对其进行深度加工，并将其迅速传递给相应的用户，像传统的参考咨询馆员那样仅仅具备图书馆学方面的知识是不够的。图书馆员应在现有掌握的检索技能、编辑技能、翻译技能之外，深入学习某一专业的知识，成为这一专业的信息服务专家。这样，他就能迅速

准确地收集、有效地组织整理该专业的信息，以满足不同专业的教学、科研需要。因此，我们必须从现在开始，一方面补充兼具图书馆学专业和一门以上非图书馆学专业知识的工作人员（或仅具非图书馆学专业，而后再进行培训）；另一方面开展继续教育，对现有的图书馆员进行非图书馆学专业的专业培训或进修。

（2）专业性原则还应体现在具体的服务内容上，按照读者专业的不同、类型的不同，分专业、分层次将不同的信息提供给读者。如：①参与到科研课题中去，采取建立专题资料索引卡、编制书目和相关文献索引、定期提供“信息参考”“情况综述”等措施，及时将相关信息报导给科研人员，直至课题完成为止；②改变目前这种长时间编制综合性索引的做法，有针对性地编制一些短小、精悍的小型专题性索引，以提供给不同类型的读者群，如为研究生写论文提供专题参考书目、索引等；③按不同专业开设专题文献检索课或讲座，时间短，针对性强，效果好；④分专业或专题举办小型书展等。

3. 发挥全员性原则，为实现现代化信息服务创造一个良好环境

传统的参考咨询工作通常是依靠少数几个咨询馆员，而现代化信息服务是一种综合性的服务，它牵涉到咨询、采访、编目、流通、阅览、自动化等各个部门，是一个全方位参与并协调的工作过程，因此需要全体工作人员和各部门的共同努力与协作才能为实现现代化信息服务创造出一个良好环境。

（1）全员性原则倡导的是对图书馆工作人员综合素质的培养，包括职业道德和信息服务观念的教育，继而在图书馆内创造一个良好的服务氛围。当工作人员面向全校师生服务的时候，首先要有“敬业、勤业、爱业”的职业道德精神，以热情、耐心、周到的服务，文明的语言、整洁的仪表为读者创造出高雅、舒适、令人向往的环境。其次，图书馆员要有较强的信息观念，即随着社会的变革、图书馆事业的变革不断地变革自己，不断地更新自己的知识，增强自己的才干，从而跟上时代的潮流，在日常的工作中随时随地为读者捕捉、提供新的信息，成为读者不可缺少的“向导”“顾问”，使图书馆现代化信息服务充满专业性、学术性。

（2）全员性原则要体现出现代化信息服务在图书馆内“无处不在、无时不在”的特点，各部门要有合理的职责分工和学科分工，以信息咨询部为主，分层次、分阶段、分学科向师生们提供不同类型、不同学科的信息服务。如：编目部向读者提供专题新书书目，各阅览室在本室内举办不同学科小型书展，期刊部向读者推荐不同专业的核心期刊，自动化部举办有关 Internet 网上服务应用等内容的讲座等。

（3）科学的管理是实现全员性原则的基本保证，因此，高校图书馆的领导要有很强的信息服务意识和管理能力，要做到以下几点：①以“读者至上”为自己的工作宗旨，不断征询读者意见，改进自己的工作；②各部门要有合理的职责分工，同时要有严格的业务工作标准和奖罚分明的科学管理制度；③按学科、按层次、分年龄、分阶段做好本馆人员的继续教育工作，像学校组织学科梯队一样组织好本馆的信息服务队伍；④要有战略眼光，要根据本校的学科特点和读者特点，以及未来的发展情况，确定好本馆信息服务的内容和深度，制订出符合本校、本馆特点的信息服务计划。

应该注意的是，要牢牢把握住三者之间的关系，即以主动性原则为根本，以专业性原则为基础，以全员性原则为保证，三者缺一不可。

综上所述，高校图书馆从参考咨询工作向现代化信息服务的发展是一个复杂的过程，完成这个过程需要相当长的一段时间，需要我们的思想和行动有很大的改变。从目前的情况来看，有很多的困难，我们的改革事业举步维艰。但是，应该清醒地认识到，图书馆事业目前正处在发展的关键时期，能否实现现代化信息服务这个发展目标，关系到高校图书馆的社会地位和影响力是否会提高和扩大，关系到图书馆在未来社会的生存和发展。因此，必须坚韧不拔地将改革进行下去，直至最终完成从传统参考咨询向现代化信息服务的转变。唯其如此，方能使我国高校图书馆完成改革，走出低谷，发展成为现代化一流的图书馆。

参考文献

1 王忠惠.高校图书馆咨询服务体制的探源及其运作.图书馆论坛,1996(1)

2 常大鹏,丁有骏.高校图书馆信息服务工作探讨.大学图书馆学报,1995(5)

3 眭苏.论信息高速公路对图书馆的负面影响.江苏图书馆学报,1996(1)

4 肖珑.信息高速公路与图书馆的未来.北京高校图书馆,1994(3)

5 Zhu qiang. Latest Development of Internet in Mainland China. Microcomputers for Information Management:global internetworking for libraries,1995,12(3)

6 卡茨著;戴龙基等译.参考工作导论.北京:书目文献出版社(今国家图书馆出版社),1986

原载于《大学图书馆学报》,1997 年第 1 期

数字图书馆门户的构建与服务*

数字图书馆的建设在开展了若干年之后,各种资源、服务已经颇具规模,随之而来的问题就是如何整合这些资源和服务,并按照用户的需求在网上揭示和表现这些资源和服务,使用户能够准确、方便、快捷地找到自己需要的信息。与此同时,面对 Google、百度等流行网站及其搜索引擎对用户的吸引,图书馆网站如何能够成为大学用户在教学科研中须臾不能离开的信息提供者,对很多综合性大学图书馆来说,也是一个艰巨挑战。因此,建设一个整合、揭示数字图书馆资源和服务并具有优秀表现力的门户,就成为当前大学数字图书馆建设的迫切需求。

根据美国研究图书馆学会(Association of Research Libraries,ARL)的调查[1],截止到2004 年 5 月,已经有 19 所研究型大学图书馆建设了自己的数字图书馆门户,其中包括哥伦比亚大学、加州大学圣地亚哥分校和圣塔巴巴拉分校、康奈尔大学、杜克大学、伊利诺依大学香槟分校和芝加哥分校、密歇根大学、麻省理工学院、爱荷华大学、华盛顿大学等。ARL 据此调查,提出了门户的定义、功能、框架、互操作机制、建设模式等,2005 年 1 月又在波士顿组织了一次关于门户建设的论坛,对门户建设提出了若干建议[2]。而在国内,国家科学数字图书馆(CSDL)已经开始建设学科门户,中国高等教育文献保障系统(CALIS)也联合各高校,建设高校数字图书馆门户以及中国高等教育数字

* 本文与张春红、廖三三合写。

图书馆(CADLIS)中心门户。

本文将以北京大学数字图书馆门户为例,探讨如何通过门户的构建,解决上述问题,继而强有力地支持大学的教学科研工作的开展。

一、大学数字图书馆的服务及其门户

1. 研究图书馆与大学数字图书馆

大学图书馆在开展数字图书馆服务建设的时候,首先面临的是定位问题,即究竟建设什么类型的数字图书馆、具备什么水平的服务。笔者认为,应该是起点高、定位准,要按照研究图书馆的标准来制定目标、开展建设工作。

按照 ARL 对会员的要求,研究型大学图书馆应该是那些具备丰富的学术馆藏、强大的服务能力和高素质的馆员,足以支持自己所在的研究型大学进行高水平、多学科的科学研究、培养博士和博士以上水平的高层次人才,并具备辅助研究能力的大学图书馆[3]。

而关于数字图书馆的定义,目前最贴切并普遍为公众所能接受的是美国国家自然科学基金会 1997 年提出的:"数字图书馆是一个环境,它将收藏、服务和人带到一起以支持数据、信息乃至知识的全部流程,包括从创建、传播、使用以及保存的全过程。"这个概念将数字图书馆定义为"环境",即对数字图书馆的理解不再拘泥于"信息数字化、服务网络化、资源规模化"的狭义范围,而是全方位的,涉及资源、用户与服务、软硬件支撑环境、人力资源、管理模式等多方面。

在此基础上,大学数字图书馆可以定义为:整合了丰富的、高质量的数字资源和服务,开放的、可与其他数字图书馆共享资源的具备支持大学开展教学、科研、培养人才的强大的网上服务能力的对知识进行组织、传播、使用和保存的数字化环境。它是在现有大学图书馆的基础上产生的,既与传统图书馆相辅相成,在时间、空间上又超越了传统图书馆的服务范围,正在逐步成为大学系统中信息资源、信息管理和用户信息服务的核心。

从这个定义出发，大学数字图书馆的服务应该具备以下特征[4]：

(1)以丰富(可以说是海量)的、多类型的数字资源为基础。如商业化的数据库、电子期刊、电子图书，以本馆收藏为基础的数字特藏，以及图片、音频、视频、流媒体等多媒体资源，同时要包括印刷型书刊的书目、索引数据库。

(2)具备多元化的网络服务。如检索服务、学科导航、多媒体服务、网络文献传递、虚拟参考咨询、在线用户培训、个性化服务、统一认证、资源调度、电子商务结算等，传统的书目查询、借阅、续借、预约等集成系统服务，以及整合这些服务的数字图书馆门户。

(3)与学校的教学科研环境(信息化校园)整合在一起，符合校园信息化的标准和要求。

(4)与外部的更大环境(高校和非高校的数字图书馆)结合，符合国际国内的数字图书馆标准规范，具备衔接能力，以得到最大限度的资源共享。

(5)以用户需求为主导来确定服务方向和服务内容，从而强有力地支持所在大学的教学、科研、人才培养的进行。

(6)以研究为基础和先导，研究型大学图书馆本身要具备一定的辅助研究能力，以保证所开展的服务是先进的、一流的、稳定的。

二、大学数字图书馆的服务门户

在对大学数字图书馆服务进行定位后，我们就可以据此来确定其门户的定义、结构、功能和特点，为下一步的工作实施奠定基础。

1. 门户的定义与定位

门户的普遍定义是：门户是一种网络服务，是数字图书馆面向用户的统一服务窗口，它能够把相关的资源与服务整合到一起，提供个性化、学科化的单点获取方式,并做到资源和服务的无缝链接。从数字图书馆服务的角度讲,门户也是一种应用框架,它在建设的同时,也把数字图书馆的资源和服务部署到位并发挥作用。

门户可以分为通用门户、特色门户、个性化门户三种类型。

从大学数字图书馆的定位和特征出发,其门户可以定位为[5]:

• 本身是通用门户(main portal),即综合性门户,具备并可以整合和表现多学科多类型资源、多元化服务,同时提供门户的核心服务,如统一认证、资源检索、学科导航、帮助等,以及对特色门户、个性化门户的揭示和链接。

• 同时定义特色门户(specialized portal)和个性化门户(personalized portal)的统一框架和网页模板,这样既可以应用同一系统平台开发多个子系统,更可使用户在熟悉某一个特色门户之后,推而广之,很快熟悉其他特色门户和服务。其中,特色门户是针对某个学科、某个特殊主题或某个特殊的读者群配置的资源和服务,如古文献资源库门户;而个性化门户则是由特定用户或用户群在统一的框架基础上,结合自己的个性化需求创建的门户,如"我的图书馆""我的检索"等。

2. 门户的功能要素与内容结构

门户最主要的功能就是整合,是由多元化的、具体的服务功能按照一定规则组合构成的,我们称这些功能为门户要素。门户要素又分为必备的核心要素,以及可选的非核心要素。

通用门户的核心要素主要包括[6]:

• 统一认证:实现单点登录即可访问多种资源和服务的功能。

• 统一检索:支持用户对分布式、多类型、跨平台的资源进行"一站式"检索,并返回统一的检索结果。

• 知识导航:提供基于学科和资源类型的浏览功能,以便于用户快速浏览和定位所需资源和服务。其中学科导航的框架,应该符合所在大学的学科情况。

• 资源链接与全文获取:一是通过资源调度系统,帮助用户实现从二次文献到一次文献或到其他相关的二次文献的链接和下载，例如网络免费全文链接、引文链接、书目和书评信息链接等；二是通过馆际互借系统，帮助用户实现基于网络的全文传递和获取。

- 咨询服务与帮助：提供在线实时咨询，用户可随时查询帮助文件、培训课件等。

- 个性化服务：如学科馆员、用户的个人借阅状态查询、推送服务、网页定制服务、邮件提示服务、博客等。个性化服务可以针对单个用户或单个用户群（如某个课题组）开展。

其他非核心要素，或者辅助服务功能，可以包括：

- 动态消息：如最新动态、最新资源推介、读者留言等。

- 网站索引：类似一本书的书后索引，"网站索引"可以把门户内主要的服务、资源做成索引，供读者按字顺浏览和检索。

- 站内检索：对门户内容的检索。

其他如网站介绍、图书馆介绍、链接服务等，在此不一一赘述。

门户的最终体现形式是主页，因此在进行主页设计时，其内容结构应该能够涵盖上述功能，大致包括以下模块：资源区（导航与检索），认证区（统一认证），主服务区（咨询与帮助，培训，新书推介，文献传递，学科馆员，个性化服务等），辅助服务区（动态消息，网站索引，站内检索，图书馆相关介绍），链接服务区等。这些内容均可以在首页得到体现，本文第二部分会结合实例详细介绍。

门户的各个功能要素是由内在的"服务链"衔接在一起的。所谓服务链，即按照物流管理中的供应链思想，根据用户使用数字图书馆的流程，全面完整地规划、协调和组织门户的各个功能系统。"服务链"是无形的，但却是支撑整个门户运行的内核。

3. 门户的特点和设计原则

门户的特点决定了门户的框架设计原则和功能要素的取舍。根据大学数字图书馆服务的特征，其门户应按照以下原则进行设计[7]。

• 用户主导性:门户本质上是以用户为中心的(user centric),因此充分了解用户需求,收集用户的反馈,以用户需求为主导是根本原则。

• 集成性:即对海量资源和多种服务的整合。这里需要强调的是,门户是数字图书馆服务发展到一定阶段的产物,如果没有资源和服务的基础,门户也是很难构建的,其集成性也无法发挥,所以门户的建设不可操之过急。

• 学科性:要以所在大学的学科设置和需要为基础,以教学科研为目标。

• 开放性:要考虑与大学外部共享环境衔接,与信息化校园、校园门户结合。

• 过渡性:要与传统的书目查询、借阅服务充分融合,做到平稳发展。

• 科学性:应用物流管理中的“供应链”思想,科学地设计数字图书馆的“服务链”。即:把此前各个独立存在的资源、服务看成是组件,以用户在门户上的入口开始直到用户退出全部服务的流程为基础,把这些组件科学地衔接起来,形成服务流,从而最大限度地优化用户使用数字图书馆服务的过程,提高效率,减少用户的浪费、延迟和不增值活动,实现资源和服务的最优利用,提高数字图书馆的核心竞争力。需要注意的是,“服务链”的科学设计往往不是一蹴而就的,需要反复了解和调查用户需求,并在门户的实际运行中不断修正和优化。

4. 门户软硬件系统:分布式结构

门户的系统呈分布式特点,依层次而言,是由门户网站(内容管理和发布系统)、公共支撑服务系统群(统一认证、资源调度等)、应用服务系统群和应用集成接口构成的,运行这些软件系统的相关硬件也是由若干组服务器群组成。如图 1 所示:

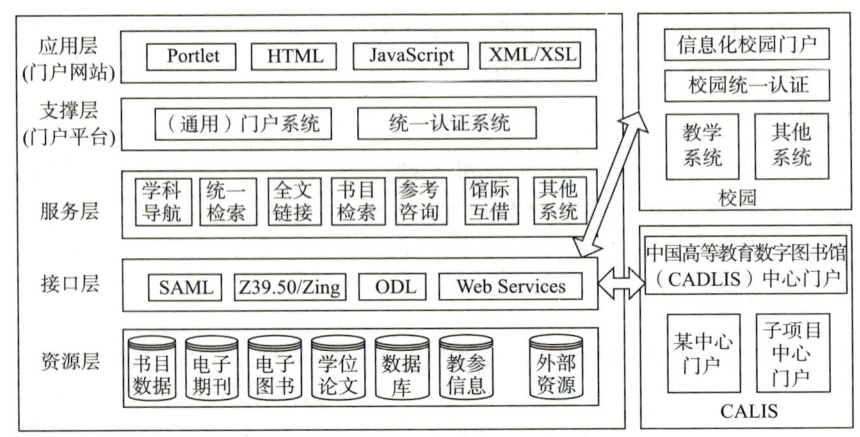

图1　大学数字图书馆通用门户系统结构[8]

所谓分布式特点,也是相对以往图书馆自动化系统而言。自动化系统是以一个完整的、集中式的庞大系统,支持采访、编目、流通、阅览、咨询的全流程,如INNOPAC、Unicorn系统等,系统中各个模块环环相扣,牵一发而动全身。而数字图书馆的服务及其门户是以分布式的系统群为基础的,可以包括门户管理、统一认证、统一检索、知识导航、资源调度、虚拟咨询、馆际互借、网络培训,以及各个特色资源和服务应用(如北大图书馆的北大名师、古文献资源库、学位论文等)等数十个独立的应用系统。系统之间通过协议接口实现衔接。

采用分布式系统群的最大好处,就是可以充分展现和发挥各个资源、各种服务的个性特点,满足用户的不同需求,同时各个系统本身的升级更新一般是不影响其他系统的。最大的问题则在于,必须根据服务链的设计,系统之间要充分衔接,做好各个接口,此外,如上文所说,一部分系统还要和信息化校园、校园外部共享环境有接口。

二、案例研究:北京大学数字图书馆门户的构建与服务

截止到2005年年底,北京大学图书馆已经拥有400多个数据库、

4 万多种中外文电子期刊/连续出版物、10 万多种电子图书，各类印刷型资源的目录和索引数据库，以及古文献、学位论文、北大名人学者资料、北大讲座等文字、图片和多媒体等特色数据库，资源数量巨大，同时具备检索、导航、文献传递、虚拟咨询、网络培训等多种类型、独立运行的服务。在这种情况下，为使用户能够更为方便、快捷、准确地利用网上的资源和服务，北京大学图书馆组织了一支由内容设计人员、需求与测试人员、技术开发人员、系统运行人员构成的团队，开始进行门户的构建。门户最终以北京大学图书馆主页的形式提供服务[9]。

1. 定位与功能

作为一所研究性、综合性的大学图书馆，北京大学数字图书馆从一开始就把自己定位为“学术型、研究型数字图书馆”，其建设宗旨是“以研究为基础，以服务为主导”。其主门户因此定性为综合性通用门户，包含了前面提到的全部核心和非核心功能要素，如统一认证、统一检索、知识导航、资源链接与全文获取、咨询服务与帮助、个性化服务、动态消息、网站索引、站内检索等。根据功能要素设计的内容结构如下图所示。

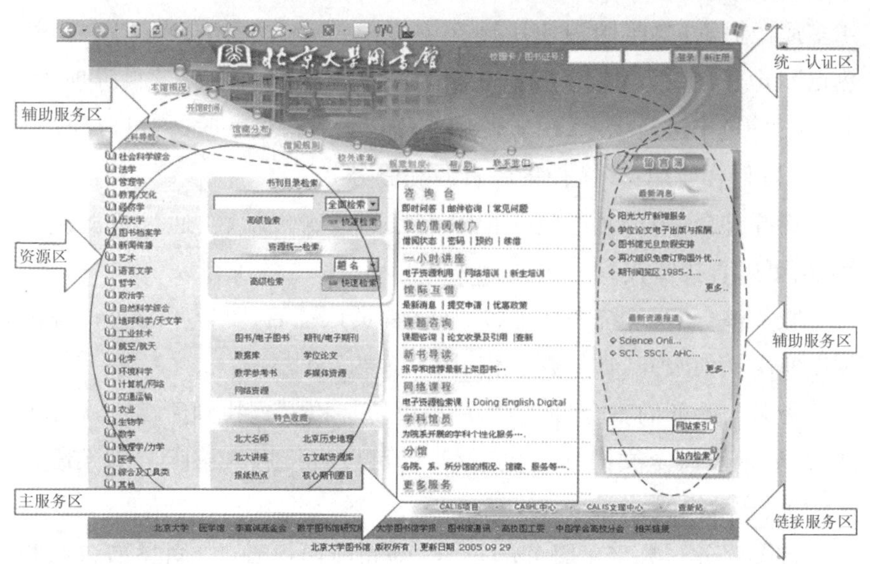

图 2　北京大学数字图书馆门户内容结构(门户首页)[10]

2. 门户的特点

(1)总体设计:以用户需求为主导

首先,多途径了解用户需求和用户习惯。具体做法如下:一是在门户设计初始,广泛了解用户需求,包括现有主页各个栏目的使用统计,均作为需求设计的参照;二是在门户首页的美工设计完成后,单独征询读者的看法,请用户试用,观察他们是否习惯页面布局;三是在门户进入试运行后,广泛发放调查表,收集用户反馈。

在此基础上,完成了诸多符合用户需求、人性化的功能设计,例如:①增加了学科导航,以北京大学的学科设置和需要为基础设计学科体系。②增加链接深度:把书刊目录检索、内容统一检索从原来的二级页面提到一级页面,以简化主页使用程序,提高用户的查找速度。③同类型资源合并:例如增加了“期刊”等栏目,并把纸本期刊目录、电子期刊、解放前旧报刊、报纸热点、核心期刊等与报刊有关的内容统归到该栏目下,方便了使用期刊的用户,用户也可以不必区分所查找期刊究竟是印刷版还是电子版。其他如“图书”栏目也是照此设计的。④多途径揭示:参照用户使用现在主页的统计,把“电子期刊”“报纸热点”“电子图书”等常用栏目在多个服务页面(如首页、学科导航、图书、期刊等)中进行揭示,以方便用户从不同入口进入时,都可以使用。

(2)整合应用:多途径集成资源和服务

资源整合:用户通过统一检索查找到二次文献后,通过资源调度系统,可以直接链接到一次文献或其他相关的二次文献。

服务整合:通过统一认证,用户在首页认证后,可以不必再认证就可以使用其他服务(如馆际互借、图书预约等)。

资源与服务的整合:例如用户通过统一检索查找到所需二次文献之后,如果没有全文链接可供下载,就可以直接进入馆际互借系统发送请求、索取全文。

传统服务与数字化服务的整合:例如前面提到的“同类型资源归并”,即整合了印刷型资源和网络资源;再例如把书刊目录检索和数字资源统一检索都放到首页的检索区,两者专业分工,各具特色,读者既可以检索印刷型书刊目录,也可以检索数字资源的具体内容。

通用门户整合各个特色门户:例如,以往学位论文、数据库导航、电子期刊导航、多媒体资源等不同类型的资源库使用的学科导航体系不同,造成数据整理的困难和读者的困惑,主门户重新设计了学科体系后,所有的特色门户都将采用同一体系,方便了读者使用和数据整理。

(3)学科体系:以教学科研为服务目标

在充分调研了网络资源学科分类体系以及现有资源的学科体系状况之后,参照"中国图书馆图书分类法"(第4版)等专业分类法、北京大学"授予博士、硕士学位和培养研究生的学科专业目录"及重点学科目录、教育部"授予博士、硕士学位和培养研究生的学科专业目录"、现有的电子资源分类体系与其他大学图书馆的学科分类体系来制定适合数字图书馆资源和数字图书馆门户的学科导航体系。这一体系符合教学科研的需要,适用于北京大学数字图书馆的主门户、特色门户。同时和中图法做了映射,以方便数据的转换[11]。

(4)开放建设:面向信息化校园和外部共享环境

首先考虑的是与信息化校园的结合。图书馆以往在教学科研服务方面一直扮演着重要角色,通常主要致力于馆藏资源建设、课程预约管理、教学参考资料提供等方面工作。而随着信息化校园与数字图书馆的发展,图书馆在这方面有了更大的发展空间,具体可以体现为数字图书馆门户与信息化校园的开放衔接上:

一是与校园门户、学校统一认证系统结合,这方面主要体现在统一认证系统的设计上,即数字图书馆统一认证系统与学校的统一认证系统建立接口、实时更新用户数据,用户使用校园卡号和密码在图书馆门户上认证即可实现"一站式访问"。

二是和学校的教学科研平台结合,目标是在教学科研平台上提供数字化教学参考资料、让用户方便地预约和使用资料。

三是深入到各学科、各课题组的科研平台上提供个性化信息服务。

其次,在与大学外部共享环境衔接的问题上,目前主要是考虑与其他高校的共建共享,这方面一是遵照 CALIS 制定的数字图书馆标准规范,二是积极参与 CALIS 的虚拟咨询、学位论文、教学参考书、重点学科网络资源导航、重点学科特色数据库等各个子项目的建设,以实现系统和各个服务上的衔接。

(5)原有服务:优化与平稳继承发展

从服务内容上讲,以往为读者常用的服务不仅要继续保持,且经过优化设计后,其使用要更为方便快捷。依据现有主页的栏目使用统计,门户对原有服务采取的一些优化措施如:

• 书目记录检索提升到首页:这是一项读者最常用的服务,在原有主页上需要点击"馆藏目录"才能进入 Unicorn 自动化系统的检索界面;而在新的门户主页上,则将书目记录检索提升到一级页面,即设计了一个检索框,读者输入检索式,点击"快速检索"可以直接得到检索结果;同时还设计了"高级检索"按钮,方便读者做深层次检索(见图 2)。

• 保持"数据库导航""电子期刊导航""学位论文"等高使用量的栏目:由于这些服务的使用量排在前几位,因此在新门户主页中,虽然"学科导航"中包含了数据库、电子期刊、学位论文等文献类型的导航,但首页上还继续保留了这几个栏目。

从形式和形象上讲,北大图书馆主页的主色调一向以平和、宁静、代表知识海洋的蓝色系为主,所以新主页的设计充分考虑了这一点,在外观、色调上强调了与原有主页风格的继承性和一致性,使用户不感觉过于突兀,能够在短时间内尽可能快地习惯新主页的使用。

(6)服务链:服务流的科学设计

"服务链"强调的是科学合理的服务流程,是以用户使用数字图书馆的过程为基础,以方便用户、实现资源和服务的最大和最优化利用、提高图书馆门户网站的竞争力为目标的,堪称是门户建设中最重要和最基本的设计。

例如书刊目录的检索：上文提到将其从现有主页的二级页面提升到门户的首页，这个设计就是依托了门户系统与 Unicorn 系统的流程衔接，由门户系统将读者的检索需求直接推送给后者，对读者来说是"无缝"而方便的。

再如数字资源的统一检索：可以对多个异构数据库资源同时进行检索；在得到题录结果之后，还可以继续如下流程：需要对结果进行更精确检索的，可以进入各数据库检索系统继续检索；检索结果显示有全文的，可以直接点击下载全文；检索结果显示没有全文的，可以点击进入馆际互借系统，提出文献传递请求。

图 3 即是门户流程设计的总体框架图，在这个框架图上，设计了用户从首页认证后进入门户的流程，流程依据用户可能进入的不同入口设计，包括内容统一检索、知识导航、书目检索、馆际互借、咨询服务等多个子流程，每个子流程按层次编号后，另外再设计更详细的流程图并编号。流程体系庞大，层次分明，充分体现了"服务链"和"用户需求主导"的思想。

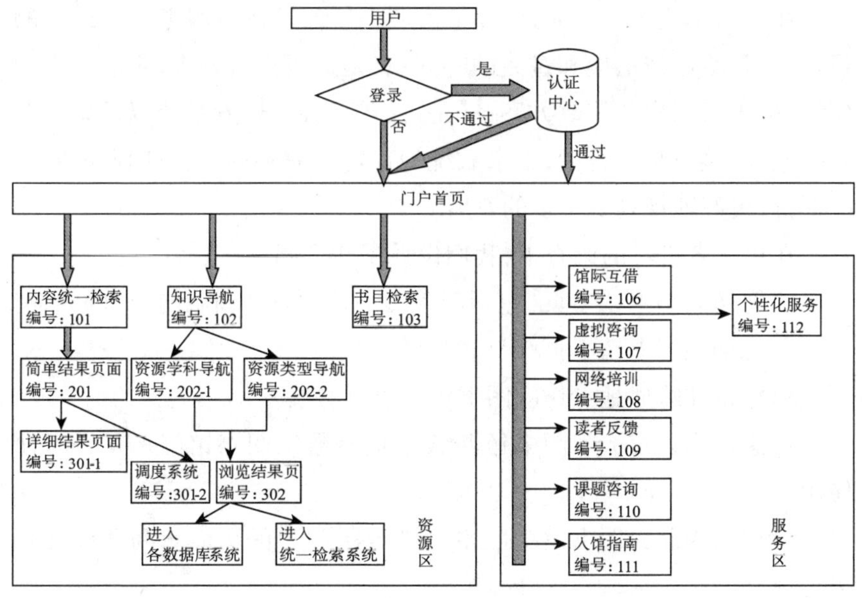

图 3　北京大学数字图书馆门户流程设计总体框架图

(7)标准规范:依托 CALIS,整合其他应用系统

如前文所说,门户系统呈分布式结构特点,一部分系统还要和信息化校园、校园外部共享环境有接口。因此,数字图书馆标准规范的设计以及在此基础上采用什么系统就成为关键。

北大数字图书馆全面采用了 CALIS 的标准规范,在此基础上,其门户建设也采用了 CALIS 的全套系统,虽然这些系统本身还存在不成熟、不稳定的问题,但其标准规范以及系统之间的衔接是不需要再进行设计的,其整体性是毋庸置疑的。

与此同时,对于北大已有的特色资源和服务应用系统,如新书导读、报纸热点、北大名师、视频点播、古文献资源库、学位论文等,则尽可能采用 CALIS 开发或者 CALIS 认证的系统平台进行整合,包括采用同一发布规范,既方便了用户,也便于今后的维护和运行[12]。

3. 门户的试运行和正式服务

门户最终以北京大学图书馆主页的形式提供服务。

在进入正式运行之前,设计了为期半年的试运行服务。试运行的目的,一是给用户适应和过渡的时间;二是进行读者调查,听取用户的建议,提出对门户的修改方案;三是进行反复测试,看系统以及系统之间的流程、接口是否合理,力求系统的稳定和完善;四是听取业内同行的评价,更好地规划下一步的发展。

在对读者进行的调查中,我们设计了 9 个问题,包括:

1)您访问图书馆主页(包括旧版图书馆主页和新版门户)的频率?

2)您访问图书馆主页/门户的目的?

3)您常在哪些地点访问图书馆主页/门户?

4)您认为北京大学图书馆新版主页暨数字图书馆门户是否方便使用?

5)您认为北大图书馆新版主页暨数图门户的页面布局和设计是否合理?

6)您认为北大图书馆主页暨数图门户中的所有栏目是否含义清

楚并方便易用？

7）您访问图书馆主页暨数字图书馆门户的一般流程是怎样的？

8）您是否使用过北京大学图书馆旧版主页？您感觉新版主页暨数字图书馆门户与旧版主页相比，有哪些优势和不足？

9）您是否愿意对我们的新版主页做出一些评价？您认为我们还应该在哪些方面对新版主页进行改进？您希望图书馆门户能为您提供哪些方面的服务？

为方便用户回答，每个问题下面都设计了3－4个答案，例如第7个问题的答案就是设计若干个流程，供用户选择。

在试运行前期的两个月的调查结果中，有64%的读者认为新版主页方便和比较方便，75%的读者认为布局很合理或者还可以，60%的读者认为新版主页好用或者和旧版差不多。在不长的试运行时间内，能够得到大多数读者的认同，说明新的门户主页还是符合用户需求的。

除了用户调查，很多业内同行纷纷在《大学图书馆学报》的论坛和博客上面发表评论，对北大图书馆新的门户主页品头论足，提出修改的意见和建议。北大信息管理系的李国新老师在他的课程中，更是以布置作业的方式要求学生进行北大图书馆新旧主页的比较研究。这些充分说明了北大数字图书馆门户引起的反响和关注。而这些意见和建议大多被采用到了门户的修改方案中。

在正式运行服务前，还要进行的有以下几项工作：

1）修改、调整需求，以及根据需求修改系统。

2）数据整理与准备，例如知识导航系统数据、网站索引数据、特色资源数据等。

3）系统流程测试，检查系统内部和系统接口，优化流程。

4）系统压力测试，特别是能否承载大用户量的同时访问。

之后，门户主页即可以正式进入运行和服务。

在进入正式运行后，为方便用户，旧主页要保留一段时间。同时要不断统计和观察新主页使用情况，并根据用户反馈，继续完善新门户主页，并制定相应的运行规则规范。

结　语

总结前文对数字图书馆服务及其门户的研究，结合北大数字图书馆门户建设的案例，可以看出，门户建设的效益是明显的，带给用户一个全新的信息服务环境，增加了很多新的服务内容，门户在建设的同时也促进了图书馆的发展。

从服务功能上看，门户整合了海量资源、多元化服务，使以往分散的资源和服务互相衔接起来；对于一个用户来说，从他/她登录图书馆主页的一刻起，感受到的是一个学术与信息服务的整体环境，可以更加方便、快捷、准确地获取教学科研所需信息，而不再迷失和困惑，用户因此会更多地使用图书馆的网络服务和图书馆主页。

从服务形式和发展的角度看，图书馆主页一方面保留了以往的重点服务并进行了优化调整；另一方面又增加了很多网络服务，并和图书馆外的信息服务环境结合起来，堪称是从传统服务到数字化服务的圆满结合、平稳过渡和飞跃发展。

同时，门户对图书馆的日常工作产生了相当大的影响。首先，数字图书馆服务及其门户平台的建设是网络服务体系的整体建设，需要一个完整的系统群与服务器群的支持，因此我们的工作不仅仅是保证单个资源、单个服务的运行，还要保证其资源和服务之间的衔接是稳定可靠的。其次，我们在建设的同时，要充分考虑外部的大信息环境，而不是建设一个信息“孤岛”，因此和相关信息服务部门（如学校网络中心、现代教学中心等）、CALIS、CASHL 等项目的通力合作是必需的、经常的。再次，我们建设的是可操作的、具有实际效益的、可持续发展的数字图书馆服务及其门户平台，不仅要考虑系统的实际运行和发展情况，在人力资源、岗位设置、馆员素质水平上也都要有实际和长远的规划，特别是长期运行方面要充分考虑到这方面的需要。

参考文献

1 Mary E J. The Current State of Portal Applications in ARL Libraries. http://www.arl.org/access/portal/PAWGfinalrpt.pdf

2 Association of Research Libraries(ARL). Principles and Procedures for Membership in the Association of Research Libraries. http://www.arl.org/stats/qualprin.html

3 ARL Directors Forum on Portal Applications Exploratory Discussion Meeting. http://www.arl.org/access/portal/boston.html

4 Harvard University Library. Library Digital Initiative: Review of Year Five: 2002—2003(内部工作报告). Boston: Harvard University, 2004

5,6 廖三三,张春红,李武. 数字图书馆门户探析. 图书情报知识,2005(106)

7 邹凯,何岸,陈能华. 面向供应链管理的图书馆业务流程重组. 中国图书馆学报,2005(4)

8 CALIS 管理中心,北京大学图书馆. 构建高校数字图书馆综合服务门户(内部工作报告). 北京:北京大学图书馆,2005

9 北京大学图书馆. 数字化服务门户. //北京大学图书馆. 数字资源与服务环境建设方案(2004—2007)第一章(内部工作报告). 北京:北京大学图书馆,2004

10 北京大学数字图书馆门户(试运行). http://162.105.138.137/portal/

11 SMETE Digital Library. http://www.smete.org/smete/

12 肖珑,陈凌. CALIS 与中国高校数字图书馆的发展. 图书情报工作,2005(11)

原载于《大学图书馆学报》,2007 年第 4 期

不枉五载推移力，今日中流自在行

——记北京大学图书馆用户培训服务的发展历程

记得20世纪80年代初，我在北京大学图书馆学系（今信息管理系）读书的时候，印象最深的课程就是朱天俊老师的“中文工具书基础”和邵献图老师的“西文工具书概论”，同时参与这两门课教学任务的还有李国新和戴龙基两位老师。几位老师对工具书之熟悉，功底之深厚，令我叹服。每每问及要查询一些特定的内容，需要用哪些工具书的时候，几位老师随口说出，信手拈来，让我觉得，如果我在图书馆做一位参考咨询馆员，能这样解决读者的问题，一定是很有成就感的。

那时的教学方法，是老师当堂面对面授课，然后到图书馆实习室去做工具书实习。实习室是图书馆学系的，里面放了很多工具书；如果工具书不够，就要再到“文科教师研究生阅览室”（223室）去查询。

同时，就因为学校里有图书馆学系开设这些工具书课（包括另外一门“科技文献检索”课），所以北大图书馆在很长时间内是没有自己的文献检索课的。这也是与其他图书馆不同的地方。

从那时作为一名学生上检索课开始，到现在我成为一名检索课的教师，转眼20年过去了。我本人因毕业留校在北大图书馆，后来也确实如愿成为一名参考咨询馆员。在这20年中，亲历了北大图书馆文献检索课从无到有的成长过程。由于我们是把文献检索课包含在用户培训服务中的，后者还包含了很多短小精悍的培训讲座，所以笔者的这篇杂文可以说是几方面都涉及了。

1997年，北大开始引进网络版“科学在线”（Science Online）。此后快速发展，短短六七年间，北大馆已经拥有370多个数据库、23 000多种电子期刊、近10万种中外文电子图书，以及网上各类免费的资源。传统的各种纸本工具书如“科学引文索引”（SCI）、“不列颠百科全书”（Encyclopedia Britannica）等，基本都可以在网上检索。随着电子资源的内容越来越庞大复杂，很快，我们便不得不经常大量地回答读者类似这样的问题：“老师，怎么在网上找到这篇文献？”“老师，某某数据库怎么检索？”

已经从图书馆学系到馆里当了馆长的戴龙基老师对我说：“读者有这么多需求，你们也可以开文献检索课啊。”于是，为满足读者的需求，从1999年开始，我们针对网上资源的检索与利用而开展的用户培训服务逐步产生了，包括：①以短小精悍的讲座为基础的“一小时讲座”系列培训活动；②比讲座更为系统和详细的全校性公共选修课“电子资源的检索与利用”；③以远程服务为主的“网络培训”。

一、一小时讲座

“一小时讲座”其实不止一小时，每次培训时间大约为一个半小时，其中馆员讲授50－60分钟，用户上机实习30－40分钟。之所以叫“一小时讲座”，其目的有三：一是说明短小精悍，每次的主题专一，针对不同用户群而设，读者可视题目选择自己需要的来听；二是在主题的安排上便于系列化，各个主题之间可以互相关联和补充，同时也便于控制讲座的质量；更重要的，是使我们的培训服务有了一个向外推出的名称，成为一个服务品牌。

5年过去了，“一小时讲座”的确在北大甚至高校图书馆中成为一个品牌，从开始的每年1000多人次，逐步增长到现在的4000人次左右；累计开设近40个专题，400多场次。每年新生入校，就有老师和高年级同学提醒他们，到图书馆来听“一小时讲座”；系里的老师，经常专门约我们的馆员去讲授某一个专题的资源；甚至学校行政机关的工作人员，也组织起来专门到图书馆来听讲座。此外，还有很多其他图书馆的同行，都到北大馆来旁听“一小时讲座”。有些普及性较强的讲座，往往未到开始时间，听众便排起长龙等候，那情景，令每一个授课的馆员精神都为之一振。

根据我们在每次讲座后发放的“读者意见调查表”统计，95%以上的读者都认为“一小时讲座”对他们很有收益，有必要继续举办下去。更有很多热心的读者在调查表的最后留下了对如何办好讲座的建议，每每读到这些，工作人员都觉得倍受鼓舞。

5年来，“一小时讲座”不断得到发展：

1. 内容的丰富与完善

“一小时讲座”最初以网上电子资源的利用为主，包括图书馆机读目录的使用，共有十几个专题。其中既有“电子资源检索入门”等基础知识，也有“西文社科参考数据库”“电子期刊”等按学科、文献类型开设的讲座，更有针对老读者开设的“最新电子资源简介”等内容。5年来，根据读者参加讲座的情况以及他们对讲座的建议，我们屡屡对专题进行了调整，几乎每年都要新增设2—3个专题，同时停掉1—2个专题。

后来，我们又增加了对印刷型工具书的介绍和使用方法的讲授。与信息管理系开设的工具书课程不同的是，我们的讲座更强调实际的应用和现场的使用指导。

随着用户群的不断扩大，我们发现，在刚入学的新生里面，有很多人缺乏计算机的基本使用技能，于是我们又增加了“常见应用软件使用技巧”，专门讲授办公软件(Office)、Email、压缩软件、文件传递协议(FTP)软件等的使用，受到了读者的欢迎。

而专门为图书馆盲的读者开设的“现代图书的馆藏分布及开架区找书办法”，每次都有读者前来参加、提问，常年开设不断。

最近一年来，针对研究生开设的学位论文查询、提交的讲座，也吸引了二年级以上准备写论文、交论文的研究生的注意力。

2. 讲座形式的日趋多样

"一小时讲座"最初只是在图书馆举办，读者要到图书馆现场来听。在题目上，当然也是我们讲什么专题，读者听什么。后来，为了让更多的读者使用这个服务，我们逐步推出了更多的形式，如：

- 开设专场讲座。即只要有一定数量的老师或学生提出要求，提前预约，我们就可以针对某个院系或专业开设这个学科的专场讲座，时间、地点均可以由对方来定。
- 增加课程辅助。即某一门课的老师可以在自己的课上留出 1—2 次时间，由我们的馆员前去讲授与该专业或课程相关的资源。

一小时讲座最初是按照固定时间来安排专题的，每学期开学初即公布本学期讲座的专题和时间，例如电子资源的讲座都是安排在每周一、四晚间，到时哪怕只有一个读者来，馆员也要认真讲授。到后来，随着专场和讲座内容的增加，时间安排日趋灵活，除固定时间的讲座外，读者预约的讲座也大大增加了。

3. 涉及的资源、服务以及相关部门越来越多

电子资源、机读目录、工具书、检索期刊、图书、应用软件逐渐都成为"一小时讲座"要培训的内容，因此涉及的部门也越来越广，包括了咨询部、期刊部、流通部甚至编目部等多个部门。我们因此制定了相关的业务规范，有资格做"一小时讲座"的人都要经过筛选和试讲，确认合格了才可以担任培训教师。

二、"电子资源的检索与利用"选修课

记得是在 2000 年，一次，教务部副部长卢晓东老师到我们图书馆来听"一小时讲座"，那天正好是我主讲。课后他对我说："肖老师，你们这个讲座完全可以开成选修课，给全校师生讲啊。咱们的学生啊，

真是要好好了解一下，怎么使用网上的这些资源。"

这个建议提得正是时候，因为我们当时正琢磨如何把讲座升级成为检索课呢。于是，当年秋天，我们就为学校开设了一个2学分的选修课"电子资源的检索与利用"，研究生、本科生均可以选修此课。

几乎每次选课，要求选修此课的学生都超出甚至成倍超出我们限制选课的人数；课程结束的时候，我们要求学生对这门课进行评价或提出建议，然后我们就屡屡看到学生这样说：

> 我认为这门课是我在大学四年中收获最大的几门课之一，它确实教会了我一项非常有用的技能，使我做毕业论文时查阅文献有一种得心应手的感觉……我的导师也觉得我看的文献较多，考虑问题较全面，其实这都是图书馆各位老师的功劳。我常常想，如果我能早一点选这门课，一定会比现在有更大的进步。
>
> 我认为这门课的开课方式非常好，讲课与实习相结合，使我们可以很快掌握查询方法并学以致用……
>
> 我要说，这门工具课实在是太有用了，太基本了。很难设想，在知识迅速膨胀的今天，有哪个科技工作者能离开网络而独立生存。如果要问我对这门课有什么建议的话，那么我要提出的唯一建议，就是把这门课列为全校所有理工专业的必修基础课，努力使北大的学生在网络应用方面比其他任何一所院校都要"高出一筹"。经过这一学期的学习，我所得到的结论是：谁能更好地驾驭网络，谁就拥有更多的知识、更多的时间、更多的机遇和更多的财富，为自己的学习和科研开辟一个更加广阔的天地。

作为一名教师，没有什么，比听到这样的评价更心满意足、更有成就感了。

甚至我们的同行也这样说。一位在我们这里听课的其他馆的同行对我说："肖老师，这门课让你们讲得水平太高了，简直是一流的，听了你们的课，我都觉得很有成就感，回去也非常愿意讲这门课呢。”

这门课的主要内容就是把“一小时讲座”系统化之后，按照参考数据库、全文数据库、事实数据库、电子期刊、电子图书馆、网上免费资源（如搜索引擎、主题分类指南、图书馆网络资源导航等）这样一个完整的系列，讲述网上资源的内容和使用。

我们对课程的定位是：实用的工具课。因此在教学方法上，我们是教学与实习结合，每次课后，都留有一定的实习作业。刚开始的时候，学生做作业摸不着头脑，问题极多，要费很大劲儿辅导；但到后来，每个人都驾轻就熟了，尤其到期末考试，考综合能力的时候，要求各人结合本专业需求，找一个课题，然后为这个课题查询资料信息；看到学生交上来的答题，看到其中列出的检索词、检索式、检索的资源以及检索结果，就知道他们已经很好地掌握了这门技能了。当老师的，到这个时候，也就满足了。

因为学生来自全校各院系，交流不是很方便，我们在网上做了一个课件，把课程的介绍、大纲、教学参考书等都列在其中。其中最有用的，一是讨论版，用于学生之间、学生和教师之间的讨论交流；二是作业提交系统，学生可以从网上直接提交作业，之后可以在系统里直接查看老师给出的作业成绩。

因为授课的需要，我们同时撰写了相应内容的大量讲稿。随着讲义篇幅内容的不断增多，我们不由得产生了一个想法：写一本指南性的工具书，告诉读者，网上有哪些数字资源可以利用，这些资源使用的方法是什么，在科研、教学和学习中如何综合利用这些资源。

经过几位同事的共同努力，2003 年，这本名为《数字信息资源的检索与利用》的书出版了，一共 60 多万字，中科院院士王选教授还为本书题词。很快，这本书得到了读者和同行的认同，短短半年内，初印的几千册几乎告罄，2004 年还获得了“北京大学第九届人文社会科学研究优秀成果奖”一等奖和“中国图书馆学会第二届图书馆学情报学学术成果专著二等奖”。

三、网络培训

无论是“一小时讲座”还是“电子资源的检索与利用”选修课，采用的都是以面对面、当场授课为主的方式。渐渐地，我们也经常面临读者这样的问题：“老师，我今天没有时间来，能从网上看看你们讲的内容吗？”“老师，我不在学校附近住，如果不到图书馆来，能参加培训吗？”“老师，有些内容我没有听清楚，您的 PPT 文件能放到网上吗？”如此等等，这让我们产生了利用网络开展远程培训的想法，我们称之为“在线信息素质教育”。

究竟什么是在线信息素质教育？在我们看来，大致包含两个方面：

（1）培养学生的在线信息素质能力：学生的信息素质能力是其进行学习、从事科学研究和谋求人生发展的重要基本技能之一，包括如何有效检索、合理利用和评价鉴定各类信息资源的能力，还包括与此相关的计算机操作技能和语言能力、专业技能等。在线信息素质能力的培养则具体包括向学生介绍网络资源和图书馆数字资源，介绍不同信息检索系统（包括搜索引擎、OPAC）的使用，培养学生掌握检索技巧、掌握课题查询和进行科学研究的步骤和方法等。

（2）开展在线信息素质教育的方法和手段：包括在线信息素质教学和培训的形式和方法、所采用的技术手段、在线信息素质教育的评价、数字环境对信息素质教育的影响等。

我们大概花了半年左右的时间，对国外这方面开展的情况进行了调研，对本馆如何进行这方面的工作进行了研究。显然，这方面的发展普遍都不是很成熟，无论是技术还是需求。因此，我们尝试性地做了一些网络培训的课件，并在 2004 年初正式上网发布试用。

网络培训的内容，采用了“一小时讲座”的 PPT 文件，当然要比上课用的 PPT 文件更为详尽。我们将这些 PPT 文件做成统一规范的网页形式发布，同时辅以“静态图片+注释+动态演示”或视频动态演示的示例，以及“推荐资源”“常见问题”“疑难咨询”“自我测验”等自我学习的栏目。

在体系的安排上，基本与“一小时讲座”相同，以起到二者互相配合之作用。但一小时讲座基本是按专题安排的，比较单一；而使用网络培训课件的读者也可能只是因为使用某一个数据库需要培训，或者为了解某一学科的资源情况而来，所以，我们在发布时，把所有的课件都做成可以按专题、按学科、按资源名称、按检索平台浏览。使读者使用起来更为灵活。

这项工作目前仅完成了“电子资源”部分，前后大约花了半年左右的时间，其中不仅有北大图书馆的同事合作，也依靠了北大数字图书馆研究所共同参与。这是一个对远程培训、在线教育的新尝试。

当然，其中的问题也是有的，例如这些课件目前都是以网页形式发布，尚没有使用系统管理，这使得今后的维护更新都比较费劲；此外，暂时还不能提供对培训内容的检索，用户之间的交互(interaction)也还不足。

纵观5年来北大图书馆电子资源培训服务的发展历程，从面对面的当堂讲授到通过网络进行的远程培训，从短小精悍的讲座到系统化的文献检索课，其良苦用心，就是让更广大的师生了解现代图书馆的资源、帮助他们尽快、准确、全面地获取学术信息。如今，我们欣慰地看到，我们的心血没有白费，我们的工作得到了广大师生的肯定；同时，参考咨询工作人员自身的工作素质普遍得以提高；而北大图书馆，在提供全面的数字化服务的过程中，也逐渐树立起一个全新的服务形象。

应《大学图书馆学报》之约，谨以此文，纪念高校图书馆开设文献检索课20周年；同时，也感谢那些为此默默无闻地做了无数工作的同事们。

参考文献

1 北京大学图书馆主页. http://www.lib.pku.edu.cn
2 张春红,廖三三等. 网络环境下的大学图书馆用户教育. 图书情报工作,2003(4)
3 北京大学图书馆. 北京大学图书馆开展在线信息素质教育的建设方案,2003

原载于《大学图书馆学报》,2004年第4期

分布式合作虚拟咨询服务模式研究*

虚拟咨询服务(virtual reference service,digital reference service,online reference service,AskA Service,通常简称 VRS)是数字图书馆为用户提供的数字化服务的重要组成部分,是以网络为传输手段,以数字信息资源为基础,以电子邮件、实时问答、网上参考工具等形式,向用户提供不受时间、空间限制的参考咨询服务,是图书馆传统参考咨询服务在网络上的延伸和新的表现形式。它巩固了图书馆作为专业信息服务提供者的地位,保持了图书馆在信息服务业中的优势,提高了图书馆在网上的表现力和可视度,让用户在任何时间,任何地点都可以得到服务。

虚拟咨询服务通常包括的内容有:

(1)实时问答咨询(real-time Q & A service):即用户和图书馆员实时在线,一问一答。

(2)电子邮件咨询(email reference service):通过网上表单提问,咨询馆员使用电子邮件答复。

(3)学科咨询(subject reference service):公布若干咨询专家,以及他们擅长的学科范围和咨询项目,用户可直接向专家咨询。

(4)知识库(knowledge base)检索:将具有一定知识含量的问题及其答复,按照统一的元数据格式存储在数据库内,供用户检索和使用;

* 本文与罗丽丽合写。

(5)在线参考工具(online reference tool)。

分布式合作虚拟咨询服务(cooperative virtual reference service)是虚拟参考咨询服务的更高层次,即由多个图书馆或者信息机构联合起来,形成一个分布式的虚拟咨询网络,通过合作的方式来提供虚拟咨询服务。它是在文献资源共享基础上的进一步发展,是图书馆服务和人力资源的共享。它弥补了单一机构或单一学科专家无法满足多领域用户的多层次需求,为用户提供了更多学科、更长时间、更大领域的服务。

目前国内外已发展了若干分布式合作虚拟参考咨询服务项目,本文将对其中的部分项目进行介绍,并在此基础上对合作模式与合作内容进行分析,对我国高校图书馆开展这类服务提出若干建议。

一、国内外分布式合作虚拟咨询服务项目的合作情况

1. 综合性项目:QuestionPoint

QuestionPoint(以下简称 QP)是一个面向全世界图书馆以及信息机构的合作虚拟咨询服务系统,始于 2000 年 11 月美国国会图书馆与 OCLC 共同牵头的 CDRS(Collaborative Digital Reference Service)项目,2002 年 6 月正式投入运行。目前已有全世界范围内 400 多家公共图书馆、大学图书馆、专业图书馆、信息服务机构等参加,我国内地如北京大学、清华大学、上海交通大学、北京航空航天大学等部分高校也参加了这个项目。

QP 系统的服务模式是一个三层结构的“图书馆—图书馆”(library to library)、“图书馆—最终用户”(library to user)的网络,即全球(Global)、地区(Regional)和本地(Local)三层。其中全球和地区服务是面向图书馆的,在系统内的图书馆成员之间进行;本地服务是面向最终用户的,也就是说,QP 面向最终用户的服务是通过本地服务实现的。

QP 系统的服务内容主要有:实时问答咨询,电子邮件咨询,知识

库检索。

QP 系统的工作运行模式是：在 OCLC 建立中央服务器，无论是本地还是全球服务，全部通过中央服务器的 QP 咨询系统进行，知识库也保存在中央服务器上，各成员馆全部依托在 QP 系统上开展服务，没有本地系统安装、维护等问题。从这一点上来说，QP 的合作可以说是一种集中式的合作。

在 QP 项目中，成员单位的合作内容主要包括：

（1）联合服务：合作回答问题，以弥补各自在学科和馆藏上的不足。成员馆在加入 QP 项目时，预先填写成员馆资料，包括馆藏、学科、服务时间、咨询范围等方面的情况，之后可由系统自动分配问题，也可以由成员馆互相转发问题。

（2）合作建设知识库：每个成员馆都可将问题及其答案按照统一的元数据规范进行格式化整理，增加关键词和主题，存入知识库，供读者和其他成员馆查阅。

（3）数据规范与质量控制：遵守共同的元数据规范，使所有添加到知识库中的问题可以被较好地管理和检索；统一规定了服务质量标准，质量参数包括可访问性（accessible）、响应速度（prompt turnaround）、回答的清晰度（clear response policy）等 11 个，所有的参数又划分为基本（base）、一般（current practice）、最优（goal）三级标准。

2. 咨询台指南：Virtual Reference Desk 项目

Virtual Reference Desk（以下简称 VRD）项目是由美国教育部及其所属的教育资源信息中心（ERIC）共同合作开发的，其目的是将全国各自独立的虚拟咨询服务网站，如 Ask Dr. Math、MAD Scientist Network、AskERIC、Online Librarian 和 KidsConnect 等，以及分散的信息专家组织起来，建立一个全国范围内的合作虚拟咨询服务网络，可以称得上是“咨询台之咨询台”。目前参加 VRD 网络的虚拟咨询服务网站已有 90 多个。

VRD 的服务对象以 K－12（从幼儿园到高中 12 年级）和大学本

科生为主,是直接面向最终用户的咨询服务。

VRD 的主要服务内容包括:电子邮件咨询;知识库(archives)检索和按分类浏览;咨询台指南(AskA Locator),提供多个咨询台的服务介绍,便于用户找到和自己所提问题相关的网站,然后登录到该网站去提问。

VRD 系统的合作内容包括:

(1)网上咨询台联合导航:通过 AskA 联合会(AskA Consortium),建立了许多高质量的 AskA 咨询台的档案资料库,每个咨询台的资料包括识别信息(比如服务提供商、电子邮件地址、联系人、主页链接等)、服务范围、目标用户和所提供的服务的概括性描述。最终用户可以通过"咨询台指南"(AskA Locator)找到自己所需的网上咨询台(如 Ask Dr. Math)提问,也可以通过 VRD 总咨询台直接提问。

(2)咨询专家联合咨询:在 VRD 总咨询台,招募很多作为志愿者、经过培训或资格认定的信息咨询专家在 VRD 咨询台直接回答问题。这些咨询台或专家的资料被存储在 VRD 系统中,作为分配、回答问题的参考。

(3)问题的转发:在用户向 VRD 总咨询台提问之后,系统对问题进行分析,然后在收集了各个 AskA 服务网站和信息专家资料的数据库中进行检索,找到匹配的对象,将问题发过去,同时发信通知提问的用户,其问题已经被转发给某一个 AskA 网站或某一个专家了。被分配了问题的网站或专家,就要对问题作答。但如果问题超过了其服务范围,可以将问题退回到 VRD 重新分配。这种模式同样适用于 AskA Locator 中的任何一个成员咨询台。

(4)合作建设知识库:凡通过 VRD 咨询台转发和直接得到答复的问题,都按一定的元数据格式被整理后存入知识库,并按学科分类,供用户查询。

从合作内容上看,VRD 也包括了合作回答问题和合作建设知识库,以充分发挥各咨询台在人力资源和学科上的特点和优势。但其运行模式与 QuestionPoint 不同,即各咨询台使用各自的系统,可以独立发布和提供服务,VRD 本身不作为主要提供服务的咨询台,因此这种合作相对比较松散,可以说是一种“联盟式”的合作。

正因为如此,为了加强合作,除了集中发布服务和提供部分“回答”之外,VRD 另外一个重要的工作是组织网上咨询台成员一起,共同规范服务质量,制定数据格式,以实现数据的交换和检索的互操作。

VRD 采用了与 QP 项目类似的服务标准来控制服务质量,包括的指标有教育的内容(Educational content)、客观性(Objectivity)、准确性(Accuracy/validity)、文字质量(Literary quality)、相关性(Relevance)、适当性(Appropriateness)、权威性(Authoritative)、及时性(Currency)、技术上的考虑(Technical considerations)、可访问性(Accessibility)等。

VRD 还提出了两种元数据,以保证数据的共享:

(1)QuIP(Question Interchange Profile):是一个根据问题的提出和回答的线性流程而制定的描述性元数据格式,包括问题、回答等内容元素,以及提出日期、回答日期、标识符、主题等属性元素。主要用于数据(问题和回答)的交换和存储。

(2)KBIT(KnowledgeBit):对问题进行存储、管理并提供检索的元数据格式,定义了问题的提问和回答的状态,以及一些相关的描述性特征。

这两种格式目前尚在实验和探讨阶段,尚未得到广泛的应用。

3. 联合在线实时咨询:Ready for Reference 项目

Ready for Reference(简称 R4R)是由美国伊利诺依州的图书馆联盟(Alliance Library System)的 9 个成员图书馆共同合作的虚拟参考咨询服务,是世界上第一个由大学图书馆之间联合的实时问答咨询服务项目。其目的就是在一个地区内,提供一种 24/7 方式(每周 7 天,每天 24 小时提供服务)的网上咨询服务。该项目于 2001 年 2 月正式向用户提供服务。

R4R 的主要服务和合作内容非常简单,只有实时在线问答咨询,即由参加项目的成员馆派出咨询馆员,轮流在网上值台。

在运行模式上,R4R 只是把自己作为服务的组织者和提供者,主要任务是组织成员馆开展服务,而没有开发和维护任何系统软件。他们采用了美国 Library Systems and Solutions Inc.(LSSI)公司的 Virtual Reference Toolkit 软件,在该系统的中央服务器上租了 3 个馆员席位,高峰时间最多有 3 个馆员同时在线值台。

2003 年,R4R 与伊利诺依州的另外 14 个公共图书馆一起,在实时问答咨询上进一步合作,在网上同时以"我的网络图书馆员(My WebLibrarian)"的名义发布和提供服务。

4. 学科联合咨询:上海地区"网上联合知识导航"项目

上海市中心图书馆网上联合知识导航站,是一个基于电子邮件咨询的虚拟咨询服务网络。2001 年 5 月,由上海图书馆牵头并联合上海高校、科研等图书馆及其相关机构,在初步实现上海市文献资源共建共享基础之上开办了这个服务。

导航站的页面上列出了 15 位上海图书馆界资深的图书情报专家的照片、工作经历和专业领域,用户可以根据每一位导航专家的专业特长进行选择,并发出提问请求。同时还有一个"问答一览表",将已经回答的问题分类列出,供用户在提问前查询。

上海市中心图书馆网上联合知识导航站是国内图书馆界第一个提供专业参考咨询和知识导航的专家系统,规模不大,服务项目也比较简单。它并不能够算严格意义上的合作虚拟咨询服务,没有内在的合作机制,只是采用了合作的组织形式。

二、分布式合作虚拟咨询服务的合作体系与合作模式

通过对上述各个项目的比较研究可以看出,数字化服务环境中,咨询台、咨询馆员/专家、知识库、馆藏资源呈分布状态,如何实现这些分布的服务和资源之间的合作,以达到服务共享、知识共享、人力资源

共享的最终目标，是分布式合作虚拟参考咨询服务最重要的组成部分。

1. 构建完整的合作体系

合作体系是指分布式合作虚拟参考咨询服务的整体结构，通常包括合作模式、服务内容、工作流程、系统平台、调度机制、管理体系、运行机制。一个完整的合作体系将奠定服务系统的建设、服务的可持续发展和运行的基础，并在发展中得到逐步完善。

这方面 QP(CDRS)项目是一个比较好的范例。项目从一开始就确定了三级服务体系和星形合作模式，以及问答处理的工作流，制定了知识库的问题元数据格式及服务质量要求，并在此基础上开发了 QP 系统，逐步进入合理的运行状态(见参考文献 2)。

如果以一个问题从提问到得到答案的走向作为合作体系的核心的话，那么一个完整的合作体系由以下模块组成(见图 1)：

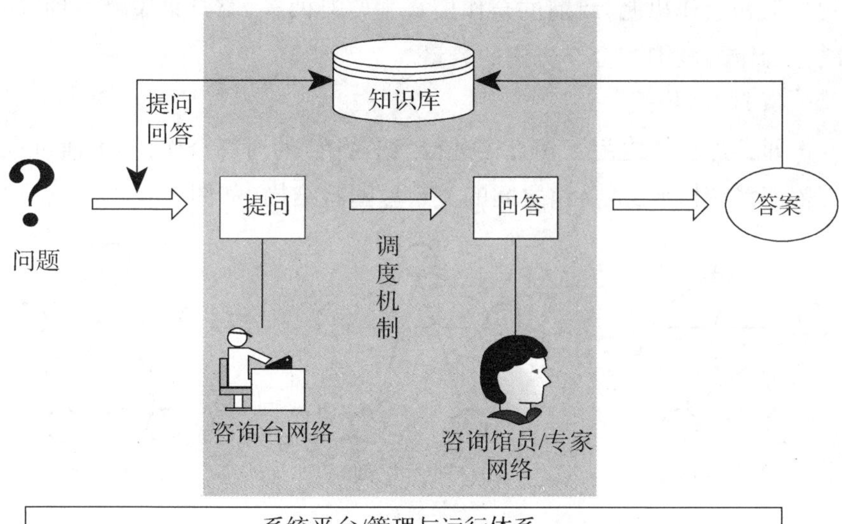

图 1　分布式合作虚拟参考咨询服务合作体系

从图 1 可以看出，分布式合作虚拟参考咨询服务的合作内容主要包括两个方面：

（1）面向最终用户的联合服务门户，包括联合咨询台、知识库分布/集中式检索、学科专家协作咨询等。

（2）服务机制与知识库的合作建设，这是保障前台服务门户的支柱。

工作流程则与合作内容相辅相成，同样包括两方面：对请求进行处理的服务过程，以及对问答数据进行处理的知识库加工过程。在不同的合作模式中，流程长度会有所不同。

在整个合作体系中，起到保障作用的是系统平台和管理与运行体系，后者包括标准规范的制定以及服务的管理与运行，本文在第三部分会谈到这点。

2. 选择合适的合作模式

合作模式体现了参加分布式合作虚拟参考咨询服务的机构之间的分工和合作机制，目前的合作模式主要有两种，究竟采用哪一种，取决于合作的范围和合作机构的数量。

（1）网状模式

即参加机构之间互相直接进行“馆对馆”的对等合作，并不通过中心咨询系统协调，成员馆之间的关系呈网状结构（如图2）。

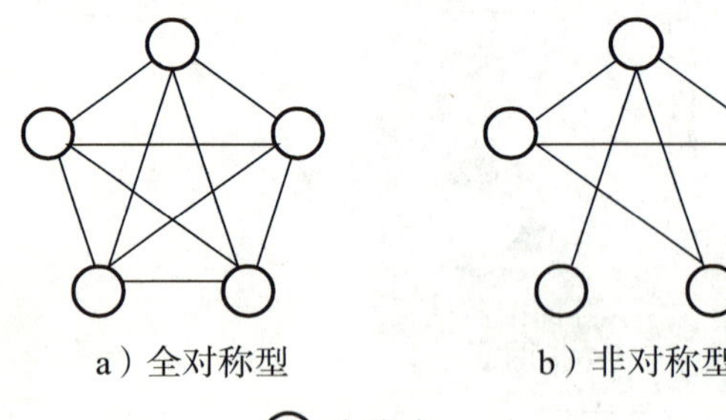

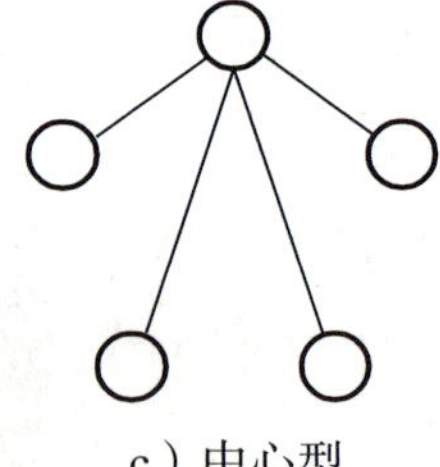

图2　网状区域合作模式

这种合作模式的特点是：

- 机构之间的合作是“馆对馆”直接进行的，不必经过中间环节，

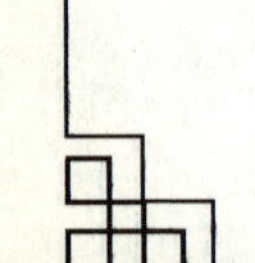

减少了障碍。

• 本地负载比较重,如果参加机构需要在本地安装咨询系统,就要在系统内配置调度模块,配置中央知识库、咨询馆员/专家简历库以及成员馆简历库,需经常进行数据库的更新维护。

• 合作的随意性比较强,在咨询工作量比较大的时候,会造成某些成员馆之间的服务任务轻重不等,出现不平衡。

• 问题的流程比较短,如果 A 馆将一个问题转发到 B 馆,而 B 馆也无法答复的时候,由于缺乏中心咨询系统的调度,流程可能就会终结,问题可能就会"死掉"。

• 本模式适合在小范围的联合机构中实行。

这方面的应用,目前主要是一些少数图书馆或机构之间自由组合进行。大的合作项目如 VRD 项目,也包含了这种模式,即咨询台之间可以互相直接合作。

(2)星形模式

即参加机构之间的合作是集中通过中介(或称中心咨询系统)调度进行的,成员馆之间的关系呈星形结构(如图 3)。

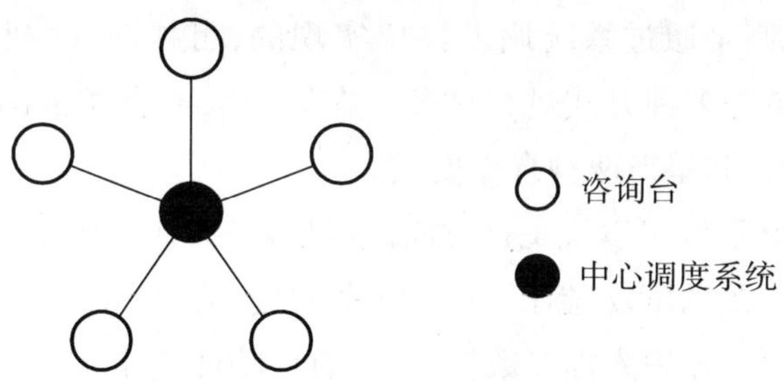

图 3 星形区域合作模式

这种合作模式的特点是:

• 由于有中心咨询系统的调度,成员馆之间的合作比较平衡。当然如果调度不当,也会在问题的流程中出现障碍。

• 合作的流程比较长,一些难度较高的问题可以反复转发,并得到最终答复。

• 本地负载比较轻,成员馆在本地咨询系统上,只安装咨询台及知识库即可(或者在中心咨询系统上租用),可以不必加载调度模块,后者均由中心咨询系统提供服务并负责维护更新。

- 本模式比较适合在大范围内进行。

例如 QP 便是星形合作模式的典型代表,R4R 也具备这方面的特点。

3. 建立完善的调度机制

如果是合作范围比较广的虚拟咨询服务网络,必然在其中存在着不同的服务层次,例如 QP 模式中的全球服务、地区服务和本地服务。不同层次的服务职责不同,合作可在同一层次的机构之间、不同层次的机构之间进行。

调度机制在合作体系中起着枢纽的作用,保证了工作流在不同层次、不同机构之间的平滑驱动。在服务过程中,调度机制可以对问题进行分配、转发、征答,可以在在线咨询台和咨询馆员之间进行自动跳转、调配,可以在不同知识库之间实现分布式检索。在知识库加工过程中,可以提交、套录(收割)数据。

调度机制是通过系统调度模块实现的,可按时间、机构、咨询专家/咨询馆员等多种方式进行调度。在比较大的合作范围内,要考虑可以支持网状和星形两种合作模式。

目前 QP 系统可以说是这方面做得最好的,在合作模式上,支持星形合作模式;在调度功能上,可以转发问题,在咨询馆员之间进行调配,可以向中央知识库提交数据,虽然有些功能尚未实现,但在系统的总体框架设计上考虑得比较周全(见参考文献 2)。

三、对我国高校图书馆合作虚拟咨询服务的启示

近 5 年来,随着 CALIS 的发展,高校图书馆拥有的网上学术资源越来越多,以北京大学图书馆为例,目前已有了近 300 个数据库,

22 000种电子期刊，近10 000 种电子图书。资源的增多使得相关的数字化服务需求越来越迫切，建立基于互联网的虚拟咨询服务及合作咨询网络的要求也越来越迫切。

CALIS 在“九五”建设期间，已经建立了全国、地区、高校图书馆三级服务体系，在联机合作编目、联合引进数据库等方面取得了卓越的成就，三级服务体系逐渐发展成熟，为开展分布式合作虚拟参考咨询服务奠定了稳固的基础。

此外，部分 CALIS 成员馆也已经先期开展了本馆的网上咨询台服务，如上海交通大学图书馆、北京大学图书馆、清华大学图书馆、中山大学图书馆、中国人民大学图书馆等，并取得了比较好的效果。以北京大学图书馆为例，自 2002 年 10 月开展网上咨询台服务以来，每个月的请求都达到400 个左右，其中实时问答请求约占 1/4。

鉴于国内高校图书馆已有的建设基础，总结国内外虚拟参考咨询服务的经验和不足，笔者在此对正在起步中的 CALIS 合作虚拟咨询网络建设提出以下建议。

1. 重视基础建设——合作体系与合作模式的构建

CALIS 分布式合作虚拟参考咨询网络涉及全国范围的高校，范围广，不同的学校和图书馆之间情况有很大不同，因此在建设之初，重要任务之一是构建好合作的基础——合作体系与合作模式，以保证合作服务的可持续发展、合作网络的正常运行。

关于完整的合作体系，前面已有论述。在合作模式方面，可考虑结合国内高校的实际情况，支持以星形模式为中心的多种模式运行（如图 4）。

图中设想的是依托已有的 CALIS 三级服务体系而构建的三级服务网络，即全国服务网络、区域服务网络、本地服务。三级服务网络在中心调度系统的协调下，以一个整体来开展服务。

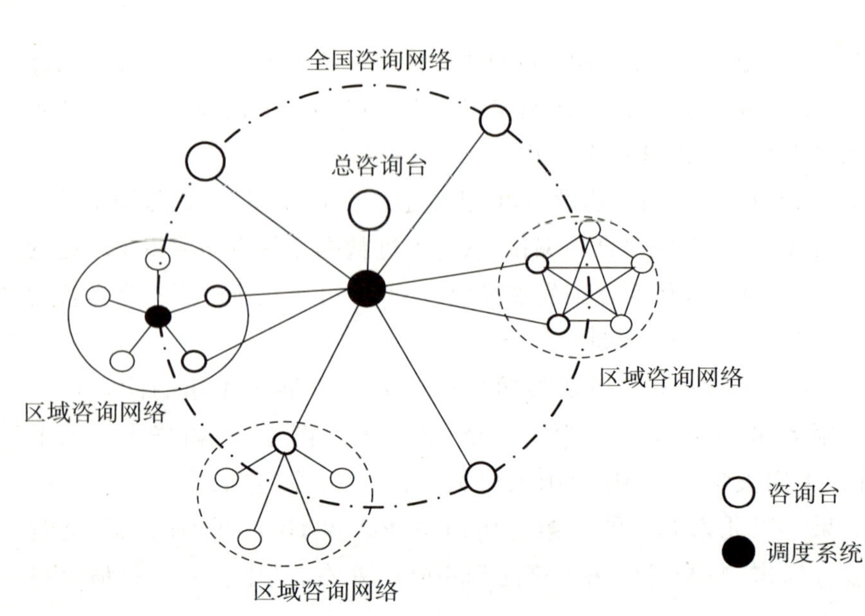

图 4　CALIS 分布式合作虚拟参考咨询网络设想

全国咨询网络为星形模式,以 CALIS 总咨询台和中心咨询系统为核心,任何区域网络和本地咨询台都可以直接与之相连。也就是说,都可以通过中心调度,与总咨询台和其他本地咨询台联合服务。总咨询台同时面向公众开放,任何人都可以上线咨询问题。

区域服务网络可以在地区、省或某些自愿联合的学校之间构建,其运行模式基本与全国模式相同,可以选择星形或网状的合作模式。

本地咨询台可以说是合作服务网络的最终节点,是各成员馆也是整个咨询网络的服务门户,是 CALIS 虚拟咨询服务的最终体现。本地咨询台可以直接加入到全国咨询网络中来,也可以通过区域咨询网络加入,服务伊始,也可独立运行。

2. 从实际出发,从本地咨询台建设起步

网上咨询台在我国高校中还是一个新生事物,无论是图书馆还是用户,都还需要一段时间熟悉这种服务。另外,网上咨询对咨询馆员的要求也很高,如对资源的熟悉程度、文字处理能力、咨询知识的掌握等。因此,CALIS虚拟咨询服务网络的建设可考虑与实际情况相结合,在构建好整体框架的前提下,分阶段、分层次地进行。

本地咨询台可以作为第一步建设目标,以使各馆尽快建立起本地的网上咨询台和知识库,尽快在本地开展服务。

本地咨询台可以选择在本地安装咨询系统,包括咨询台和知识库的安装;也可以像QP和R4R项目那样,在中心咨询系统上租用席位和知识库,以减轻本地硬件、系统维护和升级的负担。选择网状合作模式的本地咨询台,要另外配置调度模块。

第二步,可以挑选某些虚拟咨询服务条件较好的成员馆,或者在某些条件比较成熟的地区(如北京、上海),开展试验性合作,确定运行模式、管理体系等。在此基础上,逐步推广,直到成熟。

3. 多种形式的合作服务内容结合

呈分布状态的咨询台、咨询馆员、知识库、馆藏资源各有特点,要尽可能做到它们之间的联合,发挥各自的长处,最好是设计多种形式的合作服务内容,通过调度机制,使之结合成有机的服务整体。

(1)轮流值台:以小时为单位,由成员馆轮流登录到总咨询台在线值台;或以天为单位,由系统自动转发问题给当天值台的成员馆。

(2)问题转发:本地咨询台之间,对于无法回答的问题,咨询馆员可以通过查看成员馆档案,通过系统转发给其他成员馆回答。也可发布到"问题征答"模块中求解。

(3)时间互补:本地咨询台之间可以在时间安排上互补,在某个咨询台的非服务时间内,如有用户实时在线提问,可由系统自动跳转到其他还在服务的本地咨询台或总咨询台。

(4)知识库分布式检索:用户可以同时检索本地知识库和中央知识库。

(5)学科联合咨询:在总咨询台公布专家擅长的学科范围和咨询项目,由用户通过系统直接将问题发送给相关专家。

服务内容的多种形式,要求必须有一个良好的调度机制和相应的系统调度模块，可以按时间、学科、成员馆、咨询馆员当前状态进行调度，并设立相应的“问题征答”，为无人回答的问题广泛征询答案。

4. 建立管理体系和可持续发展机制

完整的管理体系和可持续发展机制是 CALIS 合作咨询网络不断壮大、长远健康发展的保障。它包括：

（1）完整的标准规范体系，以保证高效率、高水平的合作，最大限度地发挥合作体系、系统平台、咨询馆员的作用。如知识库一问题元数据规范及问题编辑规则、知识组织体系、档案规范（咨询馆员、咨询专家、成员馆档案）、系统的标准接口和检索协议等。

（2）服务运行模式：特别是报酬和收费机制，例如服务是否免费，知识库数据的提交有无费用等。

（3）服务机制：包括服务范围、用户范围、服务职责与分工等。

（4）服务质量管理：如服务时间、响应速度、问答记录质量、服务用语等。

（5）组织机构：相应的管理协调机构、质量控制机构、咨询专家组织等。

（6）人员管理：咨询馆员的素质要求，以及培训、分级认证制度。

（7）系统管理：系统的开发、维护、更新换代制度。

（8）隐私与版权保护制度。

通过对以上国内外案例分析，我们可以看出，合作虚拟咨询服务的发展正处于方兴未艾之中，而相关的合作体系与模式、运行机制等更是在不断地摸索之中，这方面还需要业内同行与业外专家经常交流、共同探讨。

无论如何，作为数字图书馆的数字化服务的重要组成部分，合作虚拟咨询服务将带给图书馆员一片新的发展天地，带给互联网上的广大用户内容更丰富、形式更多样、使用更方便的信息服务。

参考文献

1 罗丽丽. 合作虚拟咨询服务的案例研究与模式分析. 硕士学位论文,2003

2 罗丽丽,肖珑. 合作虚拟咨询服务系统 QuestionPoint 的发展及其本地化应用. 大学图书馆学报,2003(3)

3 初景利,孟连生. 数字化参考咨询服务的发展与问题. 中国图书馆学报,2003,29(2)

4 http://www.questionpoint.org

5 http://www.vrd.org

6 http://www.alliancelibrarysystem.com/ReadyRef/index.cfm

7 http://myweblibrarian.com

原载于《上海交通大学学报》,2003 年 9 月

互联网上的全文数据库与全文服务

基于互联网的全文数据库（web-based full-text database）和全文服务，是在传统的全文数据库基础上，伴随着网络和信息处理技术的成熟而发展起来的，它打破了图书馆必须在馆内“拥有”（ownership）一次文献的传统观念以及必须由图书馆担任中介的馆际互借服务的局限，在网上为读者提供了直接访问和获取（access）一次文献的机会，进一步提高了图书馆的文献保障率。

一、全文数据库及其评价标准

与传统的全文数据库相比，基于互联网开发的全文数据库的特点表现在：①收录内容不再是以报纸、通讯、书评、评论、分类广告、流行杂志等为主，增强了学术性，基本收录期刊论文、会议论文、政府出版物、报告、法律条文和案例、商业信息等；②检索系统成熟，逐步发展出了 ProQuest（UMI）、EBSCOhost、InfoTrac（IAC）、LEXIS-NEXIS、WestLaw、FirstSearch（OCLC）等网络检索系统，不似过去主要分布在 Dialog 和 STN 等少数联机检索系统中，必须由专业检索人员代用户检索，因此大幅度地提高了利用率；③使全文数据库逐步脱离了源数据库的概念范围，在电子资源中成为独立的一种类型。

近年来，国内图书馆在电子资源建设中开始引进国外的全文数据库。如同采购书刊一样,全文数据库的引进同样需要相关原则以及对数据库的评价标准。

1. 对数据库收录内容进行详细分析

对数据库收录情况的分析通常是依据数据库的"来源刊目录"(source list 或 journal list),以及一段时间的试用(free trial)进行的,内容应重点包括:

(1)学科情况。不同的全文数据库收录的学科范围和侧重点都有所不同,因此要对学科情况做出分析,考虑一下是否符合本馆读者的需求。

(2)全文收录情况。所谓全文数据库,并非其中收录的报刊、报告全部都是全文,因此全文占多大比例就很重要,通常全文占到50%左右即可以称为全文数据库,而全文能到65%(三分之二)以上就是比较好的全文数据库了。另外,全文是指整篇文献的收录,有些数据库号称收录全文,但实际上有时一篇文章由于不能解决版权等问题,只给出一部分篇幅,这样的"全文"是有水分的。

(3)核心期刊收录情况。数据库中核心期刊和权威出版物所占比例,其中又有多少全文刊,是说明数据库质量的重要因素。通常数据库中所包含的出版物品种的数字是不足以说明问题的,因为其中可能有不少是非核心刊或通俗读物。

下表中的例子是对 ProQuest 系统两个全文数据库的分析(数据截止到 1999 年 12 月底),可以从中看出这两个数据库的收录质量还是不错的:

	Academic Research Library (ARL)	ABI/Inform Global
学科情况	人文社会科学综合学科,偏重法律、国际关系与政治、艺术、商业、教育、军事、文化、心理、医疗卫生以及科学、人文社科综论	商业、经济管理、市场、投资、国际贸易等

续表

		Academic Research Library (ARL)	ABI/Inform Global
收录情况	期刊品种	2345	1545
	全文期刊	1533	813
	全文期刊所占比例	65%	53%
被 SCI、SSCI 收录核心期刊情况	期刊品种	774	285
	全文期刊	424	135
	全文期刊所占比例	55%	47%
核心期刊在数据库中所占比例	核心期刊/全部期刊	33%	18%
	全文核心期刊/全文期刊	28%	17%

2. 对数据库检索系统要做全面评价

(1)检索功能。除了像检查其他数据库一样,在检索技术(如布尔逻辑、截词符、位置算符、字段限制检索等)、可检索字段(searchable fields)、限制检索(limited search,如日期或文献类型的限制检索等)等方面进行评价外,尤其要注意两点:一是能否进行全文检索(full-text search capabilities);二是在检索结果中能否用全文限制做二次检索(view full-text only),或在检索时就可以使用全文做限制,以方便用户只看有全文的检索结果。

(2)检索语言。是否具备自然语言(natural language)的检索,有无主题标引,用户能否进行主题词检索和查看主题词表(subject list 或 thesaurus)。

(3)输出结果。文件格式最好有超文本文件和 PDF 文件两种供用户选择;允许用户按相关性、日期或字母顺序重新排列结果;具备打印、存盘或 Email 发送的功能;特别需要注意的是,有些数据库只能给出文字,原文中的图片、表格因种种原因无法给出,这并不符合要求,因为实际上有许多重要信息就包含在这些图表中。如果经常出现这样的问题，同样说明这个全文数据库有“水分”。

(4)界面友好。界面清楚、明了，各种按钮易于理解，具备各类帮助文件；具备简单检索和高级检索(专家检索)两种检索选择。

(5)更新速度。以日更新为最佳，目前为止一般全文数据库都可以做到。

3. 要考虑数据的传输方式和数据库的日常管理维护

目前中国用户使用国际互联网需付国际网通讯费，而全文数据库的数据流量又比较大，因此全文数据库的数据传输方式就成为一个很重要的因素。一般来说，像文摘、索引等参考数据库那样，采取做镜像站点的方式并不是最佳选择，原因是，一需要准备和无限制地增加高配置的服务器和大容量的硬盘阵列(每年至少增加几百千兆)，二要增加人员来进行设备和系统的维护，三要每天接受最新数据的更新，流量大，传输速度慢，传输的过程中也容易丢失数据。

因此，比较好的方式是由数据库提供商租用一条专线，为用户支付国际网通讯费。目前 UMI、EBSCO、IAC、OCLC 等公司均租用了 Digital Island 的专线传输数据，并负责专线的维护和使用，用户访问时可以免付国际网通讯费。

此外，数据库提供商对全文数据库的管理和日常维护情况也是要考虑的问题，例如，是否允许图书馆在网上直接查询数据库的使用统计数字，以便了解其使用情况；用户在使用的过程中，遇到访问权限被否、专线线路不通等问题时，能否得到及时解决等，这些也同样体现了数据库提供商的服务水平。

二、主要全文数据库及其检索系统

到目前为止，比较著名的全文数据库检索系统有：

- 美国 UMI 公司的 ProQuest 系统

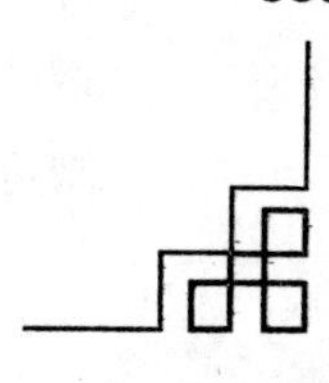

- 美国 EBSCO 公司的 EBSCOhost 系统
- 美国 IAC 公司的 InfoTrac 系统
- 美国 LEXIS-NEXIS 公司的 LEXIS-NEXIS 系统
- 美国 West Group 公司的 WestLaw 系统
- 美国 OCLC 公司的 FirstSearch 系统

本文主要比较和介绍其中较有代表性的 3 个检索系统及其全文数据库，从中基本可以了解全文数据库的发展情况。

1. ProQuest 系统及其全文数据库

ProQuest 全称为 ProQuest Online，原名为 ProQuest Direct，是 UMI（现已改名为 Bell & Howell Information Learning）公司的全文检索和传送系统，在国内已颇有知名度。该系统目前有 20 余个全文数据库，收录内容偏重学术性，全文所占比例较高，很适合大学和研究图书馆使用。比较著名的数据库有：

- 商业信息数据库（ABI/INFORM）
- 学术研究图书馆（Academic Research Library，简称 ARL）
- 应用科学与技术数据库（Applied Science & Technology Plus，简称 ASTP）
- 博硕士论文数据库（Digital Dissertations，简称 PQDD）：1997 年以后的博士论文有前 24 页全文，同时提供网上全文订购服务。

目前国内图书馆引进的主要是上述 4 个全文数据库。此外比较好的还有教育全文数据库（Education Complete）、通用科学全文数据库（General Science Plus Text）、计算机技术数据库（ProQuest Computing）、全文医学图书馆（Medical Library）、社会科学全文数据库（Social Sciences Plus Text）等。

ProQuest 系统的特点是：开发历史较早，发展成熟，检索功能完善；针对全文数据库研制，具备全文检索和利用全文限制进行二次检索的功能；全文输出完整，文中的表格、图表、图像与全文一样，均可以浏览并以打印、存盘、Email 发送三种方式输出，多数文献具备文本和

PDF 文件两种输出格式供选择；在检索语言上，可进行自然语言检索，有主题词表供用户浏览和检索使用；界面友好，“帮助”文件齐全，具备高级检索功能；不足之处是个别数据库尚未使用 Digital Island 专线传输数据，如 PQDD，故影响用户的使用。

2. EBSCOhost 系统及其全文数据库

EBSCOhost 系统是 EBSCO 公司的三大系统之一，用于数据库检索（其他两个系统 EBSCOonline 和 EBSCOnet 分别为电子期刊系统和期刊订购信息系统），目前有 60 余个数据库，其中全文数据库近 10 个，其中比较适合大学和研究图书馆使用的全文数据库有：

- 学术期刊全文库（Academic Search Elite，简称 ASE）
- 商业资源集成全文数据库（Business Source Premier，简称 BSP）：包括 2000 余种期刊的索引和文摘，其中全文刊约占三分之二，系 Business Source Elite 的升级版本。
- 医学文献全文数据库（Comprehensive MEDLINE with Fulltext）：在美国国家医学图书馆 MEDLINE 数据库基础上增加了 80 种比较好的医学类全文电子期刊。

EBSCOhost 系统的特点是：在检索功能、语言、全文检索等方面基本具备与 ProQuest 系统同样的优点，界面设计尤其友好，有许多小的功能方便用户使用，例如可以链接到用户所在的图书馆主页等。不足之处是，全文输出不够完整，带有图表、图像或表格的文本文件通常只给出了文字，还有些文章只能浏览部分段落章节，这些都会影响用户对完整信息的获得。

3. LEXIS-NEXIS 系统及其全文数据库

LEXIS 始创于 1973 年，1979 年 NEXIS 加盟，成为 LEXIS-NEXIS，对用户提供法律、新闻、商业经济、政府出版物等内容的全文联机检索服务。经过 20 多年的发展，LEXIS-NEXIS 已有了很成熟的联机检索和基于互联网的网络检索系统，在美国本土知名度非常高。

1998 年,该公司针对大学、学术机构和个体研究人员的需求,从已有的各类数据库中,遴选出适合大学和学术研究使用的内容,专门做了一个"学术大全数据库"(Academic Universe),内容仍以法律信息、案例、新闻、商业金融信息、政府规章制度为主,亦增加医学保健信息和各类参考资料,包含有期刊、报告、政府出版物、新闻快讯等 5200 余种出版物,其中约 90% 有全文。

Academic Universe(简称 AU)的特点是:内容收录广泛,特别是包括政府出版物、各类统计报告、法律案例等许多非正式出版物,极大地弥补了其他期刊全文数据库的不足;全文收录比例很高。检索系统成熟,尤其是针对所收出版物的特点增加了一些检索功能,例如在法律文献的字段限制检索中,就增加了"原告"(plaintiff)和"被告"(defendant)等检索点。允许进行全文检索。界面友好,非专业检索人员亦易学易用。不足之处与 EBSCOhost 类似,即全文输出不够完整,带有图表、图像或表格的文章通常只给出了文字。

4. 主要全文检索系统功能的比较

下表是以几个全文数据库为例,对上述全文数据库检索系统进行比较,从中亦可以验证本文第一部分论述的评价标准(数据截止到 1999 年 12 月底)。

		ProQuest/ARL	EBSCOhost/ASE	LEXIS-NEXIS/AU
收录情况	期刊品种	2345	2668	5200
	全文期刊	1533,占 65%	1240,占 46%	约 90%(全文或部分全文)
	SCI、SSCI 核心期刊	774,其中全文 424,占 55%	993,其中全文 350,占 35%	unavailable

续表

		ProQuest/ARL	EBSCOhost/ASE	LEXIS-NEXIS/AU
检索功能	布尔逻辑(Boolean)	and, or, and not	and, or, not	and, or, and not
	截词符 truncation/wildcard	?(truncation), *(wildcard)	*(truncation), ?(wildcard)	!(truncation), *(wildcard)
	位置算符 word proximity	w/n, not w/n, pre/n, w/doc	n, w	w/n, not w/n, w/s, not w/s, w/p, not w/p, pre/n
	字段限制检索 field search	有	有	有
	可检索字段 searchable fields	20 个	8 个	17 个
	关键词 keyword	有	有	有
	限制检索 limited search	date, article type, document type	peer reviewed, date, publication type, etc.	date, document type
	二次检索	有	有(refined)	有(modify)
	全文检索 full-text search capabilities	有	有	有
	全文限制检索 view full-text only	有	有	有
	高级检索 advanced/expert	有	有	无
检索语言	自然语言 natural language	有	有	无
	主题检索/主题词表 subject/thesaurus	有	有	无

续表

		ProQuest/ARL	EBSCOhost/ASE	LEXIS-NEXIS/AU
输出结果	文件格式 format	文本,PDF	文本,PDF(少量)	超文本
	下载方式 download	print,save,email 发送	print,save,email 发送	print,save
	图片、表格、图像	有	无	无
数据更新		每日更新	每日更新	每日更新
数据库使用统计		有,但用传真发送	有,可在网上直接获得	有,可在网上直接获得
数据传输方式		Digital Island 专线	Digital Island 专线	国际互联网

从上述分析和比较综合看,在基于互联网开发的全文数据库系统中,UMI 公司 ProQuest 系统的总体水平相对较高。

三、基于互联网的全文服务

尽管全文数据库的数量增长很快,在数据库中所占的比例仍然相对较小。而以文摘索引为主的一些参考数据库为了能够满足用户尽快和比较直接拿到一次文献的需求,就以自己的数据库为基础,为用户开发提供全文服务。这些数据库的检索系统都是基于互联网开发的,其全文服务大致可以分为两种类型:

1. 全文链接服务(link to full-text)

用户在数据库中找到适用的文献后,系统利用网络浏览器超链接的功能,帮助用户直接链接到网上电子期刊中的原文文献。这种链接是指链到具体文献(title to title),而不是仅到期刊刊名或数据库中。例如:

美国科技信息所(ISI)为自己的几个引文数据库——如科学引文索引 SCI、社会科学引文索引 SSCI——开发了一个互联网检索系统

The Web of Science，并与许多电子期刊出版商，如 Academic Press、Elsevier 等，签订了超链接协议。如果用户或用户所在的机构也订购了这些出版商的电子期刊，用户在 The Web of Science 中检索 SCI、SSCI 时，系统提供的超链接功能就允许用户直接跳到所需的具体文献中去。

ISI 的方法是帮助用户链接到其他出版商的电子期刊中，类似的做法在 CSA（Cambridge Scientific Abstracts）数据库中亦有体现。与之相比，OCLC 和 EBSCO 公司采取的方法略有不同。

OCLC FirstSearch 系统的数据库大部分都是书目、文摘、索引的参考数据库，为弥补这一缺陷，OCLC 做了一个全文数据库 Electronic Collections Online（ECO），迄今已收录了 48 个出版商的 2200 多种期刊。这个数据库既可以单独检索，也与 OCLC 的其他参考数据库创造链接，现在已可以链接的有 EconLit、Medline、PsyINFO、PsycFIRST、Social Sciences Abstracts 5 个数据库，用户只要与 ECO 签有协议，就可以从上述 5 个数据库中直接跳到 ECO 的全文中去。

同样，EBSCOhost 也具有这种功能，可以直接链接到 EBSCO 的电子期刊系统 EBSCOonline 的具体文献中。

2. 全文传递服务（document delivery）

即数据库具备网上检索和发送原文传递请求的功能，用户检索到所需文献后，将索要全文的请求直接发送给数据库提供商，提供商为用户提供原文传递服务。目前有这项服务的数据库有：

UnCover：美国 CARL 公司的期刊目次数据库，包含有 17 000 多种期刊的目次，绝大部分可提供全文服务，采用传真传递方式，24 小时即可拿到全文。特点是速度快，保障率高，但价格较贵。

ProQuest 系统博硕士论文数据库（PQDD）：在该数据库中检索到的论文摘要 95% 以上可以拿到全文，美国本土的用户可直接在网上使用信用卡付款并得到 PDF 文件，其他地区的用户一般采用预先付款开账户（deposit account）的方式，UMI 公司通过邮政快件向用户提供原文复制件，时间一般为 1 —2 周。

此外，OCLC、ISI、British Library 等也都有这种全文传递服务，但并不是仅仅基于数据库进行的，这里不再详述。

互联网上的全文数据库和全文服务正逐渐走向内容与技术两方面的成熟，吸引了越来越多的用户，弥补了印刷型一次文献的不足和以往电子资源建设中二次文献比例过高的缺陷。面对这种发展，图书馆应调整自己的馆藏建设方针，制定新的文献和电子资源建设政策，充分利用网络和技术发展带来的新形式的信息资源，以求最大限度地满足读者需求。

参考文献

1 Deborah F Bernnard, Yolanda Hollingsworth. Teaching web-based full-text databases: New concepts from new technology. Reference & User Services Quarterly, 1999, 39(1)

2 Carol Franck, Holly Chambers. How full is the full in full-text: A comparative study of paper periodicals with their web-based equivalents in the EBSCO, information access company (IAC), umi and wilson. Poster Session presented at the ALA annual conference, Washington D. C., June 27, 1998

3 Carol Tenopir. Linking to full texts. *Library Journal*, 1998, 123(6)

4 Stephen P. Harter. Online information retrieval: Concepts, principles, and techniques. San Diego, California: Academic Press, 1986

5 http://www.umi.com/proquest

6 http://www.epnet.com

7 http://www.lexis-nexis.com/lncc/academic/

8 http://www.oclc.org/oclc/menu/eco.htm

9 http://www.isinet.com/products/ids/ids.html

10 肖珑. 国外网络数据库的引进与使用. 现代图书情报技术，2000，77(2)

原载于《大学图书馆学报》，2000 年第 3 期

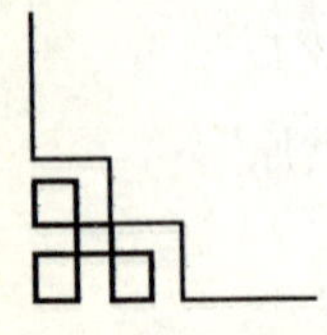

联机情报检索

——Dialog 与 Datastar 之比较

Dialog 与 Datastar 分别于 1988 年和 1993 年成为美国 Knight Ridder 信息公司(简称 KR 公司)的子公司,与其他几家规模较小的子公司一起,共同拥有 900 个数据库,120 个国家的 16 万个客户。1997 年 11 月,KR 公司又被欧洲的 M. A. I. D. 公司买下,双方共同组成一个联合体,进一步扩大了数据库和用户的规模和数量。而 Datastar 被 KR 公司买下以后,技术性能有了很大发展,而且用户只要联通 Dialog,就可以检索 Datastar,检索速度和方便程度都有了提高,用户数量因此增加颇多。

笔者在美国访问期间,曾学习和参与了这两个数据库的很多检索工作,现将 Dialog 与 Datastar 的检索做一概括性比较介绍,其中亦包含一些最新进展。

一、检索范围、数据库类型与数据库基本结构

1. 检索范围

Dialog 与 Datastar 的数据库有少量交叉重复,但大部分不同。可检索的主题范围有:商业、新闻与媒介、法律与政府、知识产权、医学、生物学、药学与制药、食品与食品业、农业、化学与化工、工业、能源与环境、社会科学与人文科学等。如前文所述,两者侧重的地区范围

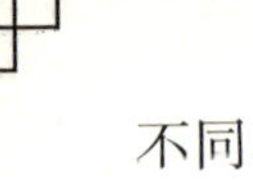

不同。

2. 数据库类型

书目数据库：由书目记录以及文摘、概要等内容组成，有时也包括引文索引，如国内读者较为熟悉的“教育文摘”(ERIC)数据库、以科学引文索引(SCI)为主要内容的“科学文献索引”(SciSearch)数据库。

源数据库：包括有三种。全文数据库，如“华盛顿邮报”(Washington Post)；指南数据库，如“美国商业指南”(American Business Dir ectory)；数值数据库，如“ICC 英国公司财务数据资料库”(ICC British Company Financial Datasheets)。

混合数据库：由上述几种类型数据混合构成的数据库，如“IAC 期刊数据库”(IAC Magazine Database)就包括有书目记录和全文数据。

3. 数据库基本结构

Dialog 与 Datastar 数据库的基本结构是一样的，但在名称上有所区别，见图 1。

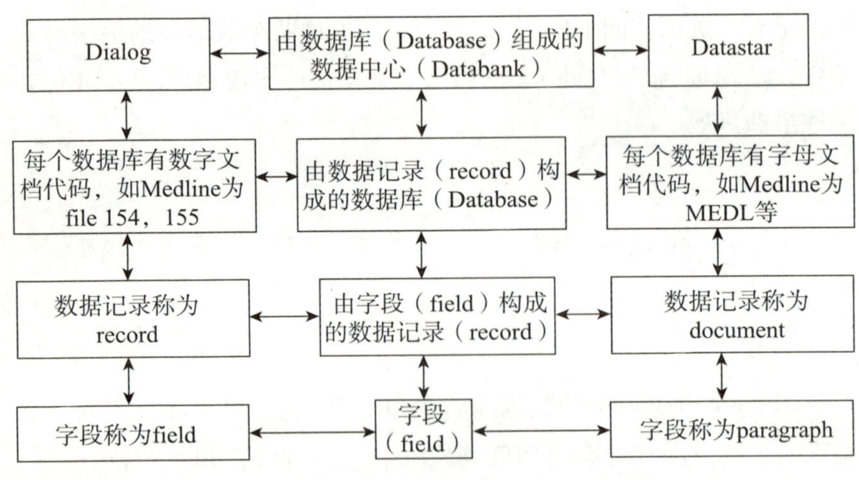

图 1　Dialog 与 Datastar 数据库基本结构比较

二、索引文件与基本检索

1. 索引文件

Dialog 与 Datastar 的索引文件或称倒排文档有很大区别：

(1) Dialog 数据库中的所有字段被标引成为两种索引文件。基本索引包括所有主题相关字段，如书名、摘要、正文、叙词、自由词、公司名称等，附加索引则包括其他可检索字段，如著者、出版日期、出版地、刊名、文献类型、语种等。基本索引和附加索引有时会有重复字段，比较典型的是在一些公司指南中，公司名称字段同时出现在基本索引和附加索引中。

从语法分析上讲，所有字段的标引又分为单元词标引和词组标引。基本索引以单元词标引为主，也有个别字段为单元词—词组混合标引；附加索引以词组标引为主，亦有少数字段为单元词或混合标引。

自动检索字段为基本索引字段。也就是说，如果输入的检索词没有任何特定字段的限制，如指定检索著者字段等，系统只会检索基本索引字段。

(2) Datastar 索引文件相对简单。数据库中的所有字段被标引为一种索引文件，并且只采用单元词标引；如果检索词没有特定字段的限制，系统会自动检索所有字段。因此，一般情况下，为了保证检索的准确，对输入的检索词要加以特定字段的限制。

下面两个例子可以看出 Dialog 与 Datastar 的索引文件的不同。

例一：Dialog：　　　? s baby food

例二：Datastar：　　1_：baby adj food. de.

在例一中，不需要加任何特定字段的限制，系统会自动检索基本索引，即主题相关字段；因“baby food”为一词组，而基本索引中只有叙词和自由词字段为单元词—词组混合标引字段，其他均为单元词标引字段，所以系统最终的检索字段为叙词和自由词字段。而要达到同样的检索目的，在例二中就要加以一定限制，一是因为 Datastar 的索引文件为单元词标引，因此要用邻接算符“adj” 把短语“baby food”分为连接的两个单元词，以便于系统识别；二是因为 Datastar 的自动检索字段为全部字段，所以要用字段代码“de”（叙词）加以特定限制，以缩短检索时间和提高准确率。

2. 基本检索

（1）基本检索指令。Dialog 与 Datastar 的基本检索指令形式不同，但功能大致相同，见表 1。

表 1 Dialog 与 Datastar 基本检索指令比较

具体指令	Dialog	Datastar
开库指令	Begin 或 b，如：？ b 154	系统自动生成开库状态，只需输入数据库文档代码即可：TYPE DATABASE NAME：medl
查找指令	Select 或 s， 如：？ s baby food	系统自动生成检索状态和检索序号及冒号，即“1_：”“2_：”…，1_：baby adj food. de.
分步骤查找指令	Select Steps 或 ss	无此指令
显示检索步骤指令	Display Sets 或 ds	Display All 或…d all
数据连续显示指令	Type 或 t， 如：？ t sl/ti. au/1 －5	…Print 或…p. 如：4_：…p 1 ti，au 1 －5
数据分屏显示指令	Display 或 d， 如：？ d sl/2/1 －5	
暂停指令（系统保持最低收费）	Pause	…Park 或…Pause
继续查找指令	任何指令	…Co
改换数据库指令	仍使用 Begin 或 b	…Change 或…c， 如：5_：…e ERIC

续表

具体指令	Dialog	Datastar
暂时关机指令（系统不收费）	Logoff hold，系统继续保留用户检索结果，时间为30分钟	…Off cont，系统继续在当天保留用户检索结果
关机指令	Logoff 或 Off，Quit，Bye	…Off 或…O

（2）布尔逻辑算符。Dialog 与 Datastar 对于布尔逻辑算符 And、Or、Not 的用法是完全相同的，但检索顺序有所不同，Dialog 的检索顺序为 Not、And、Or；Datastar 的顺序为 And、Not、Or。两个顺序均可利用括号加以改变。

（3）邻接算符。Dialog 的邻接算符有 5 个，分别为：（W）——with、（N）——near、（F）——in the same field、（L）——link、（S）——in the same subfield or same paragraph，其中（W）、（N）还可以进一步扩展为（nW）、（nN）；Datastar 的邻接算符有 3 个：Adj——adjacent、With——within the same sentence、Same——in the same paragraph。

从下面的例子可以看出它们之间的相同与不同之处。

例一：Dialog：　　? s baby(w)food

Datastar：　　1 - baby adj food

两者均把“baby food”作为相连的且不能改变现有顺序的两个单元词来检索。

Dialog：　　? s baby(1w)food

可以检索 baby food、baby drinks and food（and 为禁用词）等中间可嵌入一个词的词。

例二：Dialog：　　? s market(2n)share

可以检索 market share、share of roasted coffee market（of 为禁用词）等中间可嵌入两个词的词，现有顺序可以改变。

Datastar：　1 - ：market with share

只要求“！market.”和“！share.”在同一句子里，现有顺序可以改变。

例三：Dialog：　　？s library(f)computer

Datastar：　　1 -：library same computer

两者同样要求"library" 和"computer"在同一字段里。

在 Dialog 的邻接算符里，(L)用于连接主标题词和副主标题词，(S)表示所连接的检索词要在一个子字段或全文数据库的一个段落里，Datastar 没有这样相应的邻接算符。此外，在 Datastar 的检索中，由于索引文件采用单元词标引，因此比较多地使用邻接算符"With" 和"Same" 来代替逻辑算符"And"的使用，以提高检准率。

(4)截断算符。Dialog 的截断算符为"？"，Datastar 的截断算符为"$"，两者的用法有所不同。其一，在词尾截断时，如果对截断字符位数没有限制，则两者均以一位截断算符放在词尾，如：librar ？ librar$(可检索 library、libraries、librarian、librarians、librarianship)。如果要限定截断字符位数，则两者的表示方法不同，如 librar??? librar$3(可检索 libraries、librarian)；其二，Dialog 的截断算符可用于内部字符截断，如：organi？ ation，而 Datastar 的截断算符没有此项功能；其三，Datastar 常常会将包含有被截断词的全部叙词表显示出来，如前例"librar$"，会显示出所有包含"library""libraries""librarian""librarians""librarianship" 在内的叙词表，长达十几页，因此在 Datastar 的检索中要慎用截断算符。

(5)禁用词(即非检索词)。Dialog 的禁用词为 9 个：an，and，by，for，from，of，the，to，with；Datastar 的禁用词为 71 个。

3. 检索手册

Dialog 各数据库的检索手册为蓝页和白页，白页是在蓝皮书的基础上更深一步的指导。蓝页的形式有多种，一为印刷型文献；二是可以通过联机检索获得，数据库文档号 415；三是可在因特网上通过 Dialog 的主页"URL：http://www. kr info. com/dialog/databases/netscapel. l/bls. html"查到。

Datastar 的检索手册为 Datasheet，与 Dialog 的蓝页近似，数据库文档号 BASE,URL:http://www.krinfo.ch/krinfo/products/datastar/ds.htm。

应该注意即使是同一数据库,Dialog 与 Datastar 的检索手册的内容也不相同,因此不能混同使用。

三、高级检索及其他辅助指令

1. 索引的查询

使用 Dialog 的扩词指令(Expand)和 Datastar 的根指令(Root),可以显示字顺索引和叙词表、自由词表的一部分,如公司、著者、期刊等名称在数据库中的各种形式,某个词在叙词表中的相关词等,进而选定合适的检索词。但两个指令的使用有所不同,见表2。

表 2 **Dialog 与 Datastar 索引查询比较**

Dialog	Datastar
? expand an = dumont-fillon	1_:…root dumont-fillon$. au.
Ref Item Index-term	ROOT DUMONT-FILLON$. AU
E1 3AU = DUMOND, Y.	R1 7DOC DUMONT-F
E2 1AU = DUMOND, YVES	R2 6DOCS DUMONT-FILLON-J
E3 0 * AU = DUMONT-FILLON	R3 1DOC DUMONT-FILLON-JACQUES
E4 6AU = DUMONT-FILLON, J.	R4 1DOC DUMONT-FRANCOIS
E5 1AU = DUMONT-FILLON, JACQUES	R5 8DOC DUMONT-G
E6 5AU = DUMONT, A.	R6 1DOCS DUMONT-G--
……	……

几点不同之处在于:①由于索引文件的不同,Dialog 在查询附加索引时使用字段前缀代码加以限制,查询基本索引则不需要;而 Datastar 以字段后缀代码加以限制,如果没有任何限制,则查询结果包括字顺索引和词表的所有内容在内。②截词时,Dialog 不使用截词算符。③Dialog 一次最多显示 50 个词,分屏显示,每屏 12 个,用翻页指令(page)看下一屏;Datastar 一次最多显示 100 个词,不分屏显示。

2. 字段的限定与限定指令

Dialog 与 Datastar 对检索范围的限定方式有两种，一种是直接以字段代码对检索词进行检索字段的限定，一种是使用限定指令"Limit"规定某些限定项目。

(1)检索字段的限定。实际上就是使用已经被标引、可检索的字段的代码对检索词进行检索范围的限制。由于索引文件的不同，在 Dialog 的检索中，检索基本索引时使用字段后缀(field suffix)代码限定，检索附加索引以字段前缀(field prefix)代码限定；而在 Datastar 的检索中，则基本使用字段后缀代码限定，只有少数内容为数字或字母代码的字段在部分数据库中被规定为前缀代码限定。此外，Dialog 与 Datastar 都可以同时使用多字段限定。

例一：Dialog：? s baby(w)food/ti,ab(检索基本索引)

Datastar：1_：baby adj food. ti,ab.

例二：Dialog：? s co = eastman kodak and py = 1997(检索附加索引)

Datastar：1_：eastman adj kodak. co. and y r = 97

(2)限定指令(Limit)的使用。Dialog 与 Datastar 都使用限定指令规定了某些限定项目，但格式有所区别，Dialog 的格式为"集合号或检索词/限定项目"，Datastar 的格式为"Limit(或…L) + 集合号 + 限定项目"。

Dialog：? s intelligent(w)vehicle? maj.(限定检索主要叙词表)

s1 364 INTELLIGENT(W)VEHICLE? /MAJ

? s s1/1996:9999(限定出版年为 1996 年以后)

Datastar：1_：intelligent adj vehicle$. mj.

RESULT 364

2_：limit 1 yr > 96

应该注意的是，对同一限定范围来说，无论是检索字段的限定还是限定项目的使用，检索结果是相同的，唯一的区别是后者的检索速度更快一些，因此应首先考虑限定指令所规定的限定项目的使用，如：

例一：? s leukemia and la = english（限定检索字段）

69310 LEUKEMIA

3779076 LA = ENGLISH

60252 LEUKEMIA AND LA = ENGLISH

例二：? s leukemia/eng（使用限定项目）

60252 LEUKEMIA/ENG

例一和例二的检索结果相同，但在例一中，系统要先检索“！leukemia.”和“！la = english.”，再结合检索结果，而例二只需要在“！leukemia.”的检索结果中找出英文语种的文章即可，速度显然比例一快得多。

此外，Dialog 还有一限定指令“Limitall”，即对某一检索过程中的所有检索步骤都进行某一限定项目的限定，如“limitall/abs，eng”，在 Datastar 的检索中并没有类似指令。

3. 系统总索引

Dialog 与 Datastar 都各有一系统总索引数据库，不存储数据记录，只存储各数据库的索引，用户可同时打开一组数据库的索引，输入自己的检索词，了解哪些数据库的相关含量最大，从而选定数据库。

Dialog 的系统总索引数据库为 DIALINDEX，文档号 411，允许使用的指令有开库指令（Begin）、选文档指令（Set Files）、查找指令（Select）、布尔逻辑算符、扩词指令（Expand，但不给出编号）、文档排序指令（Rank Files）。

Datastar 的系统总索引数据库为 Cross Database Search，文档号 CROS，与 Dialog 的不同之处在于，系统已预先设置用户需求菜单，用户只要输入自己所选择的项目编号和检索词即可，毋需任何指令；在输入检索词时，允许使用邻接算符。

4. 跨数据库检索

Dialog 和 Datastar 都可以跨多个数据库进行同样内容的检索，且只需一次性键入检索步骤，该功能的名称分别为“OneSearch”和“Star Search”。不同的是，One Search 既可以同时打开和检索几个数据库，也可以像 StarSearch 一样，先在一个数据库完成检索步骤的输入，再打开其他的数据库，由系统逐个在各数据库中重复该检索步骤。除允许使用基本指令外，该功能还具有一些特殊指令，见表 3。

表 3 Dialog 与 Datastar 跨数据库检索特殊指令比较

具体指令	OneSearch	StarSearch
打开多个数据库指令	? b infosei(“OneSearch Categories”给出的类目名称，可同时打开该类目下的各数据库）或? b 1,2,6,61,121,202	先打开一个数据库键入检索步骤，再使用 Repeat 指令打开其他数据库，如：5_：… repeat ACAD，PSYC，SOCA
详细显示各数据库命中记录数量的指令	仅限于同时检索多个数据库时使用：可在检索前预设：Set Detail On 指令：或在检索后使用：Display sets from each 或 Display sets from + 文档号	因为是逐个检索数据库，每检完一个数据库，便可得到记录数量显示，故无此指令
单独显示各数据库数据记录指令	仅限于同时检索多数据库时使用：? type s1/2/1 — 5 from each，或? type s1/2/1 — 5 from + 文档号	无此指令，在检索完一系列数据库后使用集合号显示数据，如：9_…print 5 ti，an，del — 5
显示某数据库扩词结果	? Expand an = gillett from 61	无此指令
增开数据库指令	Add，如：? add 148，211	…Add，如：8_：…add MEDL
重复执行检索步骤指令	Repeat，如：? repeat	…Repeat，如：9_…repeat MEDL
检索结果合并指令	同时检索多个数据库时，无此指令；逐个检索数据库时，检索后可使用布尔逻辑算符 Or，如：? s s4 or s6 or s8	…Combine，把每个数据库的检索结果综合在一起，给出新的集结号，如：10：… combine7，8，9

续表

具体指令	OneSearch	StarSearch
删除重复记录指令	RD,如:? nl s3	…DEDUP,如:11:…dedup
删重后显示各数据库记录数量	Display sets from each 或 Display sets from + 文档号	…Split,如:12_:…spli

5. 全文数据库的检索

(1)邻接算符的使用。Dialog 和 Datastar 都主张尽量使用邻接算符(W)、(N)、(S)、(nW)、(nN)和 Adj、With、Same,避免使用逻辑算符 And,以提高准确率。

(2)检索字段的限定。Dialog 和 Datastar 都提倡以检索可检索字段来代替检索正文(TX),以保证检索的准确。显然,全文数据库中被标引过的、可检索的字段较少,比较好的是使用几个字段代码对检索词进行检索字段的限定:Dialog 有:/TI(题名)、/LP(lead para graph,正文的第一段或前几句)、/DE(叙词,只有部分数据库有此代码,且必须与/TI、/LP 结合使用)等后缀代码;Datastar 有:. T I、. TC(table of contents,目次)、. OC(occurrence table,检索词在不同段落的出现频率)、. AB(文摘)或 . . DE(叙词)。其中比较有特色的是/LP、. TC、. OC 3 个代码,专门为全文数据库的检索设置,主要目的是保证准确程度。另外,Dialog 还为检索正文设立了目标检索(target)指令,自动统计检索词在最近两年各个记录中的出现频率,按顺序保留前 50 个记录供用户挑选,例如:

? target safe*' drinking water' controvers? (带 * 号的词表示要求出现在所有记录中)

S2 50 TARGET-SAFE*' DRINKING WATER' CONT ROVERS?

(3)检索结果的显示。均可用预设格式显示记录,使用 KWIC 指令(Key Word in Context,上下文关键词)显示正文,以及 Set Hilight On 指令突出显示检索词。此外,Datastar 还可以根据目次(. TC)、检索词在不同段落的出现频率(.OC)指定显示某一段落。

6. 检索结果的再处理、显示和输出

(1)检索结果的再处理。Dialog 和 Datastar 都可以使用 Sort 和 Rank 指令对检索结果进行再处理。所谓 Sort 指令，是指对检索结果进行按类排序和倒排序。正常情况下，检索结果按照“后进先出”的原则，从出版时间最新的记录开始排序；使用 Sort 指令则可以打乱这种顺序，按照用户的要求，以著者、题名、年销售额、邮政编码等用户需求指标为标准，按字母顺序或数字从小到大重新排序，或倒排序。例如：

Dialog:? sort s4/all/au 或? sort s4/all/sa,d(“d” 为 descending，倒排序)

Datastar:4 - :…sort 3 au 或 4_:…sort 3 sa,d

Dialog 与 Datastar 不同的是，使用 Sort 指令重新排序后，Dialog 可以使用 Report 指令输入显示格式要求并显示记录，Datastar 则只需按系统提示，键入选择即可。

Rank 指令是指将检索结果按用户需求指标，如著者名称、公司名称等进行统计，统计出每一著者或公司的相关记录的数量，并按一定顺序排列，Dialog 和 Datastar 在这一点上基本相同。

(2)检索结果的显示和打印格式。Dialog 和 Datastar 都有预设格式用于检索记录的显示和打印。差别之处在于：Dialog 有 9 种不同内容的预设格式，比较固定的有格式 2 ——除文摘外的全部记录、格式 6 ——题名和 Dialog 存取号、格式 8 ——题名和检索词、格式 9——全部记录。其他格式因数据库的不同而有所变化，不同的格式收费标准不同；Datastar 则有短(short，包括存取号、著者、题名、来源、出版年等)、中(medium，短格式 + 文摘)、长(long，中格式 + 叙词)、全部(all，长格式 + 正文)、免费(free)5 种记录格式。其中比较有特色的是免费格式，包括著者、题名、叙词或自由词、出版年等，可供读者作为选择记录的参考，但不收费，其他 4 种格式因数据库的不同收费标准不同。用户也可在显示或打印命令后只输入自己所需字段的代码。在 Dialog

的检索中，甚至用 Set Un 指令可以建立“用户定义格式”(user. defined formats)，并一直用到关机为止。

(3)检索结果的输出。有以下几种方式供用户选择：脱机打印；通过电子邮件传送；利用传真传送；普通邮件和特快专递。此外还可以联机订购原文。Dialog 与 Datastar 近年来一直如此，所用指令也基本相同。

另外，Dialog 和 Datastar 都为用户提供了保留服务(SearchSave)，即保留用户的检索策略，包括：暂时型，指令为 Save Temp(Dialog)和 Save(Datastar)，保留一周；标准型，指令为 Save(Dialog)和 SVPS (Datastar)，长期保留，直至用户输入解除指令 Release(Dialog)和 Purge(Datastar)为止；最新资料快报服务型(Alert Service)，指令均为 Alert，即在数据库每次更新时自动执行用户的检索策略，用户只需记住自己的保留编号便可在开机联通后浏览系统最新的检索结果。

以上简要比较介绍了 Dialog 和 Datastar 的数据库类型、结构、索引文件及联机检索方法。可以看出，尽管同属于一家母公司，它们之间的差别还是非常之大。了解了这些相同与不同之处，用户可以进一步掌握这两家大数据中心的检索方法。此外，Datastar 被 KR 公司买下以后，Dialog 和 Datastar 在因特网上联合建立了一个学习培训中心，用户还可以从中了解到更多的有关情况，URL：http://training. dialog. com 或 http://training. krinfo. com.

参考文献

1 DIALOG lab workbook：Online searching for the information professional. Mount ain View，California：Knight-Ridder Information Inc. ，1996

2 DIALOG Pocket Guide. Mountain View，California：Knight-Ridder Information Inc. ，1995

3 Complete database catalogue：1997. Mountain View，California：Knight-Ridder Information Inc. ，1997

4 Dialog and datastar homepage. http://www. maid. Com；http://www. krinfo. com；http://www. dialog. com

5 Hartcr, Stephen P. Online information retrieval: Concepts, principles and techniques. San Diego: Academic Press, 1986
6 龚国伟. 国际联机情报检索原理与方法. 武汉:湖北科学技术出版社,1989

原载于《情报理论与实践》,1999 年第 22 期

主要论著目录

专著

1. 姚伯岳，肖珑. 文献知识与中小学常用工具书. 北京：海洋出版社，1994
2. 姚伯岳，肖珑. 中小学图书馆文献知识与文献检索. 北京：北京图书馆出版社（今国家图书馆出版社），1998
3. 数字信息资源的检索与利用. 北京：北京大学出版社（今国家图书馆出版社），2003
4. 中文元数据概论与实例. 北京：北京图书馆出版社，2007
5. 中文元资料概论与实例（繁体版）. 台北：台湾文华图书馆管理资讯公司，2010
6. 国家图书馆元数据应用总则规范汇编. 北京：国家图书馆出版社，2011
7. 数字信息资源的检索与利用（第二版）. 北京：北京大学出版社，2012
8. 数字信息资源的检索与利用（第二版）. 北京：北京大学出版社，2013
9. 国家图书馆舆图元数据规范和著录规则. 北京：国家图书馆出版社，2014
10. 国家图书馆古籍元数据规范和著录规则. 北京：国家图书馆出版社，2014

11. 国家图书馆拓片元数据规范和著录规则. 北京:国家图书馆出版社,2014

论文

12. 论职业中学馆课外阅读辅导. 儿童图书馆与中小学图书馆,1987,(2—3)

13. 我国图书进口工作现状述略. 图书与情报,1990(3)

14. 信息高速公路与图书馆的未来. 北京高校图书馆,1994(3)

15. USMARC 格式中题名字段的关系与应用. 图书馆学刊,1995,17 (1)

16. 从参考咨询走向信息服务. 大学图书馆学报,1997,15(1)

17. 美国国家数字图书馆项目的进展. 情报学报,1998,17(3)

18. Constructing Academic Digital Collections: a Survey of Research about Academic Libraries (by English). Proceedings of the International Conference on New Missions of Academic Libraries in the 21st Century. Beijing, China: Peking University Library, Oct. 25 — 28, 1998. Beijing, Peking University Press, 1998.

19. 联机检索——Dialog 与 Datastar 之比较. 情报理论与实践,1999,22 (4)

20. 元数据格式在数字图书馆中的应用. 大学图书馆学报,1999,17 (4)

21. 国外网络数据库的引进与使用. 现代图书情报技术,2000(2)

22. 互联网上的全文数据库与全文服务. 大学图书馆学报,2000,18 (3)

23. Designing and Implementation of Chinese Metadata Standards: A Case Study on Metadata Applications in Peking University Rare Book Digital Library. Global Digital Library Development in the New Millennium — Fertile Ground for Distributed Cross-Disciplinary Collaboration: Proceedings of the 12th International Conference on New Information Tech-

nology. Beijing: Tsinghua University Library, May 29 — 31, 2001. Beijing: Tsinghua University Press, 2001.

24. 中文元数据标准框架及其应用. 大学图书馆学报,2001(5)
25. 国内数字图书馆研究与发展综述. 中国图书馆年鉴,2001
26. 电子资源评价指标体系的建立初探. 大学图书馆学报,2002(3)
27. 基于古文献特藏的数字图书馆系统的设计与实现//数字图书馆——新世纪信息技术的机遇与挑战国际研讨会论文集. 北京:北京图书馆出版社(今国家图书馆出版社),2002 年
28. 转型中的大学图书馆:传统图书馆与数字图书馆的发展与融合. 大学图书馆学报,2002(增刊)
29. 分布式合作虚拟咨询服务模式研究. 上海交通大学学报,2003(增刊)
30. 我国图书馆电子资源集团采购模式研究. 中国图书馆学报,2004 (5)
31. 描述元数据结构及扩展规则研究. 现代图书情报技术,2004(9)
32. 不枉五载推移力,今日中流自在行——记北京大学图书馆用户培训服务的发展历程. 大学图书馆学报,2004(4)
33. 专门数字对象描述元数据规范设计指南//元数据与图书馆. 上海:上海科学技术文献出版,2005
34. CALIS 与中国高校数字图书馆的发展. 图书情报工作,2005(11)
35. 迎接数字图书馆服务时代的到来. 现代图书情报技术,2006(11)
36. 数字图书馆门户的构建与服务. 大学图书馆学报,2007(4)
37. CASHL:为人文社会科学研究提供可持续发展的资源与服务. 图书情报工作,2008(5)
38. 我国信息资源共建共享的可持续发展:未来征程正远. 图书情报工作,2008(5)
39. CALIS 数字资源评估指标体系及其应用指南. 大学图书馆学报,2008(3)
40. 高校人文社科外文资源的布局与保障方法,大学图书馆学报,

2008 (6)

41. A Study of the CALIS Evaluation Indicator System of Digital Resources and its Applications. Chinese Journal of Library and Information Science,2009,1(3—4)
42. 高校古文献资源库的建设与发展//两岸三地中文文献资源共建共享概述:第七次中文文献资源共建共享合作会议论文集(澳门图书馆暨资讯管理协会会刊). 澳门:澳门图书馆暨资讯管理协会,2009
43. 数字图书馆服务的三维化拓展. 图书馆管理(*Library Management*),2009(中国刊)
44. 人文社会科学文献资源的共建共享与国家保障. 图书情报工作,2010,54(11)
45. Three Dimensional Extension of a Digital Library Service System. Program:Electronic Library and Information Systems,2010,44 (4). http://www.emeraldinsight.com/10.1108/00330331011083202
46. 甘露,肖珑,关志英. 面向国内文献提供服务的知识产权解决方案及其实践. 大学图书馆学报,2011(1)
47. 人文社会科学繁荣发展的软性基础设施建设. 图书情报工作. 2011,55(1)
48. 放飞金领的梦——《金领手记》书评. 博览群书. 2011(3)
49. 高校图书馆战略发展规划制定的案例研究. 图书馆建设. 2011 (10)
50. 后数图时代的图书馆空间功能及其布局设计. 图书情报工作,2013,57(20)
51. 建国后高校文科外文文献的发展状况与未来保障研究. 大学图书馆学报,2013(2)

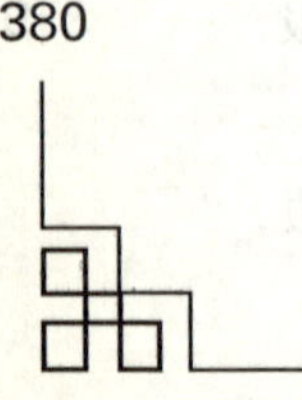

后 记

整理完这本文集,刚好我也进入知天命的时节。翻着“主要论著目录”,不禁感慨万千。

从1982年进入北京大学图书馆学系(现在的信息管理系)学习,到毕业留校在图书馆工作,转眼已经三十二载。三十二载没有离开北大,从学生到图书馆员,又从图书馆员兼职教学、科研,所学在实践中所用,也在用中不断地学习和成长。时下流行“时间都去哪儿了”这首歌,若让我回答,大约除了家庭,便是贡献给了我热爱的这份工作和所学的专业。

感谢我的父母。父母在我高中毕业时,和我一起决定进入北京大学图书馆学系学习,让我今生有了一个如此热爱的专业;并在他们还很有精力的时候,帮我看护女儿、料理家务,让我腾出更多的精力工作和学习。

感谢我的先生姚伯岳和女儿姚心璐。作为图书馆员,工作、教学和研究并重非常之难,很多人因此放弃了后者。多年来,为着不耽误实际工作,我的很多研究工作是在业余时间做的,是丈夫和女儿支持了我,给我力量,给我安慰。

感谢培养我的北京大学图书馆学系和所有的老师们。当我还是一个学生的时候,对很多基础性课程的学习都不知所以,只是尽一个学生本分、努力修炼而已。而后来,当我在实践中取得一次次突破、成就为人赞扬的时候,我明白了我的所学是多么具有指导意义。

感谢我为之贡献了二十八载的北京大学图书馆，特别是庄守经、林被甸、戴龙基、朱强几位馆长和高倬贤书记等几位领导，由于他们的培养和支持，我先后在资源建设、编目、办公室行政管理、信息咨询等主要业务岗位工作过，并负责教育部中国高校人文社会科学文献中心（CASHL）、高校文科图书引进专款、中国高等教育文献保障系统（CALIS）文理中心、世界银行贷款专款采购等多个全国性项目，取得了丰富的业务经验，具备了全局视野，开展了多项前瞻性研究，在数字图书馆建设、元数据等标准规范研究、电子资源发展、网络环境下的读者信息素养、学科服务及宣传推广、全国高校图书馆集团引进数据库、面向人文科学的高校文献资源建设等领域取得了多项突破。

感谢所有给过我指导的同行和朋友——特别是我以富布莱特高级访问学者身份在美国访问学习阶段，给予我热情帮助的美国肯特州立大学曾蕾教授；感谢与我合作过的研究团队成员——这些成员包括本馆的同事，也包括其他图书馆和信息机构的同行，由于大家的共同合作与努力，才取得了如此多的研究成果。

感谢《当代中国图书馆学研究文库》丛书主编吴慰慈、陈源蒸两位前辈，他们两位当年都是我的老师，亲眼看着我成长，现在又将我的成果选入丛书，给了我向读者诸君展示成果、就教交流的机会。

感谢北京大学信息管理系王子舟教授，我与他交往多年，时时向他请教，此次他为我的文集欣然应邀作序，并给予高度评价。虽然因种种原因，文集的出版有所延迟，但他三年前所写的序，每读一遍，仍然给我极大的鼓励。

整理完这本文集，抬头望去，家中的蝴蝶兰开得正旺。这花到家中已经三年，我自认不会养如此漂亮的花，便把它丢在墙角，想起时浇点水而已。想不到，今冬它竟然长出花苞，春天即盛开出美丽的朵朵蝴蝶。如此结缘，大约也跟我当年偶然进入图书馆学领域的机遇相似吧！

谨此后记，纪念这本文集的出版，以及这个知天命的时节。那盛开的蝴蝶兰，正如我心中的感谢，也是我准备给自己后半生的一句话——开时璀璨，落时从容。

肖珑

2014 年 5 月 10 日，燕园